für Marianne

in tiefer Dankbarkeit
und Freude über Deine
Herzenswärme, Fürsorge
und Freundschaft!

Deine

27/10/06

Zu diesem Buch

Aus langjähriger Praxiserfahrung als Coaches für Privatpersonen, Funktionsträger sowie Arbeitsgruppen und Teams von Wirtschaftsunternehmen und Non-profit-Organisationen sowie als Coaching-Ausbilder geben die Autoren Einblick in die der Coaching-Arbeit zugrunde liegenden Hintergründe und in die Umsetzung dieser Hintergründe durch Coaching-Interventionen. Die Autoren verknüpfen dabei Erkenntnisse diverser psychologischer Ansätze, wie der humanistischen Psychologie, der Gestalttherapie, des systemischen Ansatzes, der Transaktionsanalyse, der Körpertherapie, des Psychodramas, des gruppendynamischen Ansatzes und der Kunsttherapie unter dem Fokus der Potenzialorientierung zu einer fundierten Basis für die Coaching-Arbeit. Die Potenzialorientierung bietet dabei einen Leitfaden für die Anwendung der Ansätze und die Umsetzung der Interventionen unter Wahrung der Grenze zur Therapie. Die Hintergründe sind kompakt auf die erforderliche Tiefe für Wissen und Haltung des Coachs zugeschnitten, die Interventionen mit Beispielen und Praxiserfahrungen zur Nutzung als Handbuch erläutert.

Cornelia Weber, Diplom-Betriebswirtin (BA) und systemischer Coach, arbeitet als selbständiger Coach, Trainerin und Beraterin für Einzelpersonen sowie für Führungskräfte, Mitarbeiter und Teams in Unternehmen und Organisationen und als Coach-Ausbilderin.

Alfred Preuß, Senior-Trainer des »Gestalt Institute of Houston in Europe«, Coach-Ausbilder, Supervisor, arbeitet als Coach zur Persönlichkeitsentwicklung mit Führungskräften und in der Organisationsentwicklung.

Kontakt per E-Mail: Potenzialorientiertes-Coaching@email.de

Alle Bücher aus der Reihe »Leben Lernen« finden Sie unter:
www.klett-cotta.de/lebenlernen

Cornelia Weber, Alfred Preuß

Potenzialorientiertes Coaching

Ein Praxishandbuch

Klett-Cotta

Leben lernen 192

Pfeiffer bei Klett-Cotta
www.klett-cotta.de
© J. G. Cotta'sche Buchhandlung Nachfolger GmbH, gegr. 1659,
Stuttgart 2006
Alle Rechte vorbehalten
Fotomechanische Wiedergabe nur mit Genehmigung des Verlages
Printed in Germany
Umschlag: Hemm + Mader, Stuttgart
Titelbild: Johannes von Peckenzell: »Ciao Venezia II« © J. v. Peckenzell
Satz: Kösel, Krugzell
Auf holz- und säurefreiem Werkdruckpapier gedruckt
und gebunden von Gutmann + Co., Talheim
ISBN-10: 3-608-89039-4
ISBN-13: 978-3-608-89039-6

Bibliographische Information Der Deutschen Bibliothek
Die Deutsche Bibliothek verzeichnet diese Publikation in der
Deutschen Nationalbibliographie; detaillierte bibliographische Daten sind im
Internet über <http://dnb.ddb.de> abrufbar.

Inhalt

Vorwort von Wolf E. Büntig 11

Vorwort der Autoren 14

Einleitung 15
Begriff »Potenzialorientiertes Coaching« 15
Zielsetzung des Buches 15
Eklektizismus 16

1	**Hintergrundwissen**	17
1.1	**Im Mittelpunkt der Mensch**	17
1.1.1	Wesen und Charakter	17
1.1.2	Person und Persönlichkeit	20
1.1.3	Identität und Identifikation	21
1.1.4	Fixierung auf bestimmtes Image	26
1.1.5	Verlust der Autonomie	27
1.1.6	Innerer Konflikt	29
1.1.7	Persönlichkeitsebenen	30
1.1.8	Regeln und meanings	33
1.1.9	Typologien	35
1.1.10	Gestalt, Polaritätenkonzept	40
1.2	**Der Mensch im Kontakt**	46
1.2.1	Beachtung/Grundbedürfnisse	46
1.2.2	Wahrnehmung	48
1.2.3	Gegenwärtigkeit	49
1.2.4	Kontakt	52
1.2.5	Kontaktunterbrechungsmuster	53
1.2.6	Transaktionsanalyse: Ich-Zustände	56
1.2.7	Riemann-Thomann-Modell	58

1.3	Der Mensch im Konflikt	60
1.3.1	Konfliktursachen	60
1.3.1.1	Projektionen	62
1.3.1.2	Grenzen	63
1.3.2	Satir'sche Konflikttypen	65
1.4	**Der Mensch in der Gruppe**	71
1.4.1	Systemische Grundlagen	72
1.4.2	Rollen in Gruppen	76
1.4.3	Gruppendynamik	78
1.4.4	Beziehungsthemen in Gruppen	86
1.4.5	Regeln in Gruppen	104
1.5	**Der Mensch in der Führung**	106
1.5.1	Werteorientierung	108
1.5.2	Innere Autorität	111
1.5.3	Umgang mit Macht und Verantwortung	113
1.5.4	Umgang mit Entscheidungen	114
1.5.5	Umgang mit Konflikten	116

Die grau unterlegten Kapitel sind auch zum Aufzeigen für den Coachee geeignet.

2	**Der Coachee**	117
2.1	**Der Anlass zum Coaching**	117
2.2	**Der innere Auftrag**	119
2.3	**Haltung und Selbstreflexion**	121
2.4	**Widerstand**	121
2.5	**Ausdrucksverhalten**	125
3	**Der Coach**	126
3.1	**Selbstreflexion des Coachs**	126
3.2	**Haltung und Ethik**	126
3.3	**Ziel des potenzialorientierten Coachings**	128
3.4	**Fallen in der Persönlichkeit des Coachs**	128
3.5	**Worauf ein Coach achtet**	130
3.6	**Grenzen, Abgrenzung zur Therapie**	132
3.7	**Umgang mit Emotionen**	133

4	Coaching-Techniken	137
4.1	**Prozesssteuerung**	137
4.1.1	Strukturierung	137
4.1.2	Ablaufkonzepte	140
4.1.3	Auftragsklärung	153
4.1.3.1	Aspekte der Auftragsklärung	153
4.1.3.2	»Schräge« Aufträge	155
4.1.4	Fragetechniken	156
4.1.5	Hypothesen	160
4.2	**Ist-Analyse**	**162**
4.2.1	Metaphern	162
4.2.2	Positur	164
4.2.3	Inner Team	166
4.2.4	Arbeit mit den TA-Ich-Zuständen	172
4.2.5	Kraftfeldanalyse	173
4.2.6	Seilearbeit	176
4.2.7	Soziogramm-Visualisierung	178
4.2.8	Aufstellung mit Gegenständen	179
4.2.9	Organisations-Landschaften	181
4.2.10	Thema zentral	182
4.3	**Perspektivenwechsel**	**184**
4.3.1	Rollenwechsel	185
4.3.2	Rollentausch	187
4.3.3	Dritte Position	187
4.3.4	Zirkulär fragen	188
4.3.5	Reframing	190
4.3.6	Tetra-Lemma	192
4.3.7	Time line	193
4.4	**Arbeit mit dem Charakter**	**195**
4.4.1	Sonden	195
4.4.2	Doppeln	196
4.4.3	Wertschätzende Provokation	197
4.4.4	Konfrontation	198
4.4.5	Paradoxe Intervention	199
4.4.6	Phantasiereisen	200

4.4.7	Arbeit an Regeln und meanings	201
4.4.8	Stühlearbeit	203
4.5	**Feedbackformen im Coaching**	204
4.5.1	Feedback im Einzel-Coaching	204
4.5.1.1	Feedback vom Coach an den Coachee	204
4.5.1.2	Feedback zur Erhöhung der Selbstwahrnehmung und des Verständnisses für Dritte	205
4.5.1.3	Üben von Feedback zur Ermächtigung des Coachees Dritten gegenüber	206
4.5.2	Feedback im Gruppen/Team-Coaching	206
4.6	**Konflikt-Coaching**	209
4.6.1	Klassischer Gesprächsleitfaden	209
4.6.2	Schmutzige Wäsche waschen	213
4.6.3	Anwälte	214
4.6.4	Kerndialog	215
4.6.5	Confrontation meeting	217
4.7	**Gruppen/Team-Coaching**	218
4.7.1	Anlass und Auftrag	218
4.7.2	Sonderrolle der Führungskraft im Gruppen/Team-Coaching	220
4.7.3	Gruppendiagnose auf der Beziehungsebene	222
4.7.3.1	Metaphorische Standbilder	224
4.7.3.2	Dynamische Verfahren	226
4.7.3.3	Skulptur	228
4.7.3.4	Live-Soziogramm	230
4.7.3.5	Organigramm-Aufstellungen	231
4.7.3.6	Organisations-Aufstellung	232
4.7.3.7	Kunsttherapeutische Verfahren	234
	Bäume malen	234
	Dialoge zeichnen	238
4.7.4	Metaebene im Gruppen/Team-Coaching	239
4.7.5	Schwierige Situationen in Gruppen	241

5	Anhang	250
5.1	Ziele und Interventionen im Einzel-Coaching	250
5.2	Literatur	255
5.3	Stichwortverzeichnis	260

Vorwort von Wolf E. Büntig

Die Funktion unserer Organe entwickelt sich durch ihren Gebrauch, soll Goethe gesagt haben. Menschen kommen mit einer schier unendlichen Fülle von inneren Bildern von Entwicklungsmöglichkeiten auf die Welt, die sich auf der materiellen Ebene in einer weitgehend vollständigen Vernetzung des Gehirns zeigt. Die einzelnen Bilder und die ihnen entsprechenden Nervenbahnen werden durch Erfahrungen in der Begegnung mit der Umwelt verstärkt, während beim Ausbleiben der entsprechenden Erfahrungen die angelegten Potenziale nicht zu Kompetenzen reifen können und die entsprechenden Nervenbahnen verkümmern.[1]

Die Förderung der so genannten Nachreifung der Person war lange Zeit der Psychotherapie vorbehalten. Dabei kam es im Wesentlichen darauf an, aktuelle Störungen auf verinnerlichte Beziehungsbilder aus der frühen Lebenszeit zurückzuführen, Einsicht in das Gewordensein zu erwirken und die Betroffenen dafür zu gewinnen, korrigierende Erfahrungen zur Entwicklung neuer, mit der Gegenwart besser vereinbarer Beziehungsmuster zuzulassen. Seit den 70er-Jahren beobachten wir nun ein wachsendes Interesse an Bewusstseinserweiterung in vielerlei Form. Für früher und differenzierter wahrgenommene Krisen – Beziehungs-, Motivations-, Leistungs-, Sinn- und andere Krisen – wird psychotherapeutisches Know-how eingesetzt, auch wenn (noch) keine Störungen von Krankheitswert vorliegen. So ist es nicht verwunderlich, dass die in den letzten Jahren theoretisch besser untermauerten und methodisch erheblich differenzierten psychotherapeutischen Verfahren in angepasster Form auch im Coaching angewandt werden. Eine dieser Entwicklungen ist die von mir vertretene potenzialorientierte Selbsterfahrung, die zunächst für die Psychotherapie entwickelt wurde, inzwischen aber vor allem für die Persönlichkeitsentwicklung und seit neuestem auch im Coaching eingesetzt wird.

---

[1] Hüther, G.: Die Macht der inneren Bilder

»Nur wer weiß, was er tut, kann machen, was er will« – gemäß dieser Maxime des Großmeisters der Potenzialentfaltung über den Körper, Moshe Feldenkrais[2], geht es bei der potenzialorientierten Selbsterfahrung im Wesentlichen darum, durch Selbsterkundung herauszufinden, was wir automatisch, in reflexhafter Reaktion auf unsere Vergangenheit tun; uns fühlen zu lassen, ob das, was wir tun, in unserer gegenwärtigen Situation angemessen ist; das Potenzial hinter der Ersatzhandlung zu entdecken; innere Bilder von alternativ möglicher Wirklichkeit zuzulassen und schließlich entsprechendes Handeln zu üben.

Das vorliegende Buch zeichnet sich dadurch aus, dass es Hintergrundwissen und Coaching-Techniken, die herkömmlich getrennt behandelt werden, integriert. Es vermittelt Coaching-Kompetenz auf dem Hintergrund einer spezifischen Persönlichkeitskunde, die weitgehend in der humanistischen Psychologie wurzelt. Von besonderer Bedeutung bei diesem von mir seit mehr als 30 Jahren vertretenen und weiterentwickelten Ansatz sind in diesem Zusammenhang...

- das Konzept vom menschlichen Potenzial (Huxley[3], Maslow[4]),
- die Hierarchie der Bedürfnisse (Maslow[5]),
- Selbstverwirklichung auf dem Lebensweg (Maslow[6]),
- die Stufen der Motivation (Maslow[7], Kohlberg[8]),
- das Potenzial zur Selbsttranszendenz – das Bedürfnis, über sich selbst hinauszuwachsen (Frankl[9]),
- Reifung der Persönlichkeit zur Person (Rogers[10]),
- das Grundbedürfnis nach Beachtung (Büntig[11]),
- die menschliche Neigung zu Autonomie (Hampden-Turner[12]) und die damit verbundene

---

[2] Feldenkrais, M.: Bewußtheit durch Bewegung
[3] Huxley, A.: Pforten der Wahrnehmung
[4] Maslow, A.: Psychologie des Seins
[5] ebenda
[6] ebenda
[7] ebenda
[8] Kohlberg, in Hampden-Turner: Radical Man
[9] Frankl, V. (1984). Der leidende Mensch. Anthropologische Grundlagen der Psychotherapie
[10] Rogers, C.: Die Entwicklung der Persönlichkeit.
[11] Büntig, W.: Beachtung – ein menschliches Grundbedürfnis. In ZIST erhältlich
[12] Hampden-Turner, C.: Modelle des Menschen

- Selbstentfremdung in der Normopathie (Büntig[13]).
- Die Bindungstheorie John Bowlbys, eine Integration von Psychoanalyse (das erinnerte Baby) und Verhaltensforschung (das beobachtete Baby), besagt: In den ersten zwei Lebensjahren reift die von der rechten Hemisphäre der Großhirnrinde kontrollierte Steuerung unserer Affekte und damit unsere Lebenskunst in Abhängigkeit von der Qualität der Mutter-Kind-Beziehung.

Moderne Hirnforschung bestätigt diese Ergebnisse klinischer Forschung: Die rechte Hemisphäre erfährt ab der Schwangerschaftsmitte einen so genannten Wachstums-Spurt und ist mit 18 Monaten zu 80% ausgereift, während die beschleunigte Ausreifung der linken Hemisphäre, des ›Zeit-, Denk- und Sprachhirns‹, erst einsetzt, wenn die des ›Raum- und Fühlhirns‹ weitgehend abgeschlossen ist. Wir lernen also leben, bevor wir das Erlebte in Symbolen im eigenen Bewusstsein abbilden und anderen vermitteln, d.h. bevor wir denken und sprechen können. Moderne Hirnforschung bestätigt eine weitere klinische Erfahrung: Das Gehirn besitzt eine erhebliche Plastizität. Was Hänschen nicht lernt, kann es später – wenn auch mit mehr Mühe – immer noch lernen.

Menschen lernen aus Erfahrung. Deshalb ist »Potenzialorientiertes Coaching« erfahrungsorientiert. Es empfiehlt sich, den Berg, auf den man einen anderen führen will, aus eigener Erfahrung gut zu kennen. Coaches und solche, die es werden wollen, sollten erst am eigenen Leib die Herausforderung, das Risiko und die Genugtuung erfahren haben, die ein Hinterfragen der eigenen Lebensgewohnheiten mit sich bringen kann; dementsprechend empfehle ich den Leserinnen und Lesern, die zahlreichen im Buch vorgestellten Anregungen zunächst für sich zu prüfen und die Übungen selbst zu machen, bevor sie diesen ihren Coaching-Klienten zumuten.

Ich danke Alfred Preuß und Cornelia Weber für die kollegiale, wertschätzende Kooperation bei der Entwicklung und Durchführung unserer gemeinsamen Arbeit und für die Energie und Sorgfalt beim Verfassen dieses Buches, dessen Studium Ihnen, liebe Leserinnen und Leser, Mut machen möge, sich selbst und denen, die sich Ihrer Begleitung anvertrauen, die Fülle an Möglichkeiten des Lebens zuzumuten.

---

[13] Büntig, W.: Normopathie. (In Arbeit)

Vorwort der Autoren

Zunächst bedanken wir uns bei den Teilnehmerinnen und Teilnehmern der von uns geleiteten Coaching-Ausbildungen für den Anstoß, aus den Handouts der Ausbildungen ein Buch zu schreiben. Dieses Buch hat sich in seiner Entstehung weit über die bisherigen Handouts der Ausbildungen hinaus entwickelt. Der Entstehungsprozess dieses Buches hat uns gefordert, die Inhalte und Zusammenhänge noch gezielter zu differenzieren. Für diesen zusätzlichen Wert sind wir uns gegenseitig dankbar.

Wir danken besonders Dr. Wolf E. Büntig für die Vermittlung und Zurverfügungstellung seiner entwickelten und weiterentwickelten Lehren der humanistischen Psychologie, die freundliche Kooperation und den von ihm geschaffenen Rahmen für unsere Arbeit. Besonderer Dank gilt auch Dr. Hans Friedl, dessen Anregungen für die Überarbeitung des Buches überaus wertvoll waren. Juliane Kesel und Jürgen Burkhard haben uns als erfahrene Coaches sehr geholfen, das Buch aus der Leser- und Coaching-Anwender-Brille kritisch zu überprüfen und zu überarbeiten. Wir danken beiden sehr für diese wertvolle fachliche wie auch für die motivierende Unterstützung bei der Entstehung dieses Buches. Nicht zuletzt danken wir allen anderen Menschen, die uns gelehrt haben, als Ausbilder, Autoren, Kollegen und Coachees.

Auch wir befinden uns weiterhin auf unserem persönlichen und professionellen Entwicklungsweg. Wir sehen dieses Buch als Ergebnis einer Teilstrecke an, sind neugierig auf die künftigen Erkenntnisse und dankbar für alle Anregungen über Verbesserungsmöglichkeiten, Ergänzungsmöglichkeiten und Irrtümer.

Wir verwenden in diesem Buch hauptsächlich die männliche Sprachform, da diese nach wie vor die Lesbarkeit vereinfacht. Unsere Ausführungen beziehen sich jedoch gleichermaßen auf Frauen und Männer. Der Begriff Coachee steht für den (weiblichen oder männlichen) Coaching-Kunden, den wir aus Gründen der Abgrenzung zur Therapie nicht als Klienten bezeichnen wollen.

Einleitung

Begriff »Potenzialorientiertes Coaching«

Ziel des potenzialorientierten Coachings ist es, den Coachee zur Nutzung seiner individuellen Kompetenzen und Möglichkeiten zu befähigen. Die Potenzialorientierung geht dabei über die übliche Coaching-Haltung bezüglich der Selbstverantwortung des Coachees hinaus und fokussiert sowohl im Hintergrundwissen als auch bei der Anwendung von Interventionen auf die Differenzierung zwischen Wesen und Charakter, wobei im Wesen die Quelle und im Charakter mögliche Hindernisse des Potenzials gesehen werden können.

Das potenzialorientierte Coaching definiert den Coaching-Begriff nicht um, sondern achtet auf das Wesen des Coachees und seine Entwicklungsmöglichkeiten. Unter Coaching verstehen wir, wie andere auch, die Begleitung des Coachees bei seinen eigenen Schritten auf dem Weg zu seiner Lösung, seiner Entscheidung, seiner Handlung etc.

Auch wir grenzen Coaching ab vom Expertenrat einerseits, der fertige Lösungen vorgibt, und von der Therapie andererseits, die einen anderen Kontrakt und therapeutische Kompetenz erfordert. Die aktuelle Tendenz zeigt jedoch, dass Coaching immer mehr für psychologische Beratung genutzt wird, die die Grenze zur Therapie berührt.

Potenzialorientiertes Coachen heißt, einen gesunden Menschen darin zu fördern, eigene, verdeckte oder blockierte Möglichkeiten und Fähigkeiten zu nutzen, ohne ihn als Therapie-Klienten zu definieren und zu behandeln.

Zielsetzung des Buches

Wir möchten mit diesem Buch Coaches eine Basis für ihre Arbeit bieten, die ermöglicht, situativ Interventionen auszuwählen und anzuwenden sowie die dahinter liegenden Zusammenhänge im Kontext des Coachees und des Coachings zu erkennen. Wir wollen mit diesem Buch Tiefe in wesentlichen Themen mit Pragmatik vereinen. Das Buch kann kapitelweise zur Vorbereitung, zur Nachbereitung oder während des

Coachings zum Nachschlagen oder Aufzeigen genutzt werden. In der Gliederung sind die Kapitel grau unterlegt, die im Coaching auch zur direkten Vermittlung an den Coachee genutzt werden können. Die Verzeichnisse unter 5.1 und 5.2 sollen ebenfalls der praktischen Nutzung als Handbuch dienen.

Eklektizismus

Dieses Buch erhebt weder den Anspruch, Coaching neu zu erfinden und damit nur neue Erkenntnisse und Methoden aufzuzeigen, noch eine bestimmte »Schule« zu vertreten und zu etablieren. Wir gehen vielmehr davon aus, dass wichtig ist, was funktioniert, Wachstum ermöglicht und Lösungen bewirkt. Das ist in diesem Buch dargestellt. Die Erfahrungen unserer langjährigen Tätigkeit als Coaches waren hierbei Auswahlkriterium für die Coachinglehren und -techniken aus den verschiedenen Schulen. Die eindeutige Zuordnung der Primär- und Sekundärquellen haben wir zugunsten der Anwendungsorientierung unseres Buches an einigen Stellen bewusst nicht ausführlich dargestellt. Wer durch Überprüfung und Berichtigung dieser Historie seine Coaching-Qualität unterstützen will, wird sicherlich genug Material über unser Buch hinaus finden.

1 Hintergrundwissen

1.1 Im Mittelpunkt der Mensch

1.1.1 Wesen und Charakter*

In diesem Kapitel wollen wir einige Überlegungen erläutern, die die Basis unserer Haltung und Orientierung in unserer Coaching-Arbeit darstellen, und zunächst die Begriffe definieren, die uns helfen, unseren Fokus zu differenzieren.

Als *Wesen* bezeichnen wir die Natur der Seele, das wahre Ich, das tiefe Selbst, das, was über die körperliche und geistige Funktionalität eines Menschen hinausgeht und Körper und Geist belebt. Je nach Kultur und Glaube existieren hierfür verschiedene Begriffe und verschiedene Vorstellungen über Sterblichkeit bzw. Unsterblichkeit.

Als Grundlage unserer Coaching-Arbeit ist jedoch nur von Bedeutung, dass wir im *Wesen* die *Quelle des menschlichen Potenzials* sehen, das sich nach Entfaltung sehnt und das wir im Rahmen humanistischer Werte in der Entfaltung begleiten wollen.

Der *Charakter*, griechisch: das Geprägte, hingegen ist die Art und Weise, wie der Mensch alles streng unter Kontrolle hält, um »normal« zu erscheinen, und damit in gewisser Weise sein Wesen verbirgt. Er ist die Summe der Ergebnisse von Erziehungs- und Sozialisationsprozessen. Diese Ergebnisse sind Lebensregeln und Glaubenssätze, Werteschwerpunkte und Prioritäten, Aktions- und Reaktionsmuster sowie erlernte Fähigkeiten. »Charakter ist ... die seit der frühen Kindheit in Abhängigkeit von, Auseinandersetzung mit und Abgrenzung gegen eine Umwelt erworbene Eigenart der sich entfaltenden Person, von der Unendlichkeit der möglichen Eindrücke und der Vielzahl persönlicher Ausdrucksmöglichkeiten nur so viel zuzulassen, dass das Überleben und ein Minimum an Bedürfnisbefriedigung gesichert und die Kontinuität des Ichs gewahrt bleiben. Charakter ist die bevorzugte Weise, Sin-

---

* siehe Literaturverzeichnis

neseindrücke, Empfindung, Gefühl, emotionalen Ausdruck, Wahrnehmung, Denken und Handeln auf möglichst kontinuierliche Weise so zu organisieren, dass das Leben in der Welt einen Sinn ergibt.« (Corsini, R. J. [Hrsg.] [1983]. *Handbuch der Psychotherapie*)

Da der Mensch als Abhängiger in einem Kulturumfeld sein Leben beginnt, entwickelt er eine Charakterhaltung, die immer zunächst auch eine Erfolgsstrategie im Sinne einer persönlichen Überlebensstrategie und auf Zugehörigkeit, Strafverschonung, Beachtung und Anerkennung ausgerichtet ist. Keine Kultur bietet alle Modelle an, an denen man sein Potenzial voll entfalten könnte. Doch das, was potenziell angelegt ist, bedarf des Vorbildes, um verwirklicht zu werden. Jedes Umfeld bietet eine weitere oder engere Bandbreite an Vorbildern, eine Fülle für bestimmte Vorbilder einerseits und einen Mangel für andere andererseits.

Die Charakterbildung ist ein »normales«, allgemeines menschliches Schicksal der Selbstentfremdung, die Vertreibung aus dem Paradies die gängige Metapher dafür.

Die Prägung kann also die Potenziale des Wesens fördern oder auch behindern. Sie zeigt sich unter anderem in der Körperhaltung, der Art und Weise, wie wir uns halten, statt uns gehen und sein zu lassen, indem wir uns zusammenreißen, uns festklammern, uns oben halten, alles drinhalten, uns zurückhalten, uns raushalten etc., um die Bedingungen, in die wir hineingeboren werden, auszuhalten. In dieser Abwehrhaltung – diesem Ver-Halten und Ver-Stellen –, mit deren Hilfe vergangene leidvolle Erfahrung verdrängt wird, entsteht eine Verschlossenheit gegenüber jeder neuen, heilsamen Erfahrung, was eine Wiederholung des bekannten Leids provoziert. Die Notlösung von damals wird immer wieder die Not von heute.

Der Charakter bildet sich vor allem in der frühen Kindheit. In den ersten zwei Lebensjahren ist der Mensch noch mehr oder weniger sprachlos, und die Erinnerung erfolgt über das Fühlen statt über Symbole. »In dieser Zeit wird gebahnt,

- wie flexibel, rhythmisch und vergnüglich wir Beziehung gestalten
- wie wir mit Abhängigkeit umgehen (Dependenz, Independenz, Interdependenz)
- mit wie viel Humor und Zuversicht wir leben

- wie wir mit (insbesondere durch Abweisung, Abwendung und Trennung hervorgerufenem) Stress umgehen
- wie viel Resistenz und Resilienz (Erholungskapazität) wir entwickeln,
- ob wir eine kohärente und stabile Selbst-Instanz aufbauen sowie
- ob wir Wertvorstellungen entwickeln, die über die gängige Moral hinausgehen.« (Büntig, W., mündliche Mitteilung)

Prägungen (Charakter) können über korrigierende Erfahrungen (in einem anderen Kulturumfeld) erkannt, bearbeitet und verändert werden. Die erste Hürde bei einer angestrebten Veränderung ist der Widerstand, der der Veränderung entgegengesetzt wird, um die vertraute Prägung zu erhalten. Er tritt im Lernprozess auf, behindert den Lernprozess und steht dann ggf. selbst zunächst zur Bearbeitung an.

Das Verhältnis von Wesen und Charakter kann anhand der Metapher »Münze« verdeutlicht werden, deren Gold dem Wesen entspricht, deren Prägung dem Charakter. Der Aufdruck stellt den Wert der Münze dar, gilt jedoch immer nur in der vertrauten Umgebung. Wenn in einem gesellschaftlichen Kontext nur auf den Aufdruck geachtet wird, wird der Wert des Goldes nicht erkannt.

Das Verhalten, als dritte Ebene, leitet sich aus dem Charakter ab. Wenn der Charakter jedoch nicht das wesensgemäße Potenzial fördert, sondern eher be- und verhindert, entstehen durch das daraus abgeleitete Verhalten vielfältige Situationen, die Anlass zu Coaching oder Therapie werden können.

Ein unbefangenes Kind ist seinem Wesen am nächsten, da es (noch) nicht von Prägungen/Charakter eingeschränkt ist. Wer z. B. gemäß seiner Wesensnatur künstlerisch veranlagt ist, im Rahmen

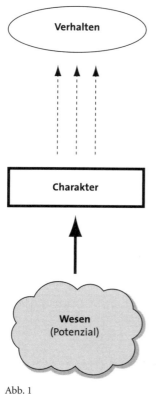

Abb. 1

seines Erwachsenwerdens jedoch lernen musste, auf Regeln und Ordnung viel Wert zu legen, kann den Zugang zu seiner Kreativität dadurch verlieren und einen Beruf gemäß seines Charakters wählen. Dann erscheint diese Verhinderung als eine unspezifische Unzufriedenheit mit dem Leben.

Ein Mensch, der sein Potenzial zur Verfügung hat, orientiert sich an den Bestrebungen seines Wesens und akzeptiert diese als Entscheidungs- und Handlungsmaximen. Die unvermeidbare Prägung (Charakter) nimmt idealerweise die Form der Hingabe an, der Hingabe an die Wesensbestrebungen und an das »größere Geschehen« als Rahmenbedingungen.

Die Wirkung des potenzialorientierten Arbeitens ist in Fritz Perls' Worten erkennbar: »Nach unserer Sicht ist der menschliche Organismus *aktiv*, nicht *passiv*. Zum Beispiel bedeutet die Hemmung eines bestimmten Verhaltens nicht einfach die Abwesenheit dieses Verhaltens im sichtbaren Betragen; sie ist vielmehr ein ›Innen-Halten‹ oder, um es weniger ungeschickt auszudrücken, ein aktives Festhalten im Innern. Wenn die Unterdrückung aufgegeben wird, kommt das Festgehaltene nicht einfach passiv zum Vorschein. Die Person bringt es vielmehr aktiv hervor.« (Perls, F. [1951/1997]. *Gestalttherapie*)

1.1.2 Person und Persönlichkeit*

Auch die folgende begriffliche Differenzierung soll die Haltung und Orientierung des potenzialorientierten Coachings verdeutlichen und den Coach unterstützen, im eigenen Sprachgebrauch sowie im Zuhören wachsam auf Signale und Missverständnisse bezüglich Wesen und/oder Charakter zu achten.

Die Person ist das Sprachrohr für das Wesen. Die Person verwirklicht ihr Wesen.

Die Persönlichkeit ist die psychische Komponente des Charakters. Sie ist also eine definierte Form und steht damit im Widerspruch zum Potenzial der Transzendenz, d.h. der Fähigkeit, über sich hinauszuwachsen.

---

* siehe Literaturverzeichnis

Auf der Suche nach sich selbst nutzen Menschen die Rückspiegelungen ihres Umfelds, um sich selbst »erfassen« zu können. Bei diesen Rückspiegelungen werden jedoch häufig nur charakterliche Eigenarten gespiegelt, die in der Summe der Prägungen ein Persönlichkeitsprofil darstellen. Die von anderen und/oder sich selbst erkannte Persönlichkeit ist wie eine Art Außenhülle des Charakters oder auch die gelebte Prägung. Die Persönlichkeit ist angewiesen auf Rückspiegelungen der Umwelt, da sie sich nicht aus der wahren inneren Natur des Menschen speisen kann. Die wahre innere Natur kann nicht in einer derart definierten Form begrenzt werden.

Aus dem Bedürfnis, sich selbst zu erkennen, sind viele dankbar für das durch Rückspiegelungen geformte Profil, ohne zu überprüfen, ob dies wirklich ihrem Wesen entspricht. »Die Persönlichkeit ist... jemand, der etwas darstellt...«, wohingegen die Person »aus tiefenspsychologischer Sicht ein Mensch (ist), durch den das Sein als persönliches Wesen hindurch klingt«. (Büntig, W., mündliche Mitteilung)

Stimmen Persönlichkeit und Person überein, wirkt ein Mensch authentisch. Eine Diskrepanz wird umgangssprachlich als »aufgesetzt« bezeichnet.

Im nächsten Schritt der so genannten Selbstwerdung unterstützen und verfeinern viele ihr so erhaltenes Persönlichkeitsprofil in Richtung Image und entfremden sich damit noch weiter von ihrem Wesen.

Der Weg zur Authentizität und persönlicher Integration hat zum Ziel, die eigene Persönlichkeit so zu entwickeln, dass sie der Person entspricht, oder – mit anderen Worten – eine Person statt nur eine »Persönlichkeit« zu werden.

1.1.3 Identität und Identifikation*

Auch in diesem Kapitel soll der Unterschied zwischen Wesen und Charakter verdeutlicht werden. Wir betrachten hier die Bereiche der Identifikation, die im Einzel-Coaching häufig der erste Ansatzpunkt sind, Verhinderungsmuster für die Entfaltung des Potenzials zu erkennen.

Identität ist das Ganze der Wesensmerkmale eines Menschen und offenbart sich in der Bewusstheit vom eigenen Wesen. Die Identifikation

---
* siehe Literaturverzeichnis

hingegen ist die Dynamik/der Vorgang der Charakterbildung und deren Ergebnis. Identifikation verhindert den Zugang zur Identität. »Die Konstruktion eines Selbstbildes ist ein Ersatz für das im Wesen wurzelnde Selbstgefühl. Sie führt immer wieder nur zu einem Selbstbeweis, doch nie zu einer unmittelbaren Selbsterfahrung.« (Büntig, W., mündliche Mitteilung)

Wer sehr früh Zweifel hat an der eigenen Daseinsberechtigung oder daran, der zwischenmenschlichen Beachtung und Liebe wert zu sein, sucht meist eine Kompensation dieses scheinbaren Mangels in der eigenen Person in *Bereichen der Identifikation*. Beispiele hierfür – neben vielen anderen – sind:

Identifikation mit

Machen

Das meaning, d. h. der grundlegende Glaube an eine bestimmte Bedeutung (siehe auch Kapitel 1.1.8 Regeln und meanings), dahinter lautet:
»Ich darf nur da sein, wenn ich etwas ... mache.«
Das mit der Zeit dadurch erzeugte Weltbild kann lauten: »Nur wer macht, hat eine Daseinsberechtigung.« und/oder: »Es gibt viel zu tun und es wird oder bleibt schlecht, wenn man es ›sein lässt‹.«

Haben

Das meaning dahinter lautet:
»Ich darf nur da sein, wenn ich ... (ein großes Auto, ein dickes Bankkonto, eine schöne Frau/einen schönen Mann etc.) habe.«
Das mit der Zeit dadurch erzeugte Weltbild kann lauten: »Nur wer ... (ein großes Auto, ein dickes Bankkonto, eine schöne Frau/einen schönen Mann etc.) hat, ist jemand.« und/oder: »Es gibt von ... zu wenig.«

Wissen

Das meaning dahinter lautet:
»Ich darf nur da sein, wenn ich ... weiß.«
Das mit der Zeit dadurch erzeugte Weltbild kann lauten: »Wer weniger weiß, ist minderwertig.«

Können
Das meaning dahinter lautet:
»Ich darf nur da sein, wenn ich ... kann.«
Das mit der Zeit dadurch erzeugte Weltbild kann lauten: »Es geht nichts von allein. Es braucht Anstrengung.«

Eine Unterform der Identifikation mit Können zeigt sich in der Steigerung von Kompetenz (zur Kompensation von verschiedenen Arten von Impotenz) im Sinne von

– Macht
Das meaning dahinter lautet:
»Ich darf nur da sein, wenn ich ... mächtig bin.«
Das mit der Zeit dadurch erzeugte Weltbild kann lauten: »Die Welt ist unordentlich und muss in Ordnung gebracht werden.«
Diese identifikative Macht unterscheidet sich von der wesensgemäßen Mächtigkeit, die als geliehene Macht zum Dienst anderer angenommen wird und dadurch nicht die eigene Entwicklungsfähigkeit hemmt.

Zugehörigkeit als

– Anpassung
Das meaning dahinter lautet:
»Ich darf nur da sein, wenn ich so bin wie die anderen.«
Das mit der Zeit dadurch erzeugte Weltbild kann lauten: »Die Welt ist feindlich.«
Das Erkennungsmerkmal der Zugehörigkeit kann viele unterschiedliche Ausprägungen annehmen, z. B. Interessen, Gepflogenheiten, Schönheitsnormen.
Bei letzterem Beispiel geht es um den **Körper** (Schönheit, Muskelkraft).
Dazu gehört auch der Jugendlichkeits- und Attraktivitätswahn.
Das meaning dahinter lautet:
»Ich darf nur da sein, wenn ich ... schön bin. Ich bin ohnmächtig, auf das zuzugehen, was ich brauche, daher muss ich es anziehen.«
Das mit der Zeit dadurch erzeugte Weltbild kann lauten: »Nur wer ... schön ist, kann das erhalten, was er braucht.«

- Rebellion (als Gegenidentifikation)
ist die paradoxe Form der Abhängigkeit, ähnlich pubertärer Haltungen. Sie wird als vermeintliche Freiheit wahrgenommen, ist jedoch eine Bindung an das, wogegen man sich wehrt.
Das meaning dahinter lautet:
»Ich darf nur da sein, wenn ich ... anders bin.«
Das mit der Zeit dadurch erzeugte Weltbild kann lauten: »Die Welt ist feindlich. (Keiner versteht mich.)«

Eine weitere Art der Identifikation bieten die Rollen des Drama-Dreiecks (nach Stephen Karpman): Täter-Retter- und Opfer-Rolle, die – durch die im Modell aufgezeigte Dynamik – immer wieder zu Konflikten führen, wenn die Rollenwahrnehmung wechselt und nicht mehr der intendierten Identifikation entspricht.

Diese und andere Identifikationsmuster können im Coaching in den Betrachtungs- und Bearbeitungsfokus gerückt werden, wenn äußere oder innere Kränkungen vorliegen, sie als Antrieb für ungesunde Extremhaltungen oder -handlungen vermutet werden oder äußere Konflikte die Folge sind. Die Bearbeitung kann mit der deutlichen Betrachtung des Musters beginnen und sich über die Arbeit an Regeln und meanings (siehe Kapitel 4.4.7) fortsetzen.

Die meisten Menschen verwechseln Selbstachtung mit Stolz auf Machen, Können, Wissen, Haben etc. Die erstrebenswerte Befreiung von Identifikationen kann nur über die *Selbstachtung und Selbstliebe* gelingen. Hierbei ist jedoch entscheidend, dass sich die Selbstachtung und Selbstliebe nicht auf die Identifikationen bezieht, sondern auf sich selbst ohne jegliche Attribute dieser Art. Dieser Schritt benötigt einen längeren Prozess der Selbsterkundung in einem geeigneten Umfeld und kann daher im Coaching-Kontext eher als Hintergrundwissen des Coachs und als Anstoß dienen, selten jedoch darin vollzogen werden.

Wenn der Coachee eine Identifikation anbietet, indem er z.B. sagt: »Ich bin arrogant.«, definiert er aus einer Eigenschaft ein So-Sein und verwechselt sein So-Sein mit seiner Natur, seinem ursprünglichen Sein. Der Coach kann in einem solchen Fall die Eigenschaft akzeptieren, zugleich aber die Identifikation anzweifeln, z.B. durch folgende Aussage: »Ich kann Sie nicht verändern, aber ich bezweifle, dass Arroganz zu Ihrem Sein gehört. Wann sind Sie denn arrogant? Sicher nicht immer.

Vielleicht ist es auch keine Arroganz, sondern eher ein Selbstschutz? Wer sagt das überhaupt, dass Sie arrogant sind?«

Einige weitere Einzelaspekte zum Thema Identifikationen wollen wir an dieser Stelle noch kurz erwähnen:

Konkurrenz tritt immer innerhalb des Identifikationsbereichs, d. h. zwischen Personen, die sich gleichermaßen mit etwas identifizieren, auf. Der Identifikationsbereich bietet die Plattform, sich zu vergleichen; zu prüfen, wer mehr hat, weiß, kann, macht usw., und daraus den eigenen Wert im Vergleich, in der Konkurrenz, zu erkennen und erkennen zu lassen. Außerhalb des Identifikationsbereichs, d. h. gegenüber Personen, die sich erkennbar nicht mit dem selbstgewählten Bereich identifizieren, entstehen projektive Abwertungen (s. a. Kapitel 1.3.1.1 Projektionen). Wer sich z. B. mit dem Besitz und Tragen von teurer Kleidung identifiziert, wird schnell Menschen mit »billiger« Kleidung abwertend betrachten oder gar kommentieren.

Bei der Identifikation mit »Können« kann eine subtile Form der Identifikation auftreten, wenn der Coachee sagt: »Ich kann das nicht.«, um damit die eigene Fähigkeit (das Können) darzustellen, die lautet: »Schaut her, ich kann sogar sagen: ›Ich kann das nicht.‹«

Im Coaching-Setting kommt häufig noch eine weitere Identifikation hinzu: die mit der Rolle des Coachees im soziologischen oder beruflichen Umfeld. Das Selbstbild als jemand, der ein Problem hat und Coaching bedarf, kann die bereits vorhandene Identifikation stark angreifen. Sofern die vorhandene Identifikation nicht zum Coaching-Inhalt wird, muss zumindest die Rolle als Coachee für die vorhandene Identifikation annehmbar gemacht werden, z. B. durch ein kurzes, eventuell sogar beiläufiges reframing (siehe Kapitel 4.3.5), in dem der Rollenwechsel vom »Könner« zum »Probleminhaber« als Kompetenz verdeutlicht wird. Diese rollenbedingten Identifikationsprobleme sollten jedoch unserer Meinung nach nicht ausschlaggebender Anlass für den Coach sein, die vorhandene Identifikation zum Coaching-Inhalt zu machen. Es kann nicht darum gehen, den Coachee einzig aufgrund des Settings verändern zu wollen.

1.1.4 Fixierung auf bestimmtes Image*

Die Image-Fixierung ist meist die Verfeinerung einer Identifikation im Sinne einer »positiven Show« und nutzt äußere Aspekte als Imagemerkmale, um das Image für andere erkennbar zu machen, z. b. Markennamen, Gesellschaftskreise, kulturelle Nachfrage, Urlaubsziele, Gesprächsthemen, Form von Gesprächbeiträgen oder – in unserer Gesellschaft sehr häufig – die hierarchische Position im Betrieb und die damit verbundenen positionsgemäßen Ansprüche wie Dienstwagen, Büroraumgröße etc.

Jedes Bemühen um Selbstaufwertung ist eigentlich eine Selbstherabsetzung. Imagemerkmale sind immer eine Botschaft an andere, die sagt: »Schaut her, ich bin gut/wichtig/mächtig/beachtenswert/liebenswert/lebenswert usw., weil ich dieses Merkmal habe.«

Dahinter steht der eigene Zweifel daran, eben diese Attribute wirklich zu haben. Sobald das Image anderen gegenüber zu »bröckeln« droht, schlägt dieser Zweifel in Angst um. Je nach Stress-/Konfliktmuster versucht die Person dann, dies – in einer für andere oft schwer nachvollziehbaren Notwendigkeit und Weise – zu kompensieren.

Image-Fixierungen können durch Nachahmung im Familienkontext »vererbt« werden.

Im Coaching kann z.B. eine paradoxe Intervention (siehe Kapitel 4.4.5) durch eine empfohlene Übersteigerung der Imageorientierung bis hin zur Absurdität die Fixierung aufweichen.

Da das Image immer auch durch Muskelkraft aufrechterhalten wird, ist auch eine Körperarbeit, z.B. die Positur (siehe Kapitel 4.2.2), ein methodischer Ansatz im Coaching, die durch folgende Fragen geleitet werden kann:

- Wofür halten Sie sich?
- Wie halten Sie sich?
- Was versprechen Sie sich davon?
- Was ist der Preis dafür? Was kostet Sie das?

---

* siehe Literaturverzeichnis

1.1.5 Verlust der Autonomie*

Autonomie (»autos«, griechisch: Selbst, »nomos«, griechisch: Gesetz) ist die Selbstbestimmung des Menschen über sich und sein Leben und die wesensgemäße Gesetzmäßigkeit der Entfaltung seiner eingeborenen menschlichen Gaben. Sicher haben viele Menschen äußere Zwänge, die sie von dem abhalten, was sie eigentlich wollen. Der gesunde Mensch kann jedoch die Möglichkeiten über diese Zwänge hinaus erkennen, auch und gerade wenn er sich – zur Vermeidung bestimmter Konsequenzen – autonom für etwas entscheidet, was innerhalb des Zwangrahmens liegt und nicht dem entspricht, was ihm am liebsten wäre. Autonomie befähigt zu dieser Entscheidung; sie führt nicht dazu, immer das zu verwirklichen, was der erwünschte Idealzustand wäre.

Neben klaren Krankheitsbildern führen auch beim »gesunden« Menschen folgende Ursachen zum Verlust der Autonomie:

- Identifikation
- Fixierung auf ein bestimmtes Image
- Verbote und Gebote des Über-Ichs, der inneren moralischen Instanz
- extremer Glaube an die höhere(n) Macht/Mächte.

Jede eindeutige Zuordnung der Person zu einer bestimmten Lebenshaltung, die sich z. B. in Aussagen zeigt wie »Ich bin einer, der ...«, birgt die Gefahr des Autonomie-Verlusts. Sie führt zu schematischen Aktions- und Reaktionsabläufen und bedarf immer wieder der Spiegelung und Bestätigung dieses Selbstbildes durch andere. Je enger die Selbstdefinition im Selbstbild ist, desto ungesünder wirkt sie sich aus.

Der autonome Mensch ist im Kontakt mit der Gegenwart und »liest« aus der Gegenwart ab, was er braucht, und handelt dann verantwortlich, d.h. in Antwort auf die Situation. Wer seine Autonomie verloren hat, handelt nach einem Schema, nicht situationsgerecht. Seine Reaktion dabei ist immer eine Reaktion auf Vergangenheit.

Autonomie heißt Gehorsam gegenüber dem inneren Gesetz, der inneren Wahrheit. Autonomie setzt somit den Kontakt zu der inneren Wahrheit voraus, der häufig durch erlernte Muster in Wahrnehmen,

---
* siehe Literaturverzeichnis

Fühlen, Denken und Handeln verstellt ist, die verhindern zu sehen, was im gegenwärtigen Moment einem selbst gemäß ist. Die reinste Form der Autonomie ist die Hingabe, d.h. die Fähigkeit, sich dem hinzugeben, was »einen will«, anstatt in allen Situationen des Lebens in bestimmter Weise aufpassen, sich schützen, sich darstellen etc. zu müssen. So kann selbst die Aussage »Ich bin frei. Ich tue, was ich will.« eine Identifikation und Reaktion auf die Vergangenheit sein. Gleiches gilt für die so genannte Eigenmächtigkeit, die nach dem Schema »Ich tue, als ob ich gehorche, und mache dann doch, was ich will.« abläuft.

Autonomie setzt eine Motivation zur Selbstbestimmung voraus. Dieser Motivation gehen jedoch andere Motivationsstufen voraus, die normalerweise über den Reifungsprozess vom Säugling bis zum Erwachsenen durchschritten wurden:

Stufen der Motivation:
1. Lustgewinn und Schmerzvermeidung
2. Lob und Tadel
3. Identifikation als guter oder schlechter Mensch
4. Achtung und Ächtung (im Rahmen von Zugehörigkeit)
5. Sozialer Kontrakt
6. Selbstbestimmung

Wer im Coaching-Kontext am Ziel *Autonomie* arbeitet, sollte zugleich klären, welche anderen Stufen von Motivation noch aktuell und für den Coachee adäquat sind. Auch hier geht es nicht darauf, dass der Coach seine Bewertung und Empfehlung anbietet, sondern dass der Coachee autonom bewertet und entscheidet.

Wenn im Coaching mit den in Kapitel 4 beschriebenen Methoden an einer Aufweichung einer Identifikation oder eines Images gearbeitet wird, so sei bereits hier auf die Falle der Ersatz-Identifikation/des Ersatz-Images hingewiesen. Wer noch nicht lange erlebt hat, dass er, um beachtens-, lebens- oder liebenswert zu sein, keinerlei Identifikation und keinerlei Image braucht, sucht sich schnell ein neues. So kann die Anpassung in Rebellion umschlagen, die Rebellion in Anpassung, Haben in Askese usw.

1.1.6 Innerer Konflikt*

Der innere Konflikt, den jeder Mensch hat, ist der Konflikt zwischen dem, der er – ohne jegliche Einschätzung und Bewertung – ist, und dem, der er glaubt zu sein; zwischen wesentlicher Eigenart und charakterlicher Anpassung. Perls schreibt auch über den Therapie-Klienten: »Der Patient kommt ... mit einem Selbstbild, das ein Konglomerat von Wunsch und Wirklichkeit ist« (vgl. Perls, F. [1951/1997]. *Gestalttherapie*). Das Dilemma zwischen dem seelischen Auftrag zur Autonomie und der unseligen Neigung zur Normopathie, also zur Unterwerfung unter fremde Normen, deren Sinnhaftigkeit nicht mehr hinterfragt wird, führt zur »normalen Depression«.

Jede Abweichung von der im Wesen angelegten Eigenart durch eine Identifikation oder ein Image ist eine Art Verrat an der inneren Natur, eine Verneinung des Natürlichen/Wesensgemäßen durch die Orientierung an einem vermeintlichen Mangel und dessen künstlicher Kompensation. Wer zum Beispiel meint, sich an äußeren Schönheitsmerkmalen orientieren zu müssen, wertet die innere Schönheit, die aus dem Wesen kommt, ab.

Der Mensch durchläuft in seiner Orientierung an Normen drei Phasen von Kränkung:

1. Die primäre Kränkung durch das Erleben, nicht in seiner Einzigartigkeit gesehen und in seinem Wesen erkannt und begrüßt zu werden, sondern oftmals objektiviert zu werden zu einem verfügbaren Gegenstand von Projektionen, Erwartungen und Befürchtungen.
2. Die zweite Kränkung, als die Persönlichkeit gesehen zu werden, die man in der Identifikation mit einem Selbstbild oder Image zu sein scheint, statt im Wesen wahrgenommen und gewürdigt zu werden als die Person, die man ist.
3. Die dritte Kränkung entsteht, wenn man von seiner Umwelt nicht als diese Persönlichkeit gesehen wird, in deren Darstellung man ein Leben lang investiert hat. Jede Identifikation oder Image-Fixierung vergrößert auch das Kränkungspotenzial und damit das Konfliktpotenzial. (Büntig, W. [2005]. Vortrag: *Die Seinsdimension in der Körperpsychotherapie*)

---

* siehe Literaturverzeichnis

Jede Identifikation oder Image-Fixierung stellt einen Antrieb dar, Kommunikationssituationen auf eine bestimmte Weise und zu einem bestimmten Zweck zu nutzen, ja sogar sie zu missbrauchen, anstatt sich in der Situation sein zu lassen. Diese Anstrengung verhindert regelmäßig die wahre Beachtung, nach der sich das Wesen sehnt, und setzt den inneren Konflikt zwischen Erleben und innerem Wissen um die wahre Natur fort.

Der innere Kampf um den Erhalt des Selbstbildes entspricht einem Streben nach Sieg, wobei der dabei zu bekämpfende Feind oft auf eine Person aus dem Umfeld projiziert wird (siehe Kapitel 1.3.1.1). Die erstrebenswerte Aufgabe der Identifikation oder Image-Fixierung wird als Niederlage antizipiert. Potenzialorientiertes Coaching kann – z. B. durch die Haltung des Polaritätenprinzips (siehe Kapitel 1.1.10) – ein reframing dieser »Niederlage« unterstützen.

Jede Fehlform ist jedoch zugleich ein Wegweiser zum Original. Die wirkliche Ressource ist durch den Antrieb überdeckt, aber immer vorhanden. Die Erkenntnis dieser Selbstbehinderung und deren aufmerksame Beachtung ist der Weg, der – meist über das Erkennen der Absurdität darin – aus diesem Konflikt führt. Der Coach kann ihn durch Techniken wie Spiegeln (siehe Kapitel 4.5.1.1) oder Doppeln (siehe Kapitel 4.4.2) anstoßen, sollte sich aber bewusst sein, dass die Charakterpfade des Coachees meist stärker sind als eine einmalige Intervention dieser Art.

Der permanente innere Konflikt wirkt sich nachhaltig psychosomatisch aus, da auch der Körper in der Spannung steht zwischen Sein und Schein.

Siehe dazu auch Kapitel 2.2 Der innere Auftrag.

1.1.7 Persönlichkeitsebenen

Eine Möglichkeit, die Ausprägungen einer Person und ihrer Persönlichkeit zu differenzieren, ist das Ebenen-Modell der Persönlichkeit (vgl. Modell der neurologischen Ebenen von Robert B. Dilts). Es zeigt Ebenen auf, die jeder Mensch bewusst und unbewusst für sich definiert hat. Die Ebenen bauen aufeinander auf, und so können Veränderungsversuche in oberen Ebenen unwirksam sein, wenn sie nicht mit den unteren kongruent sind.

Das Ebenen-Modell der Persönlichkeit

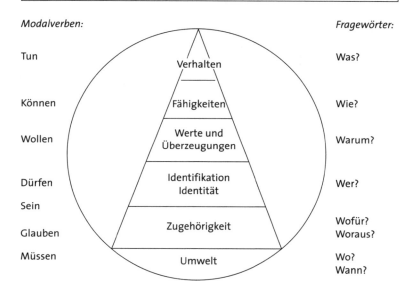

Abb. 2 vgl. Blickhan, D. (2001). *Persönlichkeits-Panorama*

Folgende Beispiele für Fragen zu den Persönlichkeitsebenen können helfen, den individuell vorhandenen Inhalt der Ebenen bewusst zu erkennen. Sie können als Ganzes eine Coaching-Hausaufgabe sein oder gezielt helfen, eine Wahrnehmung oder Erkenntnis auf anderen Ebenen abzugleichen oder zu unterstützen.

Verhalten: Was tun Sie?
Wie verhalten Sie sich? (privat, im Beruf…)
Was sehen andere an Ihnen, wenn sie Ihnen zuschauen?
Wie würde Sie ein Reporter beschreiben?

Fähigkeiten: Was können Sie gut?
Welche Fähigkeiten setzen Sie ein?
Was möchten Sie noch lernen?
Was haben Sie schon gelernt?

	Welche Fähigkeiten schätzen andere an Ihnen?
	Was sind Ihre Stärken?
Werte und Überzeugungen:	Was ist Ihnen wichtig?
	Wofür setzen Sie sich ein?
	Was ist Ihnen das wert?
	Was motiviert Sie/treibt Sie an/lässt Sie weitergehen?
	Woran glauben Sie? (nicht notwendigerweise religiös)
	Was möchten Sie anderen vermitteln?
	Stellen Sie sich vor, Sie schauen am Ende Ihres Lebens zurück – was war Ihnen am wichtigsten?
	Was zählt für Sie?
	Was möchten Sie verwirklichen?
Identität/ Identifikation:	Wer sind Sie?
	Welches sind Ihre zentralen Rollen im Leben?
	Was gehört zu Ihnen?
	Wie wissen Sie, was Ihre Identität ausmacht?
	Wenn andere Sie beschreiben – mit welchem Gleichnis würden sie das tun?
Zugehörigkeit:	Wo gehören Sie dazu?
	Stellen Sie sich vor, Sie sind Teil eines größeren Ganzen – wie können Sie das beschreiben?
	Woran orientieren Sie sich?

Die Ebene der Zugehörigkeit geht über in den religiösen oder spirituellen Glauben und kann daher im Coaching-Rahmen nicht wirklich betrachtet werden.

Setzt man das Ebenen-Modell der Persönlichkeit in Verbindung mit unserer Einteilung von Wesen – Charakter – Verhalten (siehe 1.1.1), so greifen die Ebenen wie folgt ineinander:

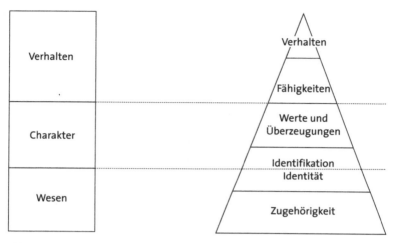

Abb. 3

1.1.8 Regeln und meanings

Die im vorigen Kapitel dargestellte Ebene der Werte und Überzeugungen beinhaltet vielfältige Regeln und Bedeutungen, die jeder Mensch im Laufe seines Lebens mehr oder weniger bewusst für richtig und gültig aufgestellt oder angenommen hat. Die Begriffe »*Überzeugungen*« oder »*Glaubenssätze*« sind ein Teil dieser Regeln und Bedeutungen und beschreiben nach unserer Definition eher das gesellschaftliche Zusammenspiel. Ihre Formulierungen sind mit z. B. »man« oder »jeder« nicht direkt auf das Ich bezogen. Ein Beispiel für einen solchen Glaubenssatz ist: »Man sollte immer nett und freundlich sein.«

Glaubenssätze und Überzeugungen entstehen aus Erfahrungen und kognitiver Vermittlung im Rahmen der Erziehung und des Heranwachsens sowie auch aus Unkenntnis von Alternativen. Sie sind breiter gefächert als das stark auf einen Identifikationsbereich gerichtete Weltbild (siehe Kapitel 1.1.3).

In diesem Kapitel wollen wir uns der anderen Teilmenge der Regeln und Bedeutungen widmen. »*meanings*« sind Bedeutungen, die direkt auf das Ich oder das direkte Umfeld (Familie im weiteren Sinne) bezogen sind. Diese Verankerung stammt aus der Kindheit, in der die Gültigkeit einer Bedeutung und so die Erfüllung der daraufhin entstandenen

Regel mit Liebe/Beachtung der Eltern verbunden war. Im Rahmen des o. g. Beispiel-Glaubenssatzes lautet das Beispiel für meaning: »Nur wenn ich nett und freundlich bin, werde ich geliebt bzw. gar: darf ich sein.«
Regeln sind die Ableitung von meanings. Im genannten Beispiel lautet die Regel dazu: »Ich muss immer nett und freundlich sein.« Eine Regel ist manchmal deswegen so stark und resistent gegen Veränderung, weil sie im Hintergrund (über das meaning) mit Liebe und Da-Seins-Berechtigung verknüpft ist.

Häufig zeigen sich meanings/Regeln sogar körperlich – in Haltung, Mimik und Gestik –, sie sind sozusagen »eingefleischt«, z. B. das Dauerlächeln bei o. g. meaning und Regel.

Zu allen wesentlichen Lebensthemen kann es meanings geben, z. B.:

- Nähe/Distanz (Intimität/Grenzen)
- Konflikte
- Entscheidungen
- Leistung/Erfolg/Versagen

In der Therapie ist das Ziel, dass der Klient zunächst seine meanings achtet und als ehemals notwendige Überlebensstrategien wertschätzt und dann die ursächlichen und folgenden Erfahrungen und ihre heutigen Auswirkungen als Erwachsener betrachten, bewerten und beeinflussen kann.

Regeln und meanings sind ausschlaggebende Elemente der Charakterbildung und können die Entfaltung des Wesens einschränken.

Selbst die absurdeste Regel ist Teil der Persönlichkeit des Coachees und erfordert auch vom Coach eine respektvolle Betrachtung.

Der Fokus *im Coaching* richtet sich nur auf den heutigen Kontext und das Weichmachen von Regeln. Ein meaning kann im Coaching nicht aufgelöst werden. Es ist jedoch möglich, die Fähigkeit darin bewusst zu machen und die unabdingbare Anwendung des meanings auf die aktuelle Situation zu hinterfragen. Zur Wahrung der Grenze zur Therapie im Rahmen von Coaching empfehlen wir, den Begriff »Liebe« durch »Wertschätzung/Beachtung« zu ersetzen. Die Veränderung einer Überzeugung/eines Glaubenssatzes ist manchmal allein schon durch einen neuen Blickwinkel (Perspektivenwechsel) möglich.

Die Arbeit mit Regeln und meanings ist unter 4.4.7 dargestellt.

1.1.9 Typologien

Warum Typologien?

Menschen sind unterschiedlich, sowohl in der Ausprägung ihrer Grundbedürfnisse als auch durch die bisherige Lebenserfahrung und die daraus entstehenden Verhaltens(re)aktionen.

Ein Versuch, diese Unterschiedlichkeit für den Einzelnen und seine Beziehungen zur Umwelt verständlicher zu machen, ist die Nutzung von Typologien. Sie dienen der Selbsterkenntnis des Coachees, dem Identifizieren von »zu viel« bzw. »zu wenig« zur Nutzung seines Potenzials und erleichtern den Umgang mit »Andersartigen«. Eine Typologie darf natürlich nicht starr genutzt werden, um Menschen in Schubladen zu stecken und dort »einzusperren«. Eine Zuordnung innerhalb einer Typologie ist fast nie – außer in pathologischen Fällen – eine reine, sondern zeigt eine Tendenz/eine stärkere Ausprägung an, die durchaus mit anderen Anteilen verbunden sein kann.

Wann ist die Anwendung von Typologien im Coaching sinnvoll?

Das Problem des Coachees zeigt sich meist auf der Verhaltensebene und legt so eine Lösung auf der Verhaltensebene nahe. Jedoch zeigen sich bei diesen Lösungen oft Widerstände durch die Muster der Charakterebene (z.B. Mehrdeutigkeit) und durch die wesensbedingte Energie (z.B. Unentschiedenheit als Folge). Wenn der Coach diese Widerstände und energetischen Einflüsse erkennt, kann eine Typologie dem Coachee sein Wesen bzw. Charaktermerkmal erkennbar machen, um die Arbeit auf einer anderen Ebene zu ermöglichen oder zu erleichtern.

Neben der Wahrnehmung des Coachs in der Sitzung können auch gezielte Fragen nach Vorerfahrungen von ähnlichen oder konträren Situationen eine Diskrepanz zwischen akutem, gewohntem und wesensgerechtem Verhalten aufdecken und damit als Indikator für die Anwendung einer Typologie dienen.

Welche Typologie nutzen?

Zunächst sollte klar sein, dass es keinen Sinn macht, dem Coachee mehrere Typologien zu präsentieren. Die Unvereinbarkeit der Typologien untereinander verwässern praktikable Ableitungen einzelner Typologien. Deshalb ist die Wahl der Typologie umso wichtiger.

Wir unterscheiden folgende Kategorien von Typologien:
- Wesens-Typologien
- Charakter-Typologien

Geht es im Coaching-Prozess vor allem darum, die innere Kraft und Eigenart des Coachees zu stärken oder weitreichende Lebens- oder Berufsentscheidungen zu treffen, so sind Wesens-Typologien hilfreich. Der Archetyp auf dieser Ebene ist ein irreversibles Wesensmerkmal.

Geht es im Coaching-Prozess akut eher darum, eigenes Verhalten und die Gründe dafür besser kennen zu lernen oder Kommunikations- bzw. Konfliktsituationen zu beleuchten, so sind Charakter-Typologien hilfreich.

Eine »reine« Verhaltens-Typologie kann es nicht geben, da das Verhalten immer vom Charakter (und Wesen) sowie der Situation gespeist ist. Jeder Versuch, ein bestimmtes Verhalten einem Typus zuzuordnen, ist bereits der Schritt von der Verhaltens- zur Charakterebene. Jedes in einer Typologie genannte Verhalten ist nur Wegweiser für ein Charakter- oder ein Wesensmerkmal.

Beispiele für Typologien der unterschiedlichen Ebenen:

(Die Modelle der Typologien seien hier nur aufgeführt, nicht beschrieben, um das Interesse auf die zum Teil sehr umfangreichen Quellen zu leiten.)

Beispiele für Wesens-Typologien:

- Das Enneagramm unterscheidet: Herrscher, Gott, Magier, Künstler, mystischer Philosoph, Held, magisches Kind, Krieger und Heiliger nach einem alten System, das seinen Ursprung in den Mysterienschulen Zentralasiens hat (z. B. nach Rohr, R., und Ebert, A. [2004]. *Das Enneagramm – Die 9 Gesichter der Seele*, oder nach Maitri, S. [2001]. *Neun Portraits der Seele*).
- Die Archetypen der Seele: Heiler, Künstler, Krieger, Gelehrter, Weiser, Priester und König stehen im Kontext von Seelenfamilien und Seelenentwicklung (nach Hasselmann, V., und Schmolke, F. [1993]. *Archetypen der Seele*).

- Die astrologischen Typen basieren auf Tierkreiszeichen und Planetenprinzipien (z. B. nach Riemann, F. [2003]. *Lebenshilfe Astrologie*).
- Die Archetypen der Mythologie: z. B. König, Ritter, Magier und Bauer, nutzen die Klarheit archaischer Rollenbilder (z. B. Typologie männlicher Energien nach Moore, R., und Gillettes, D. [1992]. *König, Krieger, Magier, Liebhaber*).

Beispiele für Charakter-Typologien:

a) im Coaching für Coachee eher zu pathologisierend und daher weniger für den Coachee vorzeigbar:

- Charakterstrategien: sensibel-zurückgezogen, abhängig-gewinnend, auf sich selbst gestellt-unabhängig, täuschend 1: stark-großzügig, täuschend 2: charmant-manipulativ, leidend-aushaltend, expressiv-klammernd, arbeitsam-überfokussiert (nach Kurtz, R. [1994]. *Hakomi, Eine körperorientierte Psychotherapie*)
- Charakterkundliche Grundmodelle: schizoid, depressiv, zwanghaft, hysterisch (nach Riemann, F. [1999]. *Grundformen der Angst*)
- Bioenergetische Charakterstruktur: schizophrener Strukturanteil, schizoider Strukturanteil, oraler Strukturanteil, psychopathischer Strukturanteil, masochistischer Strukturanteil, rigider Strukturanteil (nach Dietrich, R. [Hrsg.] [1990]. *Analytische Bioenergetik,* und auch nach Lowen, A. [1979]. *Bioenergetik,* und Frank, R. [1978]. *Zur Rolle des Körpers in der Bioenergetischen Analyse*)

b) zur gemeinsamen Betrachtung mit dem Coachee geeignet:

- Riemann-Thomann-Modell: Distanz – Nähe, Dauer – Wechsel (nach Riemann, F., und Thomann, C., siehe Kapitel 1.2.7.)
- DISG-Modell: dominant, initiativ, stetig, gewissenhaft (siehe auch Gay, F. [2004]. *DISG-Persönlichkeitsprofil*)
- basierend auf den psychologischen Typen C. G. Jungs:
  - Myers-Briggs-Typenindikator: Extraversion/introversion, sesing/intuition, thinking/feeling, judging/perception (siehe auch Stöger, G. [2000]. *Besser im Team*)
  - Die vier Sozialstile: Analytical, Driver, Amiable, Expressive (nach Bolton, R. und Bolton, D. G., aufgeführt als Verhaltens-Typologie in Czichos, R., [1997]. *Change-Management*)

- 8 Karriereanker: Technische/funktionale Kompetenz, Befähigung zur Führungskraft als »General-Manager«, Selbstständigkeit/Unabhängigkeit, Sicherheit/Beständigkeit, unternehmerische Kreativität, Dienst oder Hingabe für eine Idee oder Sache, Totale Herausforderung, Lebensstilintegration (nach Schein, E. [1998]. *Karriereanker*)
- Ich-Zustände aus der Transaktionsanalyse (siehe Kapitel 1.2.6)
- Kommunikationsstile nach Virginia Satir (siehe Kapitel 1.3.2) sowie die dahinter liegenden Kontaktunterbrechungsmuster (siehe Kapitel 1.2.5)
- Teamrollen: Chairman, Designer, Generator, Thinker, Company Man, Networker, Team Worker, Completer/Finisher (nach Belbin, R. M. [1996]. *Managementteams, Erfolg und Misserfolg*)

Wie wird eine Typologie im Coaching angewendet?

Die Typologie muss dem Coachee als Angebot entgegengebracht werden, in dem er sich selbst finden kann. Eine Zuordnung durch den Coach erzeugt häufig Widerstand und verhindert die Selbsterkenntnis. Jedoch reicht eine rein kognitive Beantwortung der Zuordnungsfrage oft nicht aus. Hier ist ein Heranführen an die Selbsteinschätzung sinnvoll über:

- Erläuterung der Typologie mit Beispielen und Vor-/Nachteilen der Typen
- Berichte des Coachees über frühere Situationen und Erfahrungen
- Fragestellung (z. B. Fremdeinschätzung durch systemische Fragen)
- Selbsttest
- kleine Phantasiereise (siehe Kapitel 4.4.6).

Die Typenbezeichnungen sollten bei weiblichen Coachees ins Femininum umgewandelt werden.

Der Fokus des Coachs liegt auf den Fragen:

Bei Orientierung am Wesen:

- Was entspricht dem Wesen des Coachees?
- Worin liegt am meisten Energie im Ausdrucksverhalten?

- Was fördert/hindert das Wesen?
- Welche Wesensart wird durch den Charakter unterstützt/behindert?

Bei Orientierung am Charakter:

- Was ist daran erhaltenswert/veränderungswürdig?
- Wann ist/war das hilfreich, wann nicht?
- Wie kann aus der Fixierung eine Fähigkeit gemacht werden? (siehe auch Kapitel 1.1.8 Regeln und meanings und Kapitel 4.4.7 Arbeit an Regeln und meanings)

Bei Orientierung am Verhalten:

- Wie wirkt das Verhalten auf die Beteiligten?
- Was ist im Kontext angemessen?
- Wie kann der Coachee beides berücksichtigen?
- Welches Bedürfnis/welche Angst liegt dahinter?

Folgendes Beispiel soll kurz die möglichen Nutzen von Typologien beider Ebenen darstellen:

Angenommen, der Coachee hat folgende Merkmale, unabhängig davon, ob sie von ihm selbst oder vom Coach vollständig erkannt sind:

Er ist vom Wesen her ein König, hat stark rigide Charakterzüge und tendiert zum Versachlichen. So könnte sich sein »königlicher Herrschaftsanspruch«, sofern er nicht durch die berufliche und soziale Rolle befriedigt ist, auf einem Umweg, wie z. B. Vorschriften oder Paragraphen, in kontrollierendem Verhalten wiederfinden.

Mittels der Satir'schen Konflikttypen (siehe Kapitel 1.3.2) kann er seinen Versachlicher-Stil erkennen und zu den anderen drei Möglichkeiten in Relation setzen, was sein Handlungsrepertoire erweitern und sein Verständnis für Reaktionen anderer fördern kann.

Dieses Charakter-Modell kann ihm helfen, in Richtung von Ursachen für seinen deutlichen Antrieb nachzudenken und den Automatismus in der Übertragung auf gegenwärtige Situationen zu hinterfragen.

Das Archetypen-Modell kann ihm helfen, die Quelle seiner Kraft und seines Anspruchs positiv anzunehmen und – damit legitimiert – sich seine Rollen im beruflichen und sozialen Kontext bewusst und angemessen zu gestalten.

Für die Auswahl der Typologie und damit der Interventionsebene muß der Coach differenzieren zwischen

a) aktuell eingenommener Verhaltensrolle
Hier ist das Ziel, Rollenflexibilität beim Coachee zu fördern. Der Coach prüft gemeinsam mit dem Coachee, ob die aktuell gewählte Rolle in der aktuellen Situation hilfreich ist.
Beispiel: Der Coachee reagiert auf erhaltene Kritik mit einer sachlich-logischen Begründung seines Verhaltens, da er keine andere Reaktionsmöglichkeit kennt.

b) Charakterhaltung
Hier ist es hilfreich, gemeinsam mit dem Coachee zu prüfen, welche Auswirkung die vorherrschende Charakterhaltung im Berufs- und/oder Privatleben des Coachees hat und z. B. welche anderen Potenziale noch vorhanden sind, mit dem Ziel, die Vormachtstellung der Charakterhaltung zu relativieren.
Beispiel: Der Coachee verfällt immer wieder ins Rationalisieren, woraus sich ein Reaktionsmuster erkennen lässt.

c) neurotischer Charakterfixierung
Diese kann nur im Rahmen eines therapeutischen Kontrakts bearbeitet werden.
Beispiel: Der Coachee lässt einen deutlichen Zwang zur Anwendung von Rationalität in vielen möglichen, aber unpassenden Situationen erkennen.

Die Auswahl einer geeigneten Typologie ist sicher zum einen geprägt von der Kenntnis und Präferenz des Coachs, zum anderen von seiner offenen oder verdeckten Absicht bezüglich der Erkenntnisse des Coachees und nicht zuletzt von dem Aspekt oder Verhalten, das der Coachee anbietet.

1.1.10 Gestalt, Polaritätenkonzept

Die Gestaltlehre nach Fritz Perls bietet viele Hintergründe für die Arbeit als Coach. Bevor wir auf einen bestimmten Ansatz, das Polaritätenkonzept, eingehen, wollen wir kurz einige Grundlagen der Gestaltlehre darstellen, die unsere Wahrnehmung und Analyse als Coaches prägen.

Einen Menschen zu betrachten oder auch eine Organisationseinheit eines Unternehmens, heißt auch, eine Gestalt zu betrachten. Nach der Gestaltlehre ist eine Gestalt mehr als die Summe der Einzelteile. »Eine Gestalt ist eine Koordination von Einzelkomponenten, deren wechselseitige Abhängigkeit in einem ganzheitlichen Zusammenhang Eigenschaften zeigt, die keinem der Einzelelemente zugeschrieben werden können, sondern nur dem Ganzen.« (Büntig, W., *Die Gestalttherapie Fritz Perls'*) »Die Grundannahme ist, dass Fakten, Sinneswahrnehmung und Phänomene erst durch ihre Organisation, nicht durch ihre einzelnen Bestandteile definiert werden« (Perls, F. [1951/1997]. *Gestalttherapie. Grundlagen*). Das Ziel ist immer, alle zu einer Gestalt zugehörigen Anteile anzunehmen und damit eine integrierte, geschlossene Gestalt zu werden.

Die Wahrnehmung einer Gestalt ist auch geprägt durch das, was der Wahrnehmende in sich trägt (siehe auch Kapitel 1.2.4.1 Projektionen). Die Gestalttherapie schult die ganzheitliche Wahrnehmung. Ziel der Gestalttherapie ist es, gut integrierte Menschen zu schaffen, die sich weder von der Gesellschaft verschlingen lassen, noch sich von ihr zurückziehen (vgl. Perls, F. [1951/1997]. *Gestalttherapie. Grundlagen*).

Dabei wird das, was beim Menschen aktuell im Vordergrund steht bzw. sich nach einer Zeit der Verdrängung in den Vordergrund schiebt, als ein Teil des gesamten »Organismus Mensch« betrachtet, der seine Beziehung zu den einzelnen Objekten seines Organismus subjektiv organisiert bzw. reorganisiert. Dabei kann davon ausgegangen werden, dass sich das am schmerzlichsten unerledigte »Geschäft« in das Bewusstsein drängt.

Für das Coaching heißt das:
- Wie nimmt der Coach den Coachee wahr?
- Was hat die meiste Kraft?
- Auf welche Weise nimmt der Coachee die Problemsituation/Beteiligte wahr?
- Was lässt der Coachee in sich bzw. der Problemsituation zu, was vermeidet er?
- Wie kann er es als Teil seiner selbst bzw. seines Lebens annehmen?

Die Gestalttherapie lehrt, dass wir in unserem Ausdrucksverhalten immer auch das ausdrücken, was wir vermeiden oder nicht zulassen wollen. Der Coach achtet also auf das gesamte Ausdrucksverhalten des Coachees und kann Anzeichen neben der Sprache des Coachees auch entnehmen aus dem Klang der Stimme, der Mimik und Gestik, der Körperhaltung, wahrnehmbarer Muskelverspannung, der Atmung usw. Eine hierüber wahrgenommene, nichtintegrierte Gestalt kann basieren auf unerfüllten Grundbedürfnissen, die die Wahrnehmung steuern und die Sicht auf das Ganze verengen sowie zu abgespaltenen Persönlichkeitsanteilen führen können. Abgespaltene Persönlichkeitsanteile ziehen Lebensenergie ab. Die abgespaltenen Persönlichkeitsanteile zu bearbeiten erfordert einen therapeutischen Kontext. Im Coaching kann jedoch die Vermeidung aufgegriffen und benannt werden, was zu einer erweiterten und zum Teil vertieften Sicht auf die Dinge und die eigene Person des Coachees führen kann. Die Vermeidung kann eine Teilwahrnehmung auf die Problemsituation sein oder auch eine Verhaltensweise des Coachees, die meist auf eine Vermeidung einer unerwünschten Emotion zurückzuführen ist. Angst verengt die Wahrnehmung.

Die Grenze zwischen Coaching und Therapie zeigt sich, wenn die Vermeidung nicht kontextbezogen ist, sondern in der Biographie des Coachees manifestiert ist und der Coachee durch die Aufdeckung allein keine Ansatzpunkte für sich erkennen kann, die Vermeidung im aktuellen Kontext zu integrieren.

Ein weiteres Prinzip der Gestaltlehre gilt auch für das Coaching: das *Prinzip des Hier und Jetzt*. Ziel ist es, mit dem Coachee soweit wie möglich im Hier und Jetzt (in der aktuellen Problemsituation) zu bleiben, anzuerkennen, was ist, und nur dann in die Vergangenheit oder Zukunft auszuweichen, wenn es dazu dient, die Situation im Hier und Jetzt besser einzuschätzen.

Neben diesen Grundaussagen, die unsere Haltung und Annahmen im potenzialorientierten Coaching steuern, wollen wir auf das Polaritätenkonzept (und in Kapitel 1.2.5 auf die Kontaktunterbrechungsmuster) der Gestaltlehre gesondert eingehen, da dieses in der Coaching-Praxis immer wieder Anwendung findet:

(Um umfassendere Ausführungen der Gestalttherapie zu vermeiden, verweisen wir auf Fritz Perls, F. [1951/1997]. *Gestalttherapie. Grundlagen* und (2002) *Gestalttherapie in Aktion.*)

Polaritätenkonzept und Metaprogramme

Das Polaritätenkonzept meint:
Es gibt zu allem im Leben eine Polarität! Auch in dem, was und wie man sich zeigt. Das Wesen ist bipolar.

Beispiele für Polaritäten sind:

- Nähe + Distanz
- Angriff + Flucht
- Chaos + Struktur
- Veränderung + Beständigkeit
- Führen + Folgen
- Kleinlichkeit + Großzügigkeit

Im originären und reaktiven emotionalen Bereich gibt es z. b. folgende Polaritäten:

- Liebe + Hass
- Freude + Trauer
- Angst + Lust
- Mut + Feigheit/Skepsis
- Wut/Empörung + Mitgefühl/Demut

Gesund ist, die eigenen Polaritäten zu akzeptieren, das heißt, sie für sich zu akzeptieren und sie in einer – natürlich sozial verträglichen Form – auch auszuleben. Polaritäten können sowohl in großen als auch in kleinen Lebenszusammenhängen vorkommen.

Je extremer ein Mensch ausgerichtet ist, umso wichtiger ist, einen adäquaten Platz und eine adäquate Form für den Gegenpol zu finden! Gleiches gilt für Systeme, was die Polaritäten-Betrachtung auch zu einer systemischen Betrachtung macht (siehe auch Kapitel 1.4.1).

Die Verweigerung der eigenen Polaritäten ist eine fundamentale Lebenslüge! Die Akzeptanz der eigenen Polaritäten ist primäres Lernziel der Arbeit an Polaritäten.

Daraus folgt das Ziel der Selbstverantwortung, die darüber steht und für einen angemessenen Ausgleich zwischen den Polaritäten sorgt.

Der Coach bezweifelt eine einseitige Ausrichtung des Selbstbildes im Charakter des Coachees und bietet ihm die Polarität.

Z. B. »Ich bin gütig und großzügig und auch rachsüchtig und kleinlich und entscheide, wann ich was wie herauslasse.«

Darstellungsmöglichkeiten der Polaritäten im Coaching:
- verbal
- Bild
- Teile des Körpers
- Positur/Skulptur (siehe Kapitel 4.2.2 und 4.7.3.3)
- Quelle (»Wer spricht da?«)
- Rollenwechsel (siehe Kapitel 4.3.1)

Das Polaritätenkonzept, das sich in der Gestalttherapie auf die Charaktereigenschaften der Persönlichkeit bezieht, lässt sich im Coaching auch phänomenologisch anwenden auf die Darstellung des Coachees von der eigenen Problemsituation. Hierbei prüft der Coach auf der Metaebene, welche »Programme«/Themen, die polar sein können, der Coachee anbietet und welcher Pol fehlt. Das Ziel der Wahrnehmung von polaren Metaprogrammen ist im potenzialorientierten Coaching, den fehlenden Pol – oder auch eine andere Polarität – der Wahrnehmung des Coachees zugänglich zu machen (im Gegensatz zum NLP, das die Metaprogramme zum »pacing«, also als Kontaktbrücke, nutzt).

Bei der Frage: »Was ist vorhanden – was fehlt?« kann die folgende Liste – ohne Anspruch auf Vollständigkeit – als Anregung dienen:

im Ausdrucksverhalten des Coachees:

- einfache Ausdrucksweise – komplizierte Ausdrucksweise
- kraftvoll – kraftlos
- klar – vage/wirr
- lebhaft – monoton
- introvertiert – extrovertiert
- rational – emotional
- rationalisierend – emotionalisierend
- präsent – abwesend
- ernsthaft – humorvoll
- reflektierend – nicht reflektierend

- bewertend/moralisierend – wertneutral
- abstrahierend – konkretisierend
- übertreibend – untertreibend
- fragend – antwortend
- direkt – suggestiv/manipulativ
- sich positionierend – unverbindlich

im Zugang zum Problem:

- schnell – langsam
- aktiv – passiv
- pro-aktiv – re-aktiv
- assoziiert – dissoziiert
- engagiert – unbeteiligt
- intrinsisch motiviert – extrinsisch motiviert
- Möglichkeiten (kann) – Notwendigkeiten (muss)
- schwer – leicht
- aufs Thema zu – ums Thema herum
- menschenorientiert – sachorientiert
- Gesamtblick – Detailblick
- theorieorientiert – praxisorientiert
- entscheidungsfreudig – entscheidungsmeidend
- rational entscheidend – intuitiv entscheidend
- problemorientiert (weg von) – lösungsorientiert (hin zu)
- aus Fülle – aus Mangel
- gewinnorientiert – verlustorientiert
- realitätsfern – realitätsbezogen
- starr – flexibel
- zuversichtlich – sorgenvoll/befürchtend
- vergangenheits-, gegenwarts-, zukunftsbezogen
- strategisch – operativ

in der eigenen Rolle/Selbstbild:

- Täter – Opfer – Retter
- gebend – nehmend
- private Rolle – gesellschaftliche Rolle – berufliche Rolle
- integrierte Werteorientierung – habituelle Werteorientiertung

- verantwortungsorientiert – machtorientiert
- imageorientiert – wahrhaftigkeitsorientiert
- werteorientiert – regelorientiert
- selbstüberschätzend – selbstunterschätzend

im Zugang zu anderen:

- offen – verschlossen
- fordernd – zulassend
- vertrauensvoll – skeptisch
- achtend – abwertend
- Ok-Positionen nach TA (ok++, ok+–, ok–+, ok–)
- Erwachsenen-Ich – Eltern-Ich – Kind-Ich
- isoliert/isolierend – eingebunden/einbindend
- priorisieren von Ich, Wir, die anderen, die Sache
- Freund – Feind
- Fokus auf Gleiches/Ähnliches – Unterschiedliches
- überzogene – mangelnde Achtung von eigenen und fremden Grenzen
- hierarchiehörig – anmaßend

Im Coaching heißt das Erkennen einer Polarität auf einem Metaprogramm nicht sofort, die Gegenpolarität zu entwickeln oder zu empfehlen, sondern zu prüfen, inwieweit die Polarität für die Situation angemessen ist oder den Coachee generell einschränkt.

1.2 Der Mensch im Kontakt

1.2.1 Beachtung/Grundbedürfnisse*

Nach Maslow ist des Menschen höchstes Streben das nach Selbstverwirklichung. Ich-bezogene Selbstverwirklichung wird häufig falsch verstanden als Egoismus. Laut Maslow unterscheidet sich aber vom Egoismus, wenn wir unseren tiefsten Bedürfnissen (meta needs) nachgehen. Was wir hierbei als Wert und Auftrag erleben, macht uns in der Erfüllung zufrieden statt nur vorübergehend »satt«, außer, wenn wir

---
* siehe Literaturverzeichnis

uns mit einem dieser Bedürfnisse identifizieren. Dabei gehört zur Selbstverwirklichung auch der soziale Beitrag, z. B. die Lust am Dienst an der Gemeinschaft, die Bereitschaft zur Treue etc.

Grundbedürfnisse erkennt man daran, dass wir krank werden und sterben, wenn sie nicht erfüllt werden. Bedürfnisse machen bei Befriedigung satt, im Gegensatz zu Wünschen, die in unersättlicher Weise entstehen und bestehen.

Beachtung ist ein weiteres Grundbedürfnis, und Menschen tun das, wofür sie Beachtung erhalten, selbst wenn es zu einer zusätzlichen, unerwünschten Folge führt. Beachtung dient der Daseinsbestätigung und wirkt nach dem Prinzip: Alles, was man anschaut, wächst. Wenn das Bedürfnis nach Beachtung nicht befriedigt wird, erkranken wir an den Ersatzbefriedigungen.

In Coaching-Themen findet sich häufig folgendes Dilemma: Beachtung würdigt das Dasein, Anerkennung würdigt das Produkt, die Leistung (des Daseins). Viele Menschen haben in ihrer Kindheit ein Beachtungsdefizit erlebt und versuchen den Rest des Lebens, dieses Defizit auszugleichen. Viele dieser Versuche richten sich auf die eigene Leistung (Machen und Können), den eigenen Besitz (Haben), die eigenen Kenntnisse (Wissen). Aber: Mit Anerkennung kann das Bedürfnis nach Beachtung nicht gestillt werden!

In unserem Kulturkreis sind die Quellen in der Ursprungsfamilie die Mutter für die Beachtung und der Vater für die Anerkennung. Eine direkte Klärung von Beachtungs- und Anerkennungsdefiziten mit diesen Quellen kann die wirksamste Intervention sein, fällt jedoch in einen therapeutischen Kontrakt und geht über den Rahmen des Coachings hinaus. Aber auch der Coach kann die Dynamik von Beachtung und Anerkennung ansprechen und bearbeiten.

Wer nicht lernt, mit dem Bedürfnis nach Beachtung bewusst umzugehen und sie vom angemessenen Adressaten im eigenen sozialen Umfeld direkt zu erbitten, ist auf zufällige Quellen oder den Missbrauch von anderen, inadäquaten sozialen Situationen angewiesen.

> Ein Beachtungsdefizit kann nur durch (Selbst-)Beachtung geheilt werden. Unterstützen kann dabei der Fokus auf Beachtungen durch andere und die Würdigung dieser Beachtungen unabhängig von der Bewertung der Form dieser Beachtungen.

Zur Steigerung von Selbstbeachtung hilft, sich über Folgendes klar zu sein: **Seit es Menschen gibt und solange es Menschen geben wird, wird keine Person unter sechs Milliarden Menschen so sein wie ich!**

Wichtig bei diesem Thema ist die Art und Weise, wie der Coachee mit sich und anderen in Kontakt ist. Beachtung kann nur im Kontakt wahrgenommen werden. Beachtung wirkt nur, wenn sie wirklich konkret auf die Person gerichtet ist (das »Du« meint), nicht auf ein Attribut (das »es«), das diese Person hat.

1.2.2 Wahrnehmung*

Wahrnehmung nennen wir den Vorgang, bei dem wir das, was wir sehen, hören, spüren, fühlen etc., als »wahr nehmen«. Diese Wahrnehmung ist entweder gefärbt durch Reaktionen auf Vergangenheit, oder sie ist situationsgerecht.

Die Einschränkungen durch die Prägungen der Vergangenheit können zum Gegenstand des Coachings gemacht werden. Der Coach kann durch Fragen gezielt darauf hinlenken, um anschließend die Gegenwart davon zu differenzieren.

Fragen bezüglich Vergangenheitsfilter können sein:

- Wie haben Sie bisher auf solche Situationen reagiert?
- Wie würden Sie das Muster dieser Situation in knappen Worten beschreiben?

Fragen zur Differenzierung der Gegenwart von der Vergangenheit können sein:

- Was ist diesmal anders?
- Angenommen, diese Situation hätte einen verborgenen neuen Aspekt, was könnte er sein?
- Was genau empfangen Sie von der Situation?

---

* siehe Literaturverzeichnis

Die Hilfe, die innere und äußere Welt durch die Sprache darzustellen, ist immer auch eine Hürde, wenn diese sprachlichen Symbole die Wahrnehmung ersetzen. Diese Reduktion der Wirklichkeit erleichtert einerseits den Umgang mit ihrer Komplexität und erschwert andererseits die situationsadäquate Wahrnehmung, Bewertung und Handlung durch konditionierte Reflexe.

Immer wenn die gewohnten Wahrnehmungs-, Bewertungs- und Handlungsmuster nicht funktionieren, Irritationen, Störungen, Probleme usw. auftreten, ist die Bewusstheit und Aufmerksamkeit auf das »Wahr-zu-Nehmende«, die Gegenwärtigkeit, der erste Schritt.

1.2.3 Gegenwärtigkeit*

Gegenwärtigkeit ist die Basis für authentisches Handeln.

Gegenwart kann man nicht denken, nur fühlen. Vergangenheit und Zukunft sind Produkte eines gegenwärtigen Denkprozesses von Erinnern oder Vorstellen. Je reicher die Gegenwart wahrgenommen wird, umso reicher sind die Erinnerung und die Vorstellung. Die Übertragung von vergangenen Erfahrungen oder die Muster, die zur Vermeidung bestimmter Erinnerungen oder Befürchtungen entwickelt wurden, schaffen neue Probleme in der Gegenwart. Der Königsweg, aus dieser Schleife auszusteigen, ist die Übung der Gegenwärtigkeit.

> Der Coach kann die Gegenwärtigkeit des Coachees fördern durch
> - Verlangsamung des Wahrnehmungs-/Bewertungs-/Handlungsprozesses
> - Verbot von Bewertung des Wahrzunehmenden bis zu einem bestimmten Punkt
> - einen Fokuswechsel vom Denken zum Fühlen
> - Check inside (siehe Kapitel 4.4.6 Phantasiereisen)
> - Beachtung der Impulse und Reflexe.

Präsenz beginnt mit der Fähigkeit zu fühlen. »Fühlen« heißt hier hinhorchen, hinschmecken, hinspüren, was uns gerade bewegt, um im Anschluss bewerten und unterscheiden zu können, was uns nährt und was

---
* siehe Literaturverzeichnis

uns schadet. »Die physischen Sinne erfassen alle Empfindungen und leiten sie an das Gehirn weiter, doch erst das Gewahrsein ermöglicht es diesen Wahrnehmungen, zu einem Teil unseres Bewusstseins zu werden. Wir benutzen unsere Sinne ständig, aber nicht unbedingt bewusst, mit Gewahrsein. Ohne unser Gewahrsein ist jede Wahrnehmung mechanisch, und es mangelt ihr an der Lebendigkeit und Präsenz der Seele.« (Brown, B. [2004]. *Befreiung vom inneren Richter*)

Von Emotionen, die gefühlt werden, und anderen Eindrücken, die spürbar und fühlbar sind, abzugrenzen sind die benennbaren Gefühle, die bereits mit Gedanken und Bewertungen vermischt sind. So ist z.B. die Aussage: »Ich habe das Gefühl, dass du mich nicht magst.« kein Fühlen, sondern eher ein Vorwurf. Wird z.B. ein Gefühl von Verletzlichkeit benannt, handelt es sich um eine Übertragung aus einer vergangenen, vielleicht sogar verdrängten Situation. Die Übertragung besteht darin, dass die gegenwärtige Öffnung mit der Offenheit aus der Vergangenheit (oftmals Kindheit), als eine Verletzung geschah, verwechselt wird. Durch diese Verwechslung wird die Offenheit zur Verletzlichkeit.

Der englische Begriff »awareness« ist besser geeignet als die deutschen Übersetzungen mit »gewahr werden«, »gewärtig sein«, »Gegenwärtigkeit« oder »Präsenz«. Der Begriff »Bewusstheit« zielt in unserem Sprachgebrauch eher auf das Verstandesbewusstsein ab, wäre hier aber eher als Sinnesbewusstsein zu verstehen.

Die Aufrechterhaltung eines bestimmten Selbstbildes ist nur möglich bei Unterdrückung der Sinneswahrnehmung. Die reine Wahrnehmung ist frei von Bewertung. Eine Wertung kommt meist aus dem Impuls, Neues abzuwehren und Vertrautes zu bewahren, denn das Vertraute fühlt sich sicher an, selbst wenn es mit Elend verbunden ist.

Präsent sein heißt und setzt voraus, alle Konzepte über uns selbst und die Welt nicht als Bewertungsmuster Einfluss nehmen zu lassen, sondern einfach nur wahrzunehmen, was gerade ist. Sofern ein Bewertungsmuster auftaucht, auch dieses Auftauchen wahrzunehmen, ohne ihm inhaltlich nachzugehen. Präsenz beginnt mit der Wahrnehmung des eigenen Körpers und seiner Zustände gerade jetzt. (Dies stellt den sogenannten »check inside« dar, der in Kapitel 4.4.6 Phantasiereisen benannt ist.)

Dabei helfen die Fragen:

- Was spüre ich gerade körperlich?
- Was nehme ich gerade wahr in mir?
- Was nehme ich gerade wahr von meinem Umfeld?
- Wo bin ich (mit meiner Aufmerksamkeit) gerade jetzt?
- Was bleibt, wenn ich Erinnerungen an Vergangenes und Gedanken an Künftiges ausblende?
- Welche Potenziale in mir sind gerade im Vordergrund?

Präsenz zu üben bedeutet,

- mit den Dingen, die hochkommen, zu verbleiben
- mit den Emotionen dazu zu verbleiben
- mit unseren Reaktionen zu verbleiben
- mit der Veränderung, die sich beim Betrachten zeigt, zu verbleiben

und so in dem direkten Erleben zu verbleiben und das Erleben ohne Bewertung zu akzeptieren.

Erst wenn dieser Schritt zu einer bewussten Wahrnehmung geführt hat, kann der nächste Schritt der bewussten Bewertung und Handlungsentscheidung folgen. Dabei wird jedoch nicht bewertet, dass das Wahrgenommene da ist, sondern nur, wie es im aktuellen Kontext Einfluss haben soll.

Das Gewahrsein enthält nicht nur das, was wahrgenommen wird, sondern auch den Prozess der Aufmerksamkeit darauf. Die Übung der Präsenz steigert den Umfang und die Klarheit des eigenen Gewahrseins. Die Erkenntnis, dass die eigene Wirklichkeit in jedem einzelnen Moment hauptsächlich davon abhängt, wessen wir uns gewahr sind, ist eine Folge davon (vgl. Brown, B. [2004]. *Befreiung vom inneren Richter*).

Um die Gegenwärtigkeit zu erhalten, hilft es, den Bewertungsimpuls in den Wahrnehmungsfokus zu rücken und sich über diesen Zensor zu wundern und zu amüsieren.

Die Antworten auf die Frage:»Wozu ist es gut, sich zu kontrollieren?« geben oft einen eindeutigen Hinweis auf Identifikation oder meaning.

Eine sinnvolle Frage zur weiteren Reflexion lautet: »Was passiert, wenn Sie nicht kontrollieren und bewerten?«

1.2.4 Kontakt*

»Eine der wichtigsten Voraussetzungen organismischer Selbstregulierung ist Kontaktfähigkeit. Wir müssen in Kontakt sein mit uns selbst, mit unserem eigenen organismischen Prozess, um unsere Bedürfnisse wahrzunehmen, und wir müssen Kontakt aufnehmen zur Umwelt, um Objekte zu finden, die diese Bedürfnisse befriedigen. ... Unser Selbstgefühl sagt uns, wer wir sind und was wir brauchen. Im Volksmund sagt man, einer hat Selbstgefühl oder Selbstbewusstsein, wenn er weiß, was er will. ... Wer in Kontakt mit seinen eigenen Bedürfnissen ist und sicher, dass sie – früher oder später – befriedigt werden können, kann auch die Bedürfnisse des anderen erkennen und ihn dabei unterstützen, sie zu befriedigen.« (Büntig, W., *Die Gestalttherapie Fritz Perls'*)

Der wirkliche Kontakt zwischen zwei Menschen, also auch zwischen Coach und Coachee sowie zwischen dem Coachee und seinem Umfeld, setzt den inneren Kontakt zu sich selbst voraus. Ein Selbstimage, eine Identifikation oder ein Bewertungsmuster verhindern das Ich als Kontaktpartner. Diese Kontaktverhinderungsmuster führen zu vielfältigen »sozialen Rollen-Spielen« und letztendlich oft zu Missbrauch und Frustration der wahren Bedürfnisse der Beteiligten. Viele haben im Rahmen ihres Sozialisationsprozesses verlernt, den Kontakt zu sich selbst aufrecht zuerhalten und die immer noch vorhandenen Signale der inneren Wahrheit klar zu erkennen und umzusetzen.

Probleme und Konflikte sind ein geeigneter Anlass, nach der inneren Wahrheit zu forschen und den Kontakt zu sich selbst wieder auszubauen. Dazu braucht es Übung in Präsenz.

Viele der über die Präsenz zu erlebenden Themen betreffen den Umgang mit Nähe und Distanz. Jeder Mensch hat dazu eigene erlernte Muster (siehe hierzu auch Kapitel 1.2.7 Riemann-Thomann-Modell). Diese zu erkennen, die anlassgebenden Situationen zu differenzieren und darauf adäquat reagieren zu können, ist eine Lebensaufgabe.

Je näher wir jemandem kommen, umso automatischer reagieren wir im Reflex, wie wir auf Vater und/oder Mutter zu reagieren gelernt haben. Wer z.B. auf ein Zuwendungsbedürfnis als Kind Abweisung und damit Lieblosigkeit erfahren hat, hat gelernt, die Zähne zusammenzu-

---

* siehe Literaturverzeichnis

beißen. Was früher nützlich war, wird heute zu dem, wovor wir uns damals gefürchtet haben, zur Lieblosigkeit.

Wer auf ein Kontaktbedürfnis mit der Haltung reagiert: »Ich brauche Kontakt. Du kommst zu mir.«, zeigt damit eine Kontaktstörung.

Im Rahmen dieses Buches wollen wir nicht auf die pathologischen Ursachen von Kontaktstörungen eingehen, da diese nur in einem therapeutischen Kontrakt bearbeitet werden können. Die drei folgenden Kapitel zeigen jedoch Denkansätze, die auch im Coaching-Kontext eingesetzt werden können.

1.2.5 Kontaktunterbrechungsmuster

Die Kontaktunterbrechungsmuster stellen eine Typologie dar, die rein das Abbrechen von Kontakt zu der Situation, dem Gegenüber oder sich selbst in emotional stressvollen Situationen beschreibt. Durch diese Typologie kann ein Zugang zur charakterlichen Prägung möglich sein, da dieses Verhalten vom Individuum als Muster für Notsituationen entwickelt wurde. Es diente als Notlösung und auch als wirksamste Technik für die Erhaltung seiner Balance und seines Gefühls für Selbstbestimmung in einer Situation, in der für sein Erleben alles gegen ihn war. Das Verhalten kann zum neurotischen Verteidigungsmanöver werden, das ihn schützen soll, von der übermächtigen Welt ausgestoßen zu werden.

Der Coachee kann mit Hilfe der Kontaktunterbrechungsmuster erfahren, wie er aus Situationen, in denen emotionaler Stress entsteht, herausgeht und sich damit ggf. die Möglichkeit verringert oder nimmt, mit der Wirklichkeit in Kontakt zu bleiben, in der Situation konstruktiv zu agieren und sozial zu lernen. Alles drei ist Ziel der Anwendung dieser Typologie im Coaching.

Abbildung 4 zeigt die Lenkung der Konfliktenergie in den verschiedenen Kontaktunterbrechungsmustern zwischen dem Ich, das hier in der Mitte aus dem Blickwinkel »von oben« dargestellt ist, und dem Umfeld, das hier als Kreis außen herum dargestellt ist.

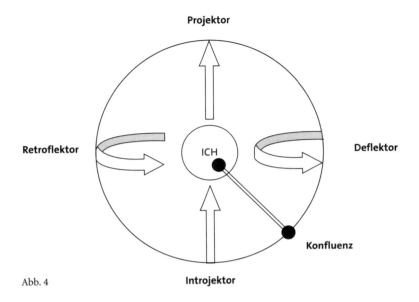

Abb. 4

Die einzelnen Kontaktunterbrechungsmuster in kurzer Beschreibung:

Projektor
ist jemand, der die Konfliktenergie auf den anderen lenkt. Der Projektor »veräußert« alles, womit er sich nicht identifizieren will, schiebt damit die Verantwortung anderen zu und erleichtert so sein (introjiziertes) Gewissen. Oft verleugnet er auf gleiche Weise seine guten Qualitäten, indem er sie an anderen bewundert.
Beispiel: »Du hast doch nicht alle Tassen im Schrank.«
Der Projektor hat Angst vor der Angst.

Deflektor
ist jemand, der die Konfliktenergie von sich ablenkt und zerstreut. Der Deflektor hält das Ausmaß an Erregung so gering wie möglich und flüchtet in den Kontakt mit dem Umfeld durch Indirektheit, Abspeisen, Abwimmeln, Auflaufenlassen oder Entgleisenlassen.
Beispiel: »Ich hab da mal was gelesen ... und da gab's auch neulich diesen Film ...«
Der Deflektor hat Angst vor Kontakt/Nähe.

Introjektor
ist jemand, der die Konfliktenergie nur auf sich lenkt. Um den Abstand zwischen Ich und Du zu überspielen und die Spannung, die in der Dualität liegt, nicht aushalten zu müssen, vereinnahmt und verinnerlicht der Introjektor Objekte unkritisch, er schluckt, ohne zu kauen und dabei zu merken, was nicht verdaubar ist. Er nimmt Ideen und Modelle auf, die nicht seinen Bedürfnissen und seinem Wesen entsprechen.
Beispiel: »Was hab ich jetzt falsch gemacht?«
Der Introjektor hat Angst vor der Wut.

Retroflektor
ist jemand, der die Konfliktenergie nur verschlüsselt über die Sache an sich richtet und die Emotion schluckt. Der Retroflektor macht aus dem Thema ein Objekt, das stärker im Vordergrund steht als die beteiligten Personen.
Beispiel: »Das gibt's doch nicht, dass ich immer wieder auf Leute treffe, die ... sind.«
Der Retroflektor hat Angst vor Gefühlen.

Konfluent
ist jemand, der die Konfliktenergie durch Verschmelzung mit dem Konfliktpartner »vernichtet«. Der Konfluente negiert seine Grenzen oder gibt sie auf, verneint Differenzen, Andersartigkeiten, das Getrenntsein und verhindert dadurch einen Zuwachs an Individualität sowie den Kontakt zwischen Individuen.
Beispiel: »Mensch, wir zwei sind doch ...«
Der Konfluente hat Angst vor der Trennung.

Alle fünf Muster beinhalten auch eine Fähigkeit, Spannungen zu neutralisieren, Wachstum zu fördern usw., wenn sie bewusst und nicht als Reflexmuster eingesetzt werden.
    Auf der Verhaltensebene stimmt diese Typologie weitgehend mit der von Virginia Satir entwickelten Typologie der Konflikttypen überein (siehe Kapitel 1.3.2).
    Im Coaching ist der Zugang für den Coachee über die Satir-Typen einfacher. Der Aspekt des Kontaktabbruchs kann jedoch einen zusätz-

lichen Erkenntnisgewinn für den Coachee bringen und die Weiterarbeit bereichern.

1.2.6 Transaktionsanalyse: Ich-Zustände

Eine andere Möglichkeit, Störungen im zwischenmenschlichen Kontakt zu analysieren und zu bearbeiten, ist der Blickwinkel der Transaktionsanalyse auf die eingenommenen Ich-Zustände. Sie stellen eine Differenzierung von Verhaltensweisen in den Vordergrund, die einerseits historisch geprägte Wurzeln einbezieht und andererseits für den nicht psychologisch geschulten Coachee leicht nachvollziehbar ist.

Das Modell der Ich-Zustände bietet sich jedoch nicht grundsätzlich als Analyse-Basis an, sondern kann dann herangezogen werden, wenn der Coach durch Verhaltensweisen des Coachees im Coaching oder durch vom Coachee beschriebene Situationen einen deutlichen Bezug auf einen Ich-Zustand (EL oder K) oder einen deutlichen Wechsel zwischen Ich-Zuständen beobachtet.

Die von Eric Berne entwickelten Ich-Zustände des Strukturmodells seien hier nur kurz beschrieben. (Für eine Vertiefung empfehlen wir die im Literaturverzeichnis genannte Primärliteratur.):

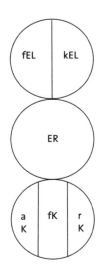

Eltern-Ich-Zustand (EL-Ich)
Elterliche Haltung, die sich aus Haltungen, Verhalten, Gedanken und Gefühlen speist, die von Eltern oder anderen Autoritäten übernommen wurden, unterschieden in **fürsorglich (fEL)** und **kritisch (kEL)**

Erwachsenen-Ich-Zustand (ER-Ich)
Haltungen, Verhalten, Gedanken, Gefühle, die aus der autonomen Person heraus entstehen

Kind-Ich-Zustand (K-Ich)
Haltungen, Verhalten, Gedanken, Gefühle, die aus früheren und archaischen Bedürfnissen und Erfahrungen entstehen, unterschieden in **natürlich/frei (fK)**, **angepasst (aK)** und **rebellisch (rK)**

Abb. 5, vgl. Rogoll, R. (2002). *Nimm dich, wie du bist*

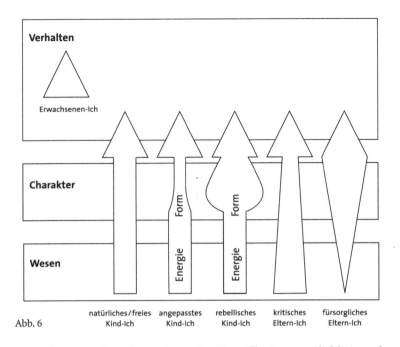

Abb. 6

Die Ich-Zustände zeigen einerseits Identifikationsmöglichkeiten für »soziale Rollen-Spiele« auf und – in Bezug gesetzt zu den Ebenen des potenzialorientierten Coachings – die Kontakt- und Kontaktverhinderungswege zum Potenzial des Wesens.

Im natürlichen, freien Kind-Ich sowie in der Energie der anderen beiden Kind-Ich-Zustände bildet sich das Wesen ab. Die Form der Rebellion bzw. Anpassung entstammt dem Charakter und kann kurzfristig eingenommen oder eine Identifikation mit Rebellion bzw. Anpassung sein (siehe auch Kapitel 1.1.3). Das kritische Eltern-Ich schränkt die Energie und Impulse des Wesens eher ein, das fürsorgliche Eltern-Ich fördert sie tendenziell – wenn auch nicht grundsätzlich. Im Erwachsenen-Ich liegt die Herausforderung, Wesen und Charakter in Einklang zu bringen, statt die Impulse daraus abwechselnd zuzulassen.

Die Differenzierung nach den Ich-Zuständen hilft somit auch zu analysieren, welches Verhalten auf welche Wurzeln zurückgeführt werden kann.

Die Arbeit mit den Ich-Zuständen im Coaching ist in Kapitel 4.2.4 dargestellt.

1.2.7 Riemann-Thomann-Modell

Als weiteres Modell, das im Coaching-Kontext zur Analyse und Bearbeitung von Kontakt und Kontaktstörungen genutzt werden kann, wollen wir hier das viel beachtete Riemann-Thomann-Modell aufführen, das ebenfalls eine gute Verbindung von fundierten psychologischen Erkenntnissen mit Alltagserfahrungen ermöglicht.

Fritz Riemann leitete die folgenden vier Grundstrebungen von den Grundformen der Angst ab, die sich im Rahmen der Charakterbildung unterschiedlich stark ausprägen. Das Modell zeigt die Pole der Zeit- und Raumachse und damit auch die positiven und negativen Aspekte, die sich aus extremen Prägungen ergeben. Im Coaching kann das Modell helfen, die »Schattenseiten« der eigenen Prägung zu erkennen, den Automatismus der eigenen Prägung zu hinterfragen, andere Verhaltensweisen auszuprobieren und bei anderen zu verstehen. Wie auch beim Polaritätenkonzept ist potenzialfördernd die Möglichkeit zur freien Wahl der Reaktion anstelle der Prägung in eine Richtung.

Die Eckdaten des Modells sind:

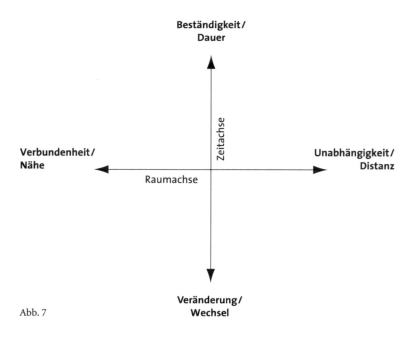

Abb. 7

Intensitäten der Typen sind:

Typ	Stufen	extreme Übersteigerungen
Distanz	1. Distanzwünsche 2. Absonderung 3. Ekel	Schizoide Paranoia
Nähe	1. Nähebedürfnis 2. Anklammerung 3. Gier	Depression
Dauer	1. Beständigkeit 2. Kontrollsucht 3. Erstarrung	Zwangsneurose
Wechsel	1. Abwechslungswunsch 2. Unzuverlässigkeit 3. Flucht	Hysterie Manie

Vgl. Riemann, F. [1999]. *Grundformen der Angst*, sowie Thomann, C., und Schulz von Thun, F. (1995). *Klärungshilfe*

Spätestens ab Stufe 3 bedarf es einer therapeutischen Bearbeitung!

Extrem-Typ	Sonnenseite	Schattenseite	Angst vor
Distanz	konsequent, selbstsicher, distanzfähig, entscheidungsfreudig, unbeirrbar, kritisch	intolerant, gleichgültig gegenüber anderen, kontaktschwach, einsame Entschlüsse, störrisch, misstrauisch	Selbsthingabe, Ich-Verlust, Abhängigkeit
Nähe	einfühlsam, kontaktfreudig, empfindsam, beratend, tolerant	nachgiebig, aufdringlich, empfindlich, entscheidungsschwach, lasch, anbiederisch, klettenhaft, sich überfordernd	Selbstwerdung, Ungeborgenheit, Isolierung
Dauer	pünktlich, systematisch, ausdauernd, fleißig, genau, korrekt, vorsichtig	pedantisch, starr, verbissen, streberhaft, unflexibel, doktrinär, kleinlich	Wandlung, Vergänglichkeit, Unsicherheit
Wechsel	spontan, gewandt, flexibel, risikofreudig, innovationsfreudig, großzügig, mitreißend	chaotisch, oberflächlich, sprunghaft, leichtsinnig, unstet, unrealistisch, launisch, flatterhaft	Endgültigkeit, Unfreiheit, Zwänge

1.3 Der Mensch im Konflikt

Konflikte sind zwar zunächst unangenehme aber dennoch selbstverständliche Bestandteile des menschlichen Miteinanders. Diese Haltung des Coachs hilft sowohl dem Coachee wie auch dem Coaching-Prozess. Wir wollen in diesem Kapitel die wesentlichen Hintergründe von Konflikten darstellen, die der Coach auch dann als Prüfkriterien zur Verfügung haben sollte, wenn der Coachee den Begriff »Konflikt« (noch) nicht verwendet.

Wir bezeichnen als Konflikt nur emotional geladene Auseinandersetzungen, nicht sachliche Streitigkeiten, die in der einschlägigen Literatur nach Arten, wie z. B. Ziel-, Verteilungs-, Beurteilungskonflikt usw. benannt und differenziert werden.

Die emotionale Eskalation zeigt folgende Stufen:

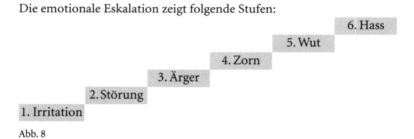

Abb. 8

Diese Stufen verlaufen parallel zu den von Friedrich Glasl entwickelten 9 Stufen von Konflikteskalation, die mehr auf das äußere Verhalten bezogen sind.

Zorn ist hierbei der im Kontakt wahrnehmbare Höhepunkt der Emotion. Wenn er nicht ausagiert wird, wird Wut daraus, die eher nach innen geht. Hass ist Wut, die in ihrer Kraft für einen unbestimmten Zeitraum »eingefroren« ist.

(Zu den Methoden im Konflikt-Coaching siehe Kapitel 4.6)

1.3.1 Konfliktursachen

Auch wenn es – gemäß der Watzlawick'schen Kommunikations-Axiome (vgl. Paul Watzlawick) – oft nicht möglich ist, Ursache und Wirkung eines Kommunikationsverlaufs eindeutig zu interpretieren, so kann doch die subjektive Ursache für eine emotionale Verwicklung vor, während oder nach einem Konflikt identifiziert werden.

Die Ursache der emotionalen Ladung in Konflikten ist immer eine der folgenden bzw. eine Schnittmenge der folgenden:
- Kränkung
- Grenzverletzung
  - Revierverletzung
- Rang
- Balz
- Vorbewusste Projektion

Kränkung
Kränkung entsteht durch empfundene Abwertung. Selbstbilder, Werte oder Bedürfnisse werden verletzt. Die Empfindung der Abwertung kann von Dritten geteilt werden oder rein subjektiver Natur sein (siehe auch Kapitel 1.1.6 Innerer Konflikt).

Grenzverletzung
Bei einer Grenzverletzung werden persönliche, z. T. sehr individuelle, Grenzen überschritten.

Revierverletzung
Die Revierverletzung ist eine Unterform der Grenzverletzung. Je nach offiziell oder inoffiziell definiertem Revier kann es sich hierbei um die Überschreitung eines Kompetenz-, Zuständigkeits-, Verantwortungs- oder Eigentumsbereichs handeln.

Rang
Wenn Macht, Beachtung oder Anerkennung nicht der erwarteten Ordnung im sozialen Kontext entsprechen, wird die Rangthematik zur Ursache von Emotionen, meist von Empörung, die im Wortsinn durch Empor-Hebung der eigenen Person versucht, die angemessene Rangordnung wiederherzustellen.

Balz
Bei der Balzthematik handelt es sich nicht ausschließlich um intergeschlechtliche Situationen. Bei Balz wird versucht, gegenüber wich-

tigen Personen – dies können attraktive Vertreter des Zielgeschlechts sein, genauso wie eine anerkannte Person im sozialen Umfeld oder der formelle Machtinhaber einer Abteilung oder Organisation – einen »besseren« Eindruck als der andere zu hinterlassen.

Vorbewusste Projektion
Bei Projektion dient der Konfliktpartner als Projektionsfläche und ist nicht wirklich selbst gemeint. Diese Unterscheidung ist dem Projizierenden jedoch nicht wirklich bewusst. Die Projektion entsteht durch bestimmte Verhaltensaspekte oder Attribute der anderen Person, die mit Ablehnung von Anteilen der eigenen Person oder Dritten verknüpft werden. Als Konfliktursache dienen alle Arten der im folgenden Kapitel erläuterten negativ belegten Projektionen.

Für die Konfliktbearbeitung oft hilfreich ist der kleine Gedanke, dass alle diese Ursachen vom Konfliktpartner auch unbewusst ausgelöst worden sein können.

Wenn es im Coaching darum geht, die Ursache für eine emotionale Störung zwischen zwei Menschen zu finden, kann jede dieser Ursachen abgeprüft werden. Bei Überschneidungen der Ursachen ist weniger die Eindeutigkeit der Zuordnung wichtig, sondern viel mehr die Fokussierung darauf, wie der Coachee mit den Ursachen generell und im akuten Fall umgeht.

1.3.1.1 Projektionen
Die Übertragung von Erfahrungen oder Einschätzungen auf andere Personen, ausgelöst durch Verhaltensaspekte oder andere Wahrnehmungen, kann nach folgenden Mustern ablaufen:

Positiv belegte Projektionen

Bewunderung: »Es gefällt mir – ich wäre auch gerne so.«
Ergänzung: »Ich bin nicht so, und mir gefällt, wenn jemand das hat.«
Bestätigung: »Ich bin auch so und mag das an mir.«
Übertragung: »Es erinnert mich an jemanden, den ich mag.«

Negativ belegte Projektionen

Antipathie:	»Ich lehne es ab, weil ich nicht so sein möchte.«
Neid:	»Ich wäre gern so, erlaube es mir aber nicht, deshalb lehne ich es ab.«
Selbstkritik:	»Ich bin auch so und lehne es an mir ab.«
Konkurrenz:	»Ich bin auch so, finde es an mir gut, aber an anderen gefällt es mir nicht.«
Übertragung:	»Es erinnert mich an jemanden, den ich nicht mag.«

Wir möchten an dieser Stelle betonen, dass sich nicht jede Ablehnung eines Verhaltens oder einer Person auf eine Projektion zurückführen lässt. Für wenig reflektierende Coachees und Projektoren (siehe Kapitel 1.2.5 Kontaktunterbrechungsmuster) bzw. Ankläger (siehe Kapitel 1.3.2 Satir'sche Konflikttypen) ist die Überprüfung von eigenen Projektionen jedoch deutlich empfehlenswert. Der Coach kann mit dem Wissen obiger Differenzierung gezielt nach eigenen Anteilen fragen, Hypothesen dazu anbieten oder als Angebot »reindoppeln« (siehe Kapitel 4.4.2 Doppeln). Bei Introjektoren (siehe Kapitel 1.2.5 Kontaktunterbrechungsmustern) oder Beschwichtigern (siehe Kapitel 1.3.2 Satir'sche Konflikttypen) kann es allerdings oft mehr darum gehen, den Mut zur Grenzziehung als Ausgleich zwischen den Polaritäten von Selbstanklage und Anklage anderer zu verstärken. Coaching soll dabei unterstützen, ein reflektiertes Profil herauszuarbeiten.

1.3.1.2 Grenzen

Die Wahrnehmung von Grenzen zwischen Personen und zwischen Systemen ist eine Form sozialer Sensibilität, die Wahrung von Grenzen ein wesentlicher Beitrag zum friedfertigen und respektvollen Umgang im sozialen Kontext. Es geht hier um (meist) nichtphysische Grenzen, deren Überschreitung jedoch sehr fein auch körperlich wahrgenommen werden kann.

Wer mit eigenen und fremden Grenzen nicht sorgfältig umgeht, beschädigt sich selbst und andere. Ziel ist, die Energie, die beim »Grenzverletzten« aufkommt, rechtzeitig und in kultivierter Form deutlich an den richtigen Adressaten zu bringen, statt sie zu unterdrücken oder umzulenken. Ist die Gelegenheit zur sofortigen Grenzsetzung verpasst worden, so ist diese Chance – entgegen vielfältiger Befürchtung – damit nicht vertan, sondern kann und sollte nachgeholt werden. Eine nichtgeklärte Grenzverletzung kann den gesamten Konflikteskalationsprozess von der Störung bis hin zum totalen Krieg auslösen.

Das Thema »Grenzen« wird immer interessant, wenn das Agieren eines Individuums *im Kontext* zu betrachten ist. Oftmals wird eine Grenzverletzung erst durch deutliches Nachfragen in diese Richtung erkennbar.

Für die individuelle Abgrenzung einer Person hilfreich ist folgende Differenzierung von Grenzen nach Reihenfolge der Überschreitung:

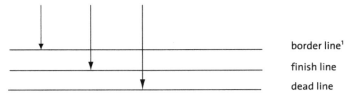

Abb. 9

Die border line[1] definiert die Grenze im alltäglichen gesunden Umgang miteinander und ist auch kulturell geprägt. Sie ist zum Großteil abhängig von der gesellschaftlich definierten Höflichkeit, von Erwartungen an Beachtung, Respekt, Freiraum etc. Diese Höflichkeitserwartungen differieren je nach Qualität der Beziehung zwischen Menschen und auch individuell – je nach eigener Lebensgeschichte. Wer ein gesundes Gespür für seine Grenzen hat, spürt bei der Überschreitung seiner border line *eine Störung.*

Die finish-line-Überschreitung wird hingegen eher als »Unverschämtheit« bezeichnet. Sie kann auch durch mehrfache Wiederholung der border-line-Überschreitung erreicht werden. Das gesunde Bedürfnis daraufhin ist, deutlich »Stopp« zu sagen. Die emotionale Empfindung ist Ärger. Das führt dazu, dass hier die Grenzwahrung schon nicht mehr sachlich ausgedrückt werden kann.

Wird die dead line erreicht (auch meist durch Fortfahren oder Wiederholen einer Handlung, die bereits die border und die finish line überschritten hat), erfolgt als gesunde Konsequenz der Kontaktabbruch. Die emotionale Stufe hier ist Zorn bzw. Wut.

---

[1] Der hier verwendete Begriff der border-line hat mit dem im therapeutischen Bereich verwendeten Begriff des border line-Syndroms für eine psychotische Krankheitsform nur die sprachliche, nicht aber eine inhaltliche Überschneidung.

Wer seine border line nicht klar aufzeigt, verpasst die Möglichkeit einer emotional friedlichen Klärung und lädt passiv zur Erreichung der finish line ein. Wer immer wieder passiv Verletzungen der finish oder dead line erlebt, hat einen erheblichen Anteil an der Schuld daran – durch Unterlassung.

Dies macht deutlich, dass es nicht nur das Recht, sondern vielmehr auch die Pflicht des Einzelnen ist, seine Grenzen aufzuzeigen, um anderen Orientierung zu geben und Konfliktpotenziale früh genug erkennen zu lassen.

Für die Betrachtung von Beziehungen zwischen Subsystemen einer Organisation hilfreich ist die Differenzierung der Qualität von Grenzen:

- starre Grenzen ──────────
- diffuse Grenzen ....
- klare Grenzen ‒ ‒ ‒ ‒ ‒ ‒ ‒

Abb. 10, (vgl. Minuchin, S. [1983]. *Familie und Familientherapie*)

Ein Zeichen von diffusen Grenzen ist, wenn immer wieder »Zuständigkeit« ein Thema wird.

Als Metapher dient das Beispiel aus einem Restaurant:

- Jeder Kellner bedient alle Tische = diffuse Grenzen
- Der Kellner lehnt die Bedienung eines Gasts an einem Tisch ab mit dem Hinweis: »Dies ist nicht mein Tisch.« = starre Grenze
- Der Kellner nimmt den Gastwunsch an mit dem Hinweis: »Ich sag es dem zuständigen Kollegen.« = klare Grenze

Ziel ist hier eindeutig die Klarheit von Grenzen im Gegensatz zur unflexiblen Starrheit oder diffuser Unklarheit.

1.3.2 Satir'sche Konflikttypen

Da die Fähigkeit, Konflikte konstruktiv zu handhaben, durch die biographischen Erfahrungen mit Konflikten stark geprägt ist, soll hier eine Typologie dargestellt sein, die sowohl im Einzel- als auch im Konflikt- oder Gruppen/Team-Coaching dem Coachee/den Coachees leicht zur Einsicht verhilft, dass das eigene Konfliktverhalten überprüfenswert ist. Die beschriebenen Typen lassen sich gut mit Praxisbeispielen aus dem eigenen Leben verbinden und erleichtern so die innere Erlaubnis des Coachees, sich darin zu erkennen und Veränderungsbedarf zu akzeptieren.

Die Psychologin Virginia Satir beobachtete in unzähligen Interaktionen vier Grundmuster, die Menschen nutzen, um mit Spannungen umzugehen. Diese Muster treten auf, wenn Menschen auf eine Spannung reagieren müssen und wenn ihre Selbstachtung bedroht ist. Menschen in einem instabilen Selbstwertgefühl geraten leicht in die Falle, sich auf eine bestimmte Art darstellen zu müssen (Image), um vom anderen akzeptiert und geliebt zu werden und damit – als letztendlich vorbewusste »Unterstellung« – überleben zu können. Diese Darstellungen sind unbewusst doppeldeutige Botschaften, da sie nicht mit dem Wesen und den akuten Empfindungen übereinstimmen. Virginia Satirs Typologie ist eine Verhaltenstypologie, die jedoch auf den Charakter zurückzuführen ist (»Welches Image brauche ich, um geliebt zu werden?«). Die Wahl der Art und damit des Konflikttyps ist abhängig von biographischen Erfahrungen. Die unter 1.2.5 dargestellten Kontaktunterbrechungsmuster liegen hinter den Satir'schen Typen.

Jedes der vier Muster zeigt sich in unzähligen Variationen und Kombinationen. Keines der vier stellt eine hilfreiche Form für den Umgang in Konfliktsituationen dar – auch wenn jeder sein Verhalten als den anderen drei Formen gegenüber richtiger empfindet. Hilfreich ist nur die fünfte Variante, die Virginia Satir ›kongruent‹ oder ›fließend‹ nennt. Diese ist nicht zu verwechseln mit dem kon*flu*enten Kontaktunterbrechungsmuster. Kongruent sein, d.h. stimmig agieren mit dem Wesen und den akuten Empfindungen, ist das Ziel des potenzialorientierten Coachings für Verhalten im Konflikt.

Beschwichtigen – versöhnlich stimmen (placate)

Hinter diesem Muster stehen das introjektive Kontaktunterbrechungsmuster und die zentrale Polarität von gut und böse/schlecht.

Der Beschwichtiger hat die Sorge, dass der andere durch den Konflikt ärgerlich wird und die Beziehung beendet, und evtl. eine frühe Erfahrung, die glauben lässt, für alles danken zu müssen und an allem, was schief läuft, schuld zu sein.

Der Betreffende versucht also, den anderen auf keinen Fall zu verärgern. Er spricht in einer einschmeichlerischen Art und Weise, versucht zu gefallen, ist nie anderer Meinung, ein Ja-Sager. Er bedankt und entschuldigt sich dauernd. Die Stimme klingt weinerlich und piepsig.

Worte:	Zustimmend, z. B.:
	»Ach, das ist doch nicht so schlimm.«
	»Ich tue alles für dich.«
	»Ich möchte dich glücklich machen.«
Körper:	Versöhnlich stimmend, devote Haltung (z. B.: Blick von unten nach oben)
Gefühl:	»Ich bin ein Nichts, ich bin wertlos.«

Sinnvolle Reaktionen bei Gesprächspartnern mit diesem Verhalten:
Signalisieren, dass die Beziehung nicht gefährdet ist, nachfragen, Bedürfnisse und Wünsche formulieren lassen, anerkennen, Verantwortung nicht allein übernehmen.

Anklagen – beschuldigen (blame)

Hinter diesem Muster stehen das projektive Kontaktunterbrechungsmuster und die zentrale Polarität von stark und schwach.

Der Ankläger hat die Sorge, dass der andere ihn wegen des Konflikts nicht als stark ansieht und ihm die Schuld für das Ende der Beziehung gibt. Dazu kommt eventuell eine frühe Erfahrung, die glauben lässt, jemanden zu brauchen, der gehorcht, um etwas wert zu sein.

Der andere soll den Beschuldigenden also als stark erleben. Das Verhalten kann als Flucht nach vorne verstanden werden.

Der Beschuldigende sucht im emotionalen Stress ständig nach Fehlern bei anderen, er urteilt und vergleicht. Er behandelt dann andere aus einer »angezogenen« Haltung heraus, die die eigene Bedeutung betont. Seine Stimme ist hart, fest oder auch laut und schrill.

Worte:	Nicht zustimmend, z. B.:
	»Du machst immer alles falsch.«
	»Du bist selbst schuld.«
Körper:	Tadelnd, anklagend (z. B.: drohender Zeigefinger, erhobener Arm, verärgerter Gesichtsausdruck)
Gefühl:	»Ich bin einsam und erfolglos.«

Sinnvolle Reaktionen bei Gesprächspartnern mit diesem Verhalten:
Abreagieren lassen, über sich reden, seine Anklage in Bedürfnisse und Wünsche übersetzen, eigene widersprechende Meinung nicht als Duell-Auftakt, sondern als Ergänzung einbringen.

Rationalisieren – berechnen (compute)

Hinter diesem Muster stehen das retroflektive Kontaktunterbrechungsmuster und die zentrale Polarität von richtig und falsch.

Der Rationalisierer hat die Sorge, dass der Konflikt emotional unkontrollierbar wird und der andere die Beziehung beendet, weil er den Betreffenden für inkompetent hält, und evtl. eine frühe Erfahrung, die glauben lässt, alles erklären und im Griff haben zu müssen.

Das als bedrohlich Empfundene wird sachlich dargestellt und der wirkliche Zustand des Selbstwertgefühls hinter langen Worten und intellektuellen Sprüchen verborgen. Der Rationalisierende ist korrekt, vernünftig und zeigt keine Gefühle. Der Inhalt des Gesagten ist abstrakt, vergleichbar mit einem Nachschlagewerk.

Worte:	Sehr vernünftig und monoton klingend, z. B.: »Analysiert man die Sache sorgfältig, muss man zu dem Schluss kommen, dass ...«
Körper:	Unbewegt: »Ich bin ruhig und beherrscht.« (z. B.: starre Körperhaltung, ausdruckslose Mimik, verhaltene Gestik)
Gefühl:	»Ich fühle mich verletzlich.« »Ich darf keinen Fehler machen.«

Sinnvolle Reaktionen bei Gesprächspartnern mit diesem Verhalten:
Auf Sachaussagen eingehen, diese anerkennen, ergänzend Gefühle ansprechen, nicht bedrängen.

Ablenken – irrelevant reagieren (distract)

Hinter diesem Muster stehen das deflektive Kontaktunterbrechungsmuster und die zentrale Polarität von wichtig und unwichtig.

Der Ablenker hat die Sorge, dass der andere den Betroffenen auf etwas festlegt, dies als falsch oder unangemessen bewertet, daraufhin die ganze Person als »falsch« oder »unangemessen« ablehnt und die Beziehung beendet. Eventuell liegt eine frühe Erfahrung zugrunde, die ihn glauben lässt, nicht wichtig genug zu sein, um sich auf etwas festlegen zu dürfen.

Die Bedrohung wird ignoriert, als ob sie nicht existieren würde, in der Hoffnung, dass sie dann verschwindet. Der Ablenker versucht, die angespannte Atmosphäre zu verändern, leichter zu machen oder innerlich auszusteigen.

Alles, was er sagt oder tut, hat nichts mit dem zu tun, was die anderen gerade sagen oder tun. Er antwortet nie direkt. Die Stimme kann einen Singsang haben und passt oft nicht zum Inhalt der Rede.

Worte: Nicht in Kontakt, belanglos, z. B.: »Übrigens ...«
Körper: Kantig, sprunghaft, unzentriert: »Ich bin gerade woanders.« (z. B.: schaut am Gesprächspartner vorbei, wendet den Körper ab, verwirrende Gestik)
Gefühl: »Niemand kümmert sich um mich. Ich gehöre hier nicht hin.«

Sinnvolle Reaktionen bei Gesprächspartnern mit diesem Verhalten:
Ungestörten Raum nutzen, setzen, Zeit geben, keinen Druck erzeugen, klare Fragen und Aussagen, Themen auf den Punkt bringen bzw. zum Thema zurücklenken, klar abschließen.

Kongruent sein – fließend (leveling)

Nach Virginia Satir ist eine wirkliche Konfliktklärung nur mit diesem Stil möglich. Die Herausforderung ist im Konflikt – wie auch in allen anderen Situationen im Leben –, authentisch zu sein und sich zu erlauben, zu sein, wie man ist, und zu zeigen, wie man empfindet. Beim kongruenten Stil gehen alle Teile des Ausdrucks in die gleiche Richtung. Die Worte passen zu Körperhaltung, Stimme und Mimik. Eigene Gedanken, Wünsche und Gefühle sind wesensgerecht und werden unverstellt ausgedrückt.

Anderen gegenüber begegnet man vielleicht sogar in einer der vier genannten Ausdrucksweisen, aber aus einer vom Gefühl und den Gedanken getragenen Entscheidung heraus, nicht aus einem Selbstwertdefizit. Wer so z. B. einem verbalen Angriff begegnet, muss nicht aus einer subjektiv empfundenen Not seinen Selbstwert verteidigen oder sein Image dem Angreifer oder anwesenden Dritten gegenüber retten, sondern richtet seine Aufmerksamkeit auf die Frage, ob an dem Inhalt des Angriffs etwas Wahres ist und welche Gefühle der inhaltlich berechtigte Teil und die Form des Angriffs bei ihm auslöst. Der Inhalt des Angriffs kann unzutreffend sein. Dann kann er als solcher inhaltlich abgelehnt werden und muss noch nicht mal eigenen Ärger auslösen. Sollte der Inhalt oder Teile davon nach eigener Beurteilung richtig sein, dann kann sogar Dankbarkeit für den Hinweis entstehen. Oftmals führt eine berechtigte Kritik in ein schlechtes, schwaches Selbstgefühl, das ebenfalls zugegeben werden kann. Aus Angst vor einem Nachtreten des Angreifers in diesem Fall wird jedoch meist die Verteidigung durch eine der vier Ausdrucksweisen gewählt. Wer selbst schon mal seine Schwäche zugegeben oder dies bei einem anderen erlebt hat, weiß um die gleichzeitige Wirkung der Stärke, die mit dem Zugeben verbunden ist. Ein Nachtreten in diesem Fall setzt eine sehr starke Schädigungsabsicht oder ein absolut geringes soziales Gespür des Gegenübers voraus.

Eigene Emotionen können auch nur mit der Form oder dem vermuteten Motiv des Angreifers zu tun haben und werden in der kongruenten Reaktion dann auch nur darauf bezogen.

Ein Beispiel:
Angriff: »Du schaust immer nur auf deinen eigenen Vorteil.«

Kongruente Reaktionen:
Inhalt: »Was du über mich sagst, stimmt nur zum Teil. Ich weiß, dass ich oft für andere sorge. Im Beruf achte ich allerdings sehr darauf, dass ich nicht zu kurz komme. Manchmal bin ich dabei ziemlich ignorant.
Selbstgefühl: Das merke ich oft zu spät und schäme mich dafür.
Form: Ich ärgere mich über den Ton, in dem du das zu mir sagst.
Motiv: Ich komme da sofort auf die Idee, dass du hier auf meine Schwächen zeigst, damit du besser wegkommst.« (Anklage, bewusst entschieden)

(vgl. Satir, V. [2002] *Selbstwert und Kommunikation*)

1.4 Der Mensch in der Gruppe

Die folgenden Ausführungen gelten für Gruppen/Teams, deren Zweck eine Ziel- oder Aufgabenerfüllung ist. Der Auftrag an den Coach läuft immer unter der Prämisse, die Effektivität einer Gruppe/eines Teams zu erhöhen, die Arbeitsfähigkeit der Gruppe/des Teams – allgemein oder in einer bestimmten Situation – (wieder)herzustellen oder das Scheitern der Gruppe/des Teams zu vermeiden. Natürlich können die Ausführungen auch im Einzel-Coaching eines Gruppen-/Teammitglieds oder der Führungskraft hilfreich sein, wobei dann mit Hypothesen gearbeitet werden muss.

Unter *Gruppe* verstehen wir ein System von Menschen, die durch eine Gemeinsamkeit als Einheit definiert werden können. Da der Begriff *Team* eigentlich erst nach dem erfolgreichen Durchschreiten des unter 1.4.3 dargestellten Gruppenprozesses verwendbar ist, nutzen wir in diesem Kapitel den umfassenderen Begriff »Gruppe« statt den Begriff »Team«, der nur eine Teilmenge von Gruppen darstellt. Da viele Coaching-Aufträge jedoch unabhängig davon von Kundenseite als Team-Coaching bezeichnet werden, verwenden wir die Begriffe Gruppen-Coaching und Team-Coaching in Kapitel 4.7 synonym.

Betrachtungsebenen einer Gruppe im Coaching:

Abb. 11

Sortiert man die Themen der Gruppe (mit oder ohne die Gruppe) nach diesen Betrachtungsebenen, so kann das Gruppen-Coaching für die Ebenen der Geschäftsordnung und der Beziehungen genutzt werden. Für die Ebene der Sach-Aufgabe ist weniger ein Coaching, eher eine Moderation möglich. Die Ebene des Individuums sollte im Gruppen-Coaching nicht berührt werden.

1.4.1 Systemische Grundlagen

Im Coaching haben wir es normalerweise mit einer Einzelperson, einem Individuum, zu tun. Hierbei dürfen wir jedoch nicht vergessen, dass dieses Individuum in einem Systemkontext steht, der auf das Individuum, seine Rolle und sein Verhalten einen starken Einfluss hat. Die Einbeziehung des Systemkontextes ist nicht nur hilfreich, sondern notwendig.

Die Systemtheorie geht grundsätzlich davon aus, dass die im System vorhandenen Elemente (Menschen) durch die Rolle und Funktion im System ggf. anders agieren als ohne den Systemkontext. Das erste System, in dem ein Mensch lebt, ist das Familiensystem. Bereits hier lernt er das Zusammenwirken von Menschen in einer »Organisationseinheit« und entwickelt Verhaltensmuster, die ihm für seinen Platz im System angemessen und überlebensgarantierend erscheinen. Hier lernt er den grundsätzlichen Umgang mit Macht, Konflikten, Entscheidungen, Verteilung von Mitteln und Möglichkeiten und daraus abgeleitet die für ihn möglichen Rollen in einem System. Diese Erfahrungen, Weltanschauungen, Einstellungen, Verhaltensmuster prägen den Menschen und werden häufig in andere Systemkontexte (Schule, Freundeskreis, Beruf) ungeprüft übernommen. Oftmals übernimmt er die gleiche Rolle/Funktion in jedem neuen System immer wieder. Kommt er in ein bestehendes System, kann es sein, dass er durch die vorhandenen Gegebenheiten nur eine bestimmte Rolle wahrnehmen kann. Diese kann seinem innerlichen Rollenrepertoire widersprechen, was sein Potenzial nicht nutzbar macht und zu Problemen und Konflikten führen kann.

Im Coaching können die historischen Verhaltensmuster und Rollengewohnheiten betrachtet und deren Einfluss auf die aktuelle Situation aufgedeckt werden. Eine Bearbeitung der historischen Prägungen aus dem Familiensystem ist jedoch nur in einem therapeutischen Arbeiten möglich.

Zur Analyse der Problemsituation sowohl im Einzel- als auch im Gruppen-Coaching sollen folgende Übersichten dienen, die als Eckpfeiler für die systemische Betrachtung hilfreich sind. (Zur Vertiefung verweisen wir auf spezifische Fachliteratur – siehe Literaturhinweise:)

Einige systemische Regeln:

- Jedes System strebt nach Selbsterhaltung.
- Ein gesundes System gleicht Extreme innerhalb des Systems aus.
- Ein einseitig geprägtes System ist ungesund.
- Jeder Pol (Extrem) hat einen Gegenpol. Beide sind wichtig für das System (siehe auch Kapitel 1.1.10 Polaritätenkonzept) wie die Ausgewogenheit in einem Mobile.
- Systemelemente haben – neben den offiziellen – bestimmte Funktionen/Rollen für das System.
- Jede Funktion/Rolle kann einen positiven Nutzen für das System haben. Jedes Verhalten hat eine dahinter liegende positive Intention.
- Fällt ein Element aus dem System raus, wird ein anderes seine positive Funktion übernehmen, um das System weiterhin auszugleichen (das Mobile wieder zu stabilisieren).
- Jedes Element muss grundsätzlich und gemäß seinem Rang vom System gewürdigt werden.
- Erst wenn das System jedem Menschen mit seinem Wissen, Können und seinen Meinungen angemessen Platz einräumt, erreicht es seine optimale Leistungsfähigkeit.
- Dieses Platzeinräumen bedeutet Auseinandersetzung. Eine Gruppe, die nicht streitet, ist kein Team und ist nicht konkurrenzfähig, weil sie ihre Potenziale nicht nutzt.

Einige systemische »Phänomene«:

- Jeder Mensch hat eine (manchmal auch mehrere) für ihn typische Rolle/Funktion in Systemen. Diese basiert häufig auf der ihm aus seinem Familiensystem vertrauten Rolle. Er hat hier bereits gelernt, welche Verhaltensweisen zu Akzeptanz und Anerkennung geführt haben. So sucht und übernimmt er diese Funktion immer wieder in Systemen, zu denen er gehört; z.B. die Funktion des Konfliktschlichters, des Außenseiters, des Braven.
- Projektion als Selbstkritik wird Konfliktursache: Projektion als Selbstkritik liegt vor, wenn jemand die in ihm selbst ungeliebten/unterdrückten Anteile bei einem anderem verurteilt; z.B. kommt jemand, der selbst sein Leben/seine Arbeit voll durchstrukturiert, immer wieder mit wenig strukturiert vorgehenden Menschen in

Konflikt und verlegt damit seinen inneren Kampf gegen das Chaos nach außen (siehe auch Kapitel 1.3.1.1 Projektionen).
- Übertragung auf bestimmte Rollen im System wird Konfliktursache. Von Übertragung spricht man, wenn jemand mit einer bestimmten Person Eigenschaften einer anderen Person assoziiert und somit die historische Beziehung mit der dritten Person auf die Begegnung mit dem Gegenüber überträgt (siehe auch Kapitel 1.3.1.1 Projektionen).
- Stellvertreter-Konflikte: Zwei Menschen oder zwei Systeme streiten sich, weil diejenigen, denen der Konflikt eigentlich gehört, ihn nicht austragen. Die hierarchisch Untergeordneten oder anderweitig Zugehörigen der Parteien tragen den Konflikt stellvertretend aus. Hierbei wird jedoch meist nur die Kampfhandlung, nicht aber die Einigung übernommen. Eine echte Lösung des Konflikts ist nur den Konfliktträgern möglich.
- Informelle Subsysteme stören die Ordnung des formellen Systems; z. B. wird durch eine Liebesbeziehung in einem Arbeitsteam oder gar zwischen Chef(in) und Mitarbeiter(in) die Rangordnung und die damit verbundenen Informationswege, Anerkennungen und Diskussionen unangemessen verändert.
- Ein krankes System schafft sich einen Außenseiter oder einen Sündenbock, um die Unausgewogenheit oder anstehende Konfliktthemen nach »außen« zu verlagern. Systeme, die eine eigene Ideologie und Kohärenz entwickeln, schirmen sich von der Außenwelt ab und werden zwangsläufig paranoid. Merkmale von kranken Systemen sind u. a.:
  - Das rollenbestimmte Agieren ist wichtiger als die daran beteiligten Personen.
  - Jeder muss »mitspielen«.
  - Es darf nicht aufkommen, wer wofür verantwortlich ist.
  - Dort, wo Verantwortung nicht benannt wird, muss es einen Schuldigen/Sündenbock geben.
  - Damit nicht aufkommt, wie verrückt wir sind, muss das System geschlossen gehalten werden.

Einige systemische Fokusse des Coachs:

- Was sagt die Auftragssituation über das System?
- Was fehlt in dem System/bei der Problembetrachtung?
- Was wird abgewertet oder verdrängt?
- Wo sucht das Abgewertete/Verdrängte derzeit seinen inoffiziellen Platz?
- Wo dürfte das Abgewertete/Verdrängte seinen offiziellen Platz haben?
- Was führt zum Gleichgewicht?
- Wer übernimmt welche Funktion für das System?
- Entstammt der Konflikt der Person oder seiner Funktion für das System?
- Welche Dritte, Systeme, Subsysteme wirken ein?
- Wem gehört das Problem (wirklich)?
- Welche speziellen Regeln gelten im vorliegenden System?
- Liegt Projektion, Übertragung oder Rangverletzung vor? (Zu Projektion und Übertragung siehe auch Kapitel 1.3.1.2, zu Rangverletzung siehe auch Kapitel 1.3.1)
- Was ist der Gewinn/Verlust der Lösung?
- Was hat das System des Coachee mit dem System des Coachs gemein?

Bei der Arbeit mit Aufstellungsformen sollte (zumindest als Zielzustand) deutlich werden:

- Das Recht auf Zugehörigkeit jedes Einzelnen.
- Der Ausgleich von Geben und Nehmen innerhalb des Systems.
- Die Würdigung der Zugehörigkeit im Rang.
- Der Vorrang der Leitung vor den anderen Systemmitgliedern.
- Die Anerkennung von Leistung.
- Die Klarheit über einen Bedarf von Bleiben und/oder Gehen.
- Die Einbeziehung des Ziels/der Aufgabe des Systems.
- Die Wirkung von Anmaßung und Schwächung.
- Die Würdigung des Bisherigen.

1.4.2 Rollen in Gruppen

Rollenmodelle können zwei unterschiedlichen Erkenntnissen dienen:

- Dem Beitrag und Einfluss der Einzelnen auf die Gruppe und den Gruppenprozess, bzw.
- der Zusammensetzung des Teams durch Einzelbetrachtung.

Abb. 12

Bei letzterem sind Rollenmodelle hilfreich, die die Fertigkeiten, Fähigkeiten und charakterlichen Eigenschaften des Einzelnen aufzeigen und damit ein Gesamtbild der Ressourcen der Gruppe vermitteln. Die Rollenzuordnung geht von einem statischen Bild aus, das für jeden Aufgabenkontext der Einzelnen gültig ist. Damit kann kein Gruppenprozess beschrieben werden. Die darauf aufbauenden Fragen könnten lauten:

- Ist hier jeder an dem für ihn geeigneten Platz?
- Was fehlt uns im Team?

Beispiel: Teamrollen nach R. Meredith Belbin (siehe Kapitel 1.1.9 Typologien).

Um den Ist-Zustand einer Gruppe zu diagnostizieren, sind Rollenmodelle hilfreicher, die sich nicht auf statische Eigenschaften der Gruppenmitglieder beziehen, sondern auf Funktionen, die der Einzelne im aktuellen Gruppenkontext übernimmt, und eine Ableitung der Auswirkungen auf den Gruppenprozess möglich machen.

Beispiele:
nach Tobias Brocher (Brocher, T. [1999]. *Gruppenberatung und Gruppendynamik*):
- Leitungs- und Aufgabenrollen: Initiative und Aktivität, Informationssuche, Meinungserkundung, Informationen geben, Meinung geben, Ausarbeiten, Koordinieren, Zusammenfassen, Ermutigung, Grenzen wahren, Regeln bilden, Folge leisten, Ausdruck der Gruppengefühle
- Erhaltungs- und Aufbaurollen: Auswerten, Diagnostizieren, Übereinstimmung prüfen, Vermitteln, Spannung vermindern
- so genannte »Störungsrollen«/dysfunktionale Rollen: Aggressives Verhalten, Blockieren, Selbstgeständnisse, Rivalisieren, Suche nach Sympathie, Spezialplädoyers, Clownerie, Beachtung suchen, sich zurückziehen

nach R. Schindler (»Soziodynamische Grundformel«):
- α-Funktion, entspricht der Führung (männliche und weibliche) und dem Repräsentant des Gruppenziels
- ω-Funktion, entspricht der Rolle des Gegners als Einzelperson oder Kleingruppe, erleidet oft ein Sündenbockschicksal
- γ-Funktion, entspricht den Anhängern, Mitarbeitern und Unterstützern der α-Funktion
- α-Funktion, entspricht dem Außenseiter im positiven Sinne, der außerhalb des affektiven Prozesses steht. (Zur Außenseiter-Thematik siehe auch Kapitel 4.7.5)

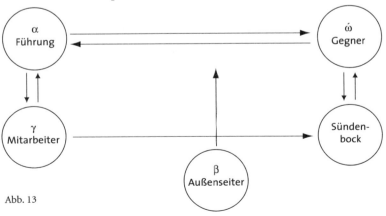

Abb. 13

Da die **Beschützer-Rolle** in diesen Modellen nicht vorkommt, in der Praxis des Gruppen-Coachings jedoch immer mal wieder hervortritt, seien an dieser Stelle ein paar Anmerkungen dazu gemacht:

Eine oftmals kontraproduktive Hilfeleistung eines Gruppenmitglieds für ein anderes Gruppenmitglied sind beschützende Handlungen oder Aussagen. Sie wirken nur oberflächlich schützend, basieren jedoch auf der Hypothese, dass der Betroffene des Schutzes von Dritten bedarf, was subtil als zusätzliche Schwächung seiner Person wahrgenommen wird. Die Schutzaktionen dienen meist der Selbstbestätigung des Helfers. Hilfreich ist nicht ein sich »VOR den anderen stellen«, sondern maximal ein »HINTER oder NEBEN den anderen stellen«: Die eigene Aktion des Dritten kann nicht ZWISCHEN die Beteiligten gehen, sondern bilateral zu beiden, als Koalitionspartner bzw. Konfliktpartner. Das bilaterale Handeln entstammt der Handlung für sich selbst, was zu Selbstverantwortung und Angriffsmöglichkeit führt und immer Grundlage des eigenen Handelns sein sollte. Einer beschützenden Handlung fehlt die Grundlage »für eigene Rechnung« und ist eine geschickte Möglichkeit, sich selbst nicht als Konfliktpartner zu präsentieren.

1.4.3 Gruppendynamik

Der Gruppenbildungsprozess ist ein natürlicher Prozess, der immer unterschwellig abläuft und auch notwendig ist, damit eine Gruppe in ihre Effizienz kommt und zum Team wird. Das dabei entstehende »ranking« (informelle Rangordnung innerhalb der Gruppe) führt zur Klärung von Macht und Einfluss und auch zur Klärung von informellen Aufgaben- und Einflussgebieten. Diese Gruppendynamik kann weder initiiert noch gänzlich verhindert werden. Sie existiert immer wie die Luft zum Atmen. Sie kann lediglich thematisiert und durch gezielte Übungen beschleunigt bzw. zur wirklichen Klärung unterstützt werden.

Die Gruppe, die wir dabei betrachten, ist eine Gruppe ohne offizielle hierarchische Unterschiede innerhalb der Gruppe. Die Intensität dieses Prozesses ist abhängig von der Dauer der Gruppenzusammengehörigkeit und Bedeutung für die Gruppenmitglieder. Behindern Führungskräfte oder vermeidet die Gruppe den Prozess, so geraten die gruppendynamischen Prozesse in den Untergrund und mindern oder blockieren die Nutzung der in der Gruppe vorhandenen Potenziale. Die Gruppe wird nicht zum Team, sondern könnte höchstens als Arbeitsgruppe bezeichnet werden. Der Weg zu einem leistungsfähigen oder sogar Hochleistungsteam führt *immer* über die folgenden Phasen des Gruppenbildungsprozesses.

Die Phasen der Gruppenbildung:

1. Orientierungsphase (forming)

Wenn eine Gruppe neu zusammenkommt, orientiert sich zunächst jedes Gruppenmitglied. Je mehr Teilnehmer der Einzelne bereits kennt, desto weniger Energie braucht die Orientierung. Das Hauptmerkmal dieser Phase ist: Alle sind nett und höflich zueinander.

1.a) Initialphase (erste 15 min *warming*):
Der einzelne Eindruck fällt stark ins Gewicht und richtet sich auf

- die räumliche Orientierung: Wie viele Personen sind hier, wie viele Männer, wie viele Frauen, welchen Alters, wie ist hier die Sitzordnung?
- die visuelle Orientierung: Wer sieht sympathisch aus?
- die sprachliche Orientierung: Wie wird hier gesprochen, welche Sprache gilt hier – hochwissenschaftlich/Jargon?
- die energetische Orientierung: Wer wirkt stark, wer schwach?
- die eigene Stabilität: Welche Reaktionen bekomme ich auf mich/mein Verhalten, wer gibt mir Sicherheit, wen kenne ich bereits, wer kennt bereits andere?

1.b) Schein-objektive Orientierung:
Im Anschluss an die Initialphase erfolgt ein Übergang mehr auf das Thematische, d. h.

- die Orientierung an thematischen Eindrücken: Welches Niveau liegt hier vor? Welche Kompetenzen sind vorhanden? Wie stehen diese im Vergleich zu meinen Kompetenzen?

1.c) Subjektive Orientierung:
Die innere Leitlinie/Suchbewegung – mehr oder weniger bewusst – lautet jetzt:»Krieg ich hier, was ich brauche? Und kann ich hier geben, was

ich zu geben habe?« Je nach Charakter und Vorerfahrungen lautet diese Frage beim Einzelnen auch, z. B.:

- Wie kann ich hier unbeschadet rauskommen?
- Wie und was kann ich hier beitragen?
- Wie kriege ich hier meinen sicheren/wichtigen/wesensgerechten Platz?
- Wie kriege ich hier Macht und Einfluss?
- Wie kann ich mich hier beliebt machen?
- Will ich mich hier überhaupt einbringen/welche Bedeutung hat diese Gruppe für mich?

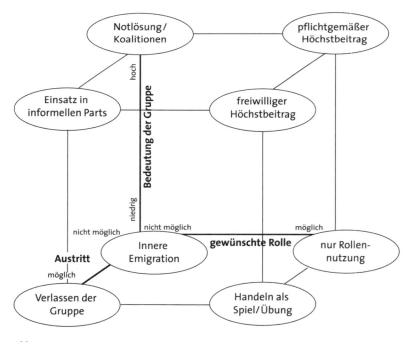

Abb. 14

Sofern die Gruppensituation dem Einzelnen seinen charakter- oder wesensbedingt bevorzugten Platz nicht ermöglicht, wird ein alternativer, zweit-bevorzugter Bereich angestrebt. Ob – falls auch dieser nicht möglich ist – noch weiterhin ein Platz gesucht wird, hängt von der

Bedeutung der Gruppe für den Einzelnen und dessen Rollenflexibilität ab. Die Alternative ist die innere Emigration, d. h. sich für Da-Sein, aber nicht für Dabei-Sein/Beteiligung entscheiden oder das Verlassen der Gruppe.

Abbildung 14 zeigt zeigt die Möglichkeiten des individuellen Entscheidungsverhaltens bei Gruppenbildung in dieser Phase.

Zur Darstellung: Im Mittelfeld: Austritt bzw. Orientierung an Einzelpersonen oder Einzelaufgaben.

1.d) Orientierung an Reaktionen:
Dies ist die Phase der Versuchsballons. Erste Vorschläge werden gemacht. Bei dem kleinsten Contra wird ein Vorschlag jedoch verworfen. Destruktive Rollen haben die größte Macht. Vorschläge zur Aufteilung der Gesamtgruppe in Kleingruppen werden oft verhindert von Teilnehmern, die ein Kontrollbedürfnis oder ein Selbstdarstellungsbedürfnis haben. Es entsteht eine erste Idee von Machtverteilung in der Gruppe, die hier jedoch weniger von inhaltlichen Fähigkeiten abhängt als von rhetorischen.

Es wird formal versucht, erste Regeln für die Zusammenarbeit zu finden. Hierbei läuft die Einigung auf den kleinsten gemeinsamen Nenner.

2. Klärungsphase (storming)

Die Gruppe differenziert sich. Nach dem ersten Gemeinschaftsgefühl können die einzelnen Gruppenmitglieder jetzt Distanz und auch mehr Nähe zu einzelnen anderen zulassen. Polarisierungstendenzen zeigen sich, und die Polaritäten werden für den ranking-Kampf verstärkt. Es entstehen Sympathie/Antipathie und unterschiedliche Wertschätzung. Es bilden sich Kleingruppen, die zum Teil als Flucht genutzt werden. Sie dienen als Abgrenzung und Verbündete gegenüber anderen. Auch wenn oft zur Vermeidung der Klärung die Fachlichkeit betont wird, ist in dieser Phase jeder auf seine Persönlichkeit zurückgeworfen, die eigene Fachlichkeit tritt eher in den Hintergrund. Im Fokus der gegenseitigen Wahrnehmung stehen Verhalten und Charakter. Wortbeiträge beziehen sich aufeinander und werden nicht mehr als Einzelstatements abgegeben. Man kritisiert sich, fachlich und persönlich. Individuelle Bedürfnisse treten hervor, der Einzelne zeigt mehr von sich und riskiert mehr. Es zeigen sich Widerstände gegen Aufgabenstellung, Vorgehensweisen und Autoritäten (Autoritätskrise), Meinungsverschiedenheiten, Ärger, Enttäuschungen. Die steigende Aggression wird häufig nicht an den richtigen Adressaten gebracht; so werden äußere Gegebenheiten oder Vorgaben (hier eignet sich besonders der formelle Führer) genutzt, um die Aggression umzulenken oder um die eigene Rolle zu stärken (durch Schulterschluss oder offenen Widerstand). Ob die Gruppe die Klärung sauber durchlebt oder diese Phase als Krise empfindet und versucht zu vermeiden (im Extrem durch äußerliches oder innerliches Auseinanderfallen), hängt im Wesentlichen von den Vorerfahrungen und Lebenseinstellungen der Teilnehmer – und insbesondere der Meinungsführer – im Umgang mit Konflikten ab. Anerkennung und Einfluss ist in dieser Phase abhängig von sozial-emotionalen Kompetenzen wie auch Mut und Klarheit und die Fähigkeit, auf der Beziehungsebene zu kommunizieren. Hierdurch wird das erste Bild des rankings verändert, hier zählen weniger die rhetorischen oder fachlichen, eher die sozial-emotionalen Fähigkeiten.

In der storming-Phase entscheidet sich die Gruppe, ob sie Konflikte aufgreift oder unterdrückt und damit zum Team wird oder eine Arbeitsgruppe bleibt.

3. Normenbildungsphase (norming)

In der Reflexion des Klärungsprozesses erlebt die Gruppe die dadurch entstandenen Gruppenregeln. Jetzt werden nicht Regeln neu überlegt, sondern die »erkämpften« Regeln werden bewusst und »geerntet«. Die Gruppe weiß jetzt, in welcher Form welche Polaritäten gelebt werden, Pol und Gegenpol haben ihren Platz. Verhaltensnormen und Interaktionsmuster haben sich herausgebildet und schaffen eine eigene Beziehungsidentität, die die Gruppe nach außen hin zu einer Einheit werden lässt. Hier können aufgrund der erlebten Charaktere Beziehungsrollen klarer erkannt werden. Die Gruppenmitglieder wissen jetzt, zu wem sie gehen müssen, um Unterstützung, Herausforderung, Trost usw. erhalten zu können. Das ranking ist durch den »Kampf« in der Klärungsphase so gut wie abgeschlossen, sodass die Interaktionen nicht mehr als Munition für den eigenen Platz in der Hackordnung genutzt werden müssen. Individuelle Fähigkeiten zur Strukturierung, Ordnung und Formulierung werden jetzt besonders geschätzt.

Die hier gefundenen Normen sind wesentlich umfangreicher und stabiler als die in der ersten Phase der Orientierung aus dem Sicherheitsbedürfnis heraus gesetzten Normen. Die anfänglichen Normen galten mehr der formellen Geschäftsordnung, jetzt ist auch die informelle Geschäftsordnung klar.

4. *Umsetzungsphase (performing)*

Die Gruppe organisiert sich jetzt in einem hohen Maße selbst. Die Stärken und Schwächen der Teammitglieder sind innerhalb der Gruppen öffentlich, und das individuelle Potenzial wird geschätzt. Da die Regeln und Ressourcen der Gruppe bewusst sind, werden diese jetzt gezielt und effektiv eingesetzt. Da das innere ranking steht, können Defizite offen durch Ressourcen anderer oder von außen ausgeglichen werden. Das System der Gruppe ist nach außen kontaktbereit und innen mit Kompetenzen, Polaritäten, ranking und Regeln stabil.

Keine der vier Phasen lässt sich vermeiden. Ein Überspringen wird später nachgeholt bzw. führt zu einer Not und damit einer Notwendigkeit der Nachholung. Eine Beschleunigung des Gruppenbildungsprozesses ist nur durch Intensivierung des Kontakts, z. B. mit einem Gruppen-Coaching, möglich. Ein Versuch, eine Phase zu überspringen, bleibt entweder wirkungslos oder führt zu einem Eklat oder einer inadäquaten und instabilen Übergangslösung. Die Dynamik wird durch Zu- oder Abgänge von Gruppenmitgliedern immer wieder neu angefacht.

Anzeichen dafür, dass eine Gruppe die Klärungsphase nicht durchlebt hat, sind u. a.:

- Meinungsverschiedenheiten werden nicht geklärt
- Kleingruppen, die sich subtil abwerten
- Kontaktabbruch zwischen Einzelnen
- Einzelarbeit statt Teamarbeit
- Formelhaftes Verhalten
- Indirekter Kontakt wird dem persönlichen vorgezogen
- Wahrnehmbare Außenseiter
- Kommunikationsmuster (z. B. Witze, Sprüche) ersetzen im Wesentlichen die informellen Unterhaltungen

- Flucht Einzelner oder von Untergruppen bei jeder passenden Gelegenheit

Womit beschäftigt sich die Gruppe in den verschiedenen Phasen?

Selbst, wenn im Fokus die Aufgabe steht, dient diese in den ersten 3 Phasen lediglich als Plattform für die Bearbeitung der anderen Ebenen:

Gruppenbildungs- phase Ebenen	1. forming Orientierung	2. storming Klärung	3. norming Normen- bildung	4. performing Umsetzung
Sache/Aufgabe	(X)	(X)	(X)	X
formelle Geschäftsordnung	(X)		X	
informelle Geschäftsordnung			X	
Beziehungen		X		
Individuum	X	X		

Abb. 15

X zeigt den tatsächlichen Schwerpunkt der Aufmerksamkeit an, (X) den vorgeschobenen, formalen Gegenstand der Beschäftigung.

Die Konzentration auf die Ebenen ist im Verlauf des Gruppenbildungsprozesses aufsteigend.

Führung und Coaching in den einzelnen Gruppenbildungsphasen:

Welches Steuerungsverhalten braucht die Gruppe von Führungskraft und Coach in welcher Phase?

Das hier aufgezählte Führungsverhalten betrifft nur die Besonderheiten der Gruppenbildungsphasen, was die generellen Führungsaufgaben nicht ersetzt, sondern lediglich schwerpunktmäßig verstärkt bzw. vermindert.

Phase	Verhalten der Führungskraft	Verhalten des Coach
1. Orientierungsphase	– äußere Rahmenbedingungen klar definieren – Möglichkeiten zum persönlichen Kennenlernen schaffen – Führungsrolle klar verankern – erste Verantwortungsübernahme der Gruppe fördern – eigene Wertorientierung als Normvorgabe bekannt geben – Hilfe zur Regelfindung – Kritik und Abwertung vermeiden	– beachtenden Blickkontakt zu jedem Einzelnen – starke Symbolwirkung von Worten und Handlungen im warming beachten – intensive Kennenlernmöglichkeiten anbieten – zeitliche und räumliche Orientierung schaffen – eigene Wertorientierung bekannt geben – Rollenabgrenzung zwischen Coach und Führungskraft klarstellen – Abwertungen auffangen
2. Klärungsphase	– Klärungsprozess als wichtig und normal bezeichnen – Unterschiede als Chance verdeutlichen – Zeit und Raum für Klärung geben, ggf. dazu einladen – Keine Einzelnen unterstützen – nicht vorschnell in Vermittlerrolle gehen – Verständnis für individuelle Interessen haben	– Aussagen, die zur Klärung einer Beziehung führen können, unterstützen – zu Klärungsaussagen einladen – Feedback-Kultur anbieten – achten auf fair play – Gewinner-Verlierer-Situation verhindern – Individuellen Bedürfnissen Berechtigung zusprechen
3. Normierungsphase	– Hilfe zum Erkennen der entwickelten Regeln und zum Verbindlichmachen, insbesondere Vereinbarungen über Fehlerkultur – Einführen einer Feedback-Kultur – bisherige Aufgabenverteilung mit der Gruppe überprüfen und ggf. nach erkannten Potenzialen verändern – Freiräume für selbstständiges und eigenverantwortliches Handeln definieren – bisherige Phasen als Reifungsprozess anerkennen	– Regelfestlegung moderieren – auf Vollständigkeit, Klarheit, Nachvollziehbarkeit der Regeln achten – auf nichtgeklärte Beziehungen achten (können durch eine Regel verdeckt werden) und ggf. thematisieren und in der Klärung begleiten

Phase	Verhalten der Führungskraft	Verhalten des Coach
4. Umsetzungsphase	– realistische Ziele setzen – fördern – delegieren und zurückhalten – Konsequenz in der Einhaltung von Regeln – weiteren Regelungsbedarf beachten und ggf. aufwerfen	– Fokus auf Potenziale, Herausforderungen und Eigenverantwortung der Gruppe – Führungsbedarf mit der Gruppe reflektieren

Die hier aufgezählten Verhaltensweisen des Coachs gelten für den Fall, dass der Coach temporär eine Gruppe begleitet, die sich in der jeweiligen Phase befindet. Wir gehen hierbei auch davon aus, dass eine offizielle Führungskraft vorhanden ist, sodass es ganz klar *nicht* Aufgabe des Coachs ist, die Gruppe zu führen.

1.4.4 Beziehungsthemen in Gruppen

Bei der Betrachtung einer Gruppe stellen sich als wichtigste Fragen: Welches/welche Themen (außer den Fachthemen) beherrschen die Beziehungen der Gruppenmitglieder? Was ist ein in der Gruppe dominantes Thema? Was »rennt« in der Gruppe?

Es gilt hier jedoch nicht nur zu entdecken, welches Thema/welche Themen in der Gruppe vorherrschen, sondern dann auch zu entscheiden, welches Thema die Gruppe durch die Bearbeitung weiterbringt.

Abbildung 16 zeigt die Ergänzung der Darstellung unter 1.4 bezüglich der Beziehungsebenen und der Bekanntheitsgrade der Themen.

Bei der Betrachtung der Frage, welche Beziehungsthemen die Gruppe beeinflussen, können z. B. folgende Themen in jeder der in Abbildung 16 aufgezeigten Bekanntheitsgrade auftreten:

Themen, die eine Gruppe beschäftigen, wenn sie nicht geklärt sind:
- Macht/Einfluss (personale oder Amtsautorität)
- Rang/ranking (normalerweise geklärt über Gruppendynamik)
- Revier/Grenzen
- Anerkennung/Wertschätzung bzw. direkte/indirekte Abwertung ▶

- Konsequenz/Verbindlichkeit
- Sicherheit, Vertrauen/Fehlerkultur/freie Meinungsäußerung/Kritik
- Entscheidungen
- Gerechtigkeit
- Emotionen

Themen, die zusätzlich eine Gruppe beschäftigen können, jedoch nicht fehlen, wenn sie nicht erscheinen:
- Konkurrenz/Neid
  - unter Frauen
  - unter Männern
  - zwischen Kleingruppen
- Balz
- Karriere
- winner/loser
- Erotik
- Vertretung von Interessen Dritter
- Verstoß gegen eine Gruppenregel

In Gruppen existieren neben den offiziellen, aufgabenbezogenen Themen immer auch Beziehungsthemen. Im Idealfall behindern diese Themen den Zweck und die Aufgabenerfüllung der Gruppe nicht. Sofern jedoch eines oder mehrere dieser Themen dominant werden, können sie zu Konflikten führen, die offen oder verdeckt vorhanden sind und der Zweckbestimmung Energie abziehen. Ziel im Coaching ist immer, diese Themen so zu klären, dass die Gruppenmitglieder ihre Energien für die Erfüllung des Gruppenauftrags einsetzen können. Hierbei kann der Coach jedoch nicht alle unteren Bekanntheitsebenen aufheben. Er muss abwägen zwischen dem Preis und dem Gewinn, den ein Aufdecken/Anheben des Bekanntheitsgrades eines Gruppenthemas mit sich bringt.

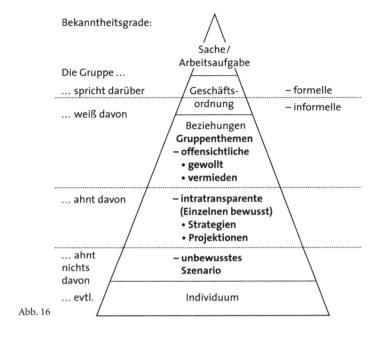
Abb. 16

Der Begriff »unbewusstes Gruppenszenario« stammt aus der analytischen Gruppendynamik. Es kann wahrgenommen werden über
- Wortwahl
- veränderte Tonlage
- Tempo
- Körperhaltung
- die ganze Gruppe hält den Atem an.

Grundsätzlich geht es im Gruppen-Coaching nicht darum, alle Erkenntnisse über wahrgenommene oder vermutete Gruppenthemen der Gruppe »um die Ohren zu klatschen«, sondern das Thema aufzugreifen und der Gruppe zur Bearbeitung anzubieten, das sie am meisten blockiert.

3 Schritte:
1. Der Coach macht auf das Thema aufmerksam.
2. Der Coach achtet auf die Reaktionen und bei Zustimmung der Meinungsführer bzw. der vom Thema Betroffenen:
3. bietet die gemeinsame Bearbeitung an.

Alle Themen können auf allen Bekanntheitsgraden entweder
- schwierig
- heikel oder
- tabu sein,
- was eine unterschiedliche Sensibilität im Umgang damit vom Coach erfordert.

Ein Thema ist als »*schwierig*« einzustufen, wenn es zwar benannt, aber umschrieben wird, sprachlich weich gemacht wird oder andere Gruppenteilnehmer auffällig reagieren, z. B. durch Wegschauen, deutliches Lachen, erhöhte Konzentration.

Ein Thema ist als »*heikel*« einzustufen, wenn ein Thema angeboten, aber nicht benannt wird, deutlich vermieden wird, davon schnell abgelenkt wird oder nur Andeutungen verbal oder nonverbal dazu gemacht werden. Es kann sich auch durch eine energetische Lähmung zeigen. Angst ist im Raum spürbar.

Ein Thema kann als »*Tabu*«-*Thema* erkannt werden, wenn eine Explosion oder Implosion bei einem einzelnen Gruppenmitglied oder der Gruppe entsteht. Dies erfolgt an einer bestimmten Stelle, die das Tabu-Thema zwar nicht aufzeigt, aber damit zusammenhängt. Es passiert auch manchmal, dass der Coach von einem Tabu in einem separaten Zweier-Gespräch erfährt, in dem ein Gruppenmitglied versucht, den Coach zur Aufdeckung zu verleiten, ihn zu instrumentalisieren.

Das Aufgreifen von schwierigen und heiklen Themen hängt vom Reifegrad der Gruppe zur Reflexion, dem aktuellen und gesamten Gruppenprozess sowie dem Leidensdruck Einzelner und der Gruppe sowie vom Grad des Vertrauens in den Coach ab. Trotz des Coaching-Auftrags kann der Coach auch bei diesen Themen nicht die Verantwortung für die Klärung übernehmen. In seiner Rolle kann er

- einen einzigen (keinen zweiten!) Anstoß zur Betrachtung geben und/oder
- auf der Meta-Ebene die Offenheit/Bereitschaft zur Betrachtung/Klärung von Beziehungsthemen thematisieren.

Ein Insistieren ist in jedem Fall zu vermeiden, da dies die Selbstverantwortung der Gruppe nicht respektieren würde.

Handelt es sich hierbei um ein – nach obiger Abstufung – »*schwieriges*« *Thema*, kann es zum expliziten Betrachtungsgegenstand des Coachings gemacht werden. Der Coach kann hier sehr deutlich die Betrachtung einfordern.

Bei einem »*heiklen*« *Thema* bietet der Coach der Gruppe das Thema so an, dass die Gruppe das Thema aufgreifen oder »ohne Aufhebens« daran vorbeigehen kann.

Bei einem *Tabu* sollte sich der Coach bewusst sein, dass der Tabu-Schutz eine wertvolle Funktion haben kann. Das Tabu sollte von der Gruppe selbst benannt werden. Der Coach übernimmt hier die Schutzfunktion für vom Aufdecken des Tabus betroffene Gruppenmitglieder und des Aufdeckenden.

An dieser Stelle sei darauf hingewiesen, dass der Coach *immer* in die Schutzfunktion des Einzelnen geht, wenn dieser »an der Wand« steht. (Zur Berührung von Tabu-Themen s. a. Kap. 4.7.5)

Inhaltliche Ansatzpunkte zum Bearbeiten der einzelnen Themen zeigt die folgende Tabelle. Die Formulierungen/Wortwahl hängt von der Reife des Teams ab und ob es schwierig/heikel/tabu war und sollte demgemäß abgeschwächt oder zugespitzt werden.

Thema:
Macht/Einfluss (personale oder Amtsautorität)

Grundsätzliches	Erkennungsanzeichen	Bearbeitungsansätze
Es gibt konstruktive (für etwas) und destruktive (gegen etwas) Macht. Macht kann auch in einer passiv-aggressiven Weise ausgedrückt werden. Wenn Macht von Verantwortung entkoppelt ist, wird sie zur Willkür. (s. a. Kap. 1.5.3) Ein Gerangel um Macht ist immer ein Indikator für nicht vorhandene Führung.	Sachfragen werden zu Machtfragen. Bei eindeutigen Führungsthemen kommen die Antworten von anderen Personen oder werden von diesen erwartet (Blickkontakt). Eine Körperhaltung drückt energetisch Widerstand aus, mit dem Ziel, als solcher erkannt zu werden.	Dieses Thema ist primär mit der Führungskraft zu bearbeiten, weniger mit der Gruppe. Die Gruppe könnte jedoch analysieren: – Wer ist hier per Funktion mächtig? – Wer über persönlichen Einfluss (aktiv oder passiv)? – Wie geht es jedem Einzelnen mit diesem Bild? Eine geeignete Methode hierfür ist auch »Thema zentral« (siehe Kapitel 4.2.10). Die Führungskraft nimmt das Bild mit und entscheidet und verkündet klar Veränderungen der Einflussgebiete. Die »Baustelle« *Macht* kann nur geklärt werden, wenn die offizielle Funktion die dazugehörige Macht übernimmt. Der Coach unterstützt die Führungskraft hierbei.

Thema:
Rang/ranking (normalerweise geklärt über Gruppendynamik)

Grundsätzliches	Erkennungsanzeichen	Bearbeitungsansätze
Rang ist die allgemeine, nicht kleingruppenbezogene Konkurrenzsituation in einer Gruppe. Die Klärung des rankings ist über die Zeitachse und bei Veränderung der Aufgabenstellungen nicht statisch. Sofern das Thema Rang trotz durchschrittener Klärungsphase immer noch dominant ist, kann es daran liegen, dass ein Einzelner seinen Ranganspruch in der Klärungsphase zurückgehalten hat.	– Dysfunktionales Verhalten – Ein Einzelner zeigt durch seine Beiträge einen höheren Ranganspruch, obwohl der Gruppenprozess schon weiter fortgeschritten ist – Rechthaberei – Nachtarocken von bereits Geklärtem	Zur Nachholung der Klärungsphase: – Soziogramm-Feedback (siehe Kapitel 4.5.2) einleiten oder – dynamische Gruppenübung (siehe Kapitel 4.7.3.2); zur Abbildung der vorhandenen Rangwahrnehmungen: – metaphorische Standbilder (siehe Kapitel 4.7.3.1) oder – härteste Variante: in einer gerankten Reihe aufstellen lassen oder in Kleingruppen aufzeichnen zum Aufzeigen der Rangansprüche: – Doppeln (siehe Kapitel 4.4.2) – Angebot zur Veröffentlichung des eigenen Ranganspruchs

Thema:
Revier/Grenzen

Grundsätzliches	Erkennungsanzeichen	Bearbeitungsansätze
Reviere gehören zur Natur des Menschen in seinem Umfeld. Die Unversehrtheit des Reviers ist Basis für ein gutes Miteinander. (siehe auch Kapitel 1.3.1.2) Ziel des Themas ist, klare, nicht starre Grenzen zu definieren. Dies kann sowohl die arbeitsorganisatorischen Zuständigkeiten als auch zwischenmenschlichen Umgangsformen betreffen.	Verbale Übergriffe (z. B. Du-Botschaften), Reaktionen des »Verletzten« z. B. aus dem Kontakt gehen mit Übergriffigem, mit Kränkungen; wahrnehmbarer Rückzug aus dem Kontakt mit der Gruppe.	Aufgreifen eines exemplarischen akuten Übergriffs durch Nachhaken bei demjenigen, der die Grenzverletzung passiv erlebt hat und in der Coaching-Situation noch emotional davon betroffen ist, per Frage, Hypothese oder Doppeln; Einzelarbeit (gern auch kreativ) mit anschließender Veröffentlichung: – Was alles zu meinem Revier zählt (Aufgaben, Entscheidungen, Mitsprachen…)… – Wann jemand an die Grenzen meiner Reviere kommt … – Womit ich mich »bewaffnen möchte«, um meine Grenzen ab jetzt zu verteidigen.

Thema:
Anerkennung/Wertschätzung bzw. direkte/indirekte Abwertung

Grundsätzliches	Erkennungsanzeichen	Bearbeitungsansätze
a) Das Thema kann aus einem unerfüllten Bedürfnis entstehen, das befriedigt werden muss, bevor die Gruppe arbeiten kann. Mögliche Ursachen sind – intrapersonal: Projektionen – interpersonal: Ungelöste Konflikte – systemisch: Die Gruppe insgesamt empfängt aus dem Umfeld eine Abwertung oder kollektive Kränkung und leitet dies in ein inneres Abwertungsverhalten ab; oder innerhalb der Gruppe wird Ungerechtigkeit erlebt. b) Das Thema »Wertschätzung« könnte jedoch auch im Extrem zu einer Ideologie der Gruppe werden, was eine konstruktive Auseinandersetzung und damit eine gute Streitkultur verhindert.	a) Verbale und nonverbale Abwertungen/Härten, Vernichtungssprache, z. B. »das ist ja alles ganz schön und gut, aber...«, »Sie haben dabei aber nicht bedacht, dass...« und Rückzug oder Rückschlag des Empfängers b) Deutliches Abholen von Lob, Austausch von Nettigkeiten, erste Versuche von konträrer Meinungsäußerung werden moralisch tabuisiert.	bei a) Einzelreflexion mit anschließendem »In Kontakt bringen« zu einer Vertrauensperson in der Gruppe (wichtig, da zu dieser Person danach ein »Ablästern« nicht mehr möglich ist): – Was ist mit mir los, wenn ich in die Abwertung komme? – Was hat mein Vorwurf an den anderen mit mir selbst zu tun? – Wie reagiere ich, wenn ich Abwertung spüre? (siehe auch Kapitel 1.3.1.1) bei a) + b) Gesteuerter Feedback-Prozess in 3 Schritten: – Was ich an wem besonders schätze... – Was ich auch noch schätze... – Was auch noch gut ist... nur bei b): Anschließend auf einen deutlich anderen Kommunikationsprozess umleiten

Thema:
Konsequenz/Verbindlichkeit

Grundsätzliches	Erkennungsanzeichen	Bearbeitungsansätze
Aufgaben- und zielorientiertes Arbeiten braucht Verbindlichkeit und Konsequenz. Ursache für einen Mangel hieran liegt immer an der Führung, die hier meist laissez fair oder charitativ ist. In diesem Fall bedarf die Führungskraft eines Coachings, weniger die Gruppe. In Gruppen ohne formelle Führung kann Unverbindlichkeit zu Beziehungsstörungen oder Zerfall der Gruppe führen.	Getroffene Vereinbarungen werden »abgenickt« und nicht diskutiert oder abgesichert, evtl. »belächelt«, sind zu leicht zu erreichen (ähnlich wie bei dem Thema Entscheidungen); das Entscheidungsverhalten der Gruppe unterscheidet sich nicht bei relevanten und unrelevanten Themen.	Das Thema sollte nicht im Plenum, sondern in Kleingruppen bearbeitet werden, da das Plenum generell weniger Tiefe/Konkretisierung/Betroffenheit ermöglicht. Mögliche Aufgabenstellung für die Kleingruppen: – Wie viel Prozent Verbindlichkeit hat unsere Gruppe, das System um uns herum, jeder Einzelne in seinem Privatleben? – Was sagen uns die Prozentwerte, Übereinstimmungen und Unterschiede? – Wie viel Prozent Verbindlichkeit wollen wir in unserer Gruppe? – Welche Konsequenzen erlauben wir als Preis für die Steigerung der Verbindlichkeit?

Thema:
Sicherheit, Vertrauen/Fehlerkultur/freie Meinungsäußerung/Kritik

Grundsätzliches	Erkennungsanzeichen	Bearbeitungsansätze
Hier können die Vorerfahrungen der Gruppe mit den Mächtigen eine Rolle spielen. Diese können lang zurückliegen. Dann ist das Thema im Hier und Jetzt schwer zu verändern. Wenn eine historische Kränkung vorliegt, muss diese aufgearbeitet werden. Eine weitere Ursache für die Dominanz des Themas kann in einer möglichen Abgesandten-Funktion der Gruppenmitglieder liegen, die einen eher rezeptiven, beobachtenden Auftrag vom Entsender haben. Hier kann der Coach nur den Grad der Sicherheit mit der Gruppe transparent machen. Eine Veränderung liegt nicht im Einflussbereich der Gruppenmitglieder.	Standpunkte werden zögerlich und vorsichtig eingebracht. Die Wortwahl enthält Konjunktive, »man« statt »ich«, sonstige Weichmacher, einschränkende Nebensätze und erfolgt z.T. fast pedantisch genau, sich immer wieder korrigierend. Nonverbal erfolgen absichernde Blickkontakte zu den Mächtigen.	– Welche Situationen waren symbolisch für den Grad der Sicherheit und Offenheit in unserer Gruppe? – Was brauchen wir/ich heute, um ein höheres Maß an Sicherheit und Vertrautheit in dieser Gruppe zu entwickeln? Liegt es jedoch »nur« am Selbstvertrauen der Einzelnen im Gruppenkontext, so kann der Coach eine Plattform anbieten für die Stärken der Einzelnen, z. B. mit Fragen wie: – Welche Fehler sind hier genehmigt, welche nicht/nicht mehr/noch nicht? – Was passiert, wenn jemand einen Fehler macht?

Thema:
Entscheidungen

Grundsätzliches	Erkennungsanzeichen	Bearbeitungsansätze
Dieses Thema tritt oft gemeinsam mit dem Thema »Konsequenz« auf. Wenn die formelle Entscheidungsmacht nicht mit der informellen übereinstimmt oder von dem formellen Machtinhaber nicht genommen wird, kommen Entscheidungen nicht angemessen zustande. Manchmal fehlt es nur daran, dass der formelle Machtinhaber aufgrund selbsterkannter Inkompetenz im Entscheidungsknowhow die Entscheidungsmacht offiziell an einen anderen delegiert. Entscheidungsvermeidung genau wie »Entscheidungsgeilheit« kann auch ein Stellvertreterphänomen für ein anderes Problem der Gruppe sein, z. B. in der Kultur des Kontextes, ungeklärte Zuständigkeiten oder Konfliktvermeidung.	Bei paritätischer Entscheidungskompetenz: a) Einwände kurz vor einer reifen Entscheidung, die die Entscheidung immer wieder aufschieben; es wird immer wieder auf zurückliegende Entscheidungen verwiesen, die als »eigentlich ausreichend« angeführt werden. b) Der Entscheidungsprozess ist nach der Entscheidung sofort beendet, die Gruppe klärt nicht den daraus folgenden Handlungsbedarf. Bei Entscheidungszuständigkeit des Hierarchen: – Suchende Blicke – Schweigen Allgemein: Die getroffene Entscheidung führt nicht zu einem energetisch befreienden »Schub« in der Gruppe.	– Wie werden hier wichtige Entscheidungen getroffen? – Welche Entscheidungen werden schnell, welche langsam, welche gar nicht getroffen? – Und wofür steht diese Entscheidungspraxis bei uns? – Wie stellt die Gruppe sicher, dass getroffene Entscheidungen (nicht) umgesetzt werden? – Welche positiven und welche negativen Folgen hat das? – Was brauchen wir, damit wir gut arbeiten können?

Thema:
Gerechtigkeit

Grundsätzliches	Erkennungsanzeichen	Bearbeitungsansätze
Ungerechtigkeit führt sehr schnell zu Unzufriedenheit. Sie kann subjektiv sehr unterschiedlich empfunden werden. Die Abgrenzung zu Neid kann hier manchmal sehr schwierig sein. Das Thema Gerechtigkeit kann Einzelne unbewusst schnell in die Regression bringen und lässt alte Ungerechtigkeitswunden auftauchen. In Gruppen mit einer formellen Führungsfunktion kann die Gerechtigkeit in den wesentlichen Themen nur durch die Führungskraft hergestellt werden; sie gleicht auch Ungerechtigkeiten zwischen den Gruppenmitgliedern aus (implizite Richterfunktion). Hierbei geht es nicht um Gleichbehandlung aller, sondern um individuelle Ausgleiche von Geben und Nehmen (siehe auch Kapitel 1.4.1, Ausgleich innerhalb des Systems).	Innere Emigration und äußere Notlösungen (z. B. Individualisierung/Loslösung von Bindungen an das System, Motto: »Liebe deinen (Nächsten wie dich selbst, denn jeder ist sich selbst der Nächste!«)	– Welche Aspekte unserer Zusammenarbeit sind von Gerechtigkeit/Ungerechtigkeit tangiert? – Was sind die (unterschiedlichen) Definitionen von Gerechtigkeit pro Aspekt und wie hängen die Aspekte zusammen? – Wer kann und soll die Gerechtigkeit pro Aspekt herstellen? – Wie wollen wir damit umgehen, wenn ein Ungerechtigkeitsempfinden bleibt, damit wir gut weiterarbeiten können?

Thema:
Emotionen

Grundsätzliches	Erkennungsanzeichen	Bearbeitungsansätze
Das Thema kann die Gruppe dominieren, indem Emotionen a) zu stark gelebt werden oder b) zu wenig gelebt werden (dürfen). Bei a) kann die Gruppe die Emotion nicht gemeinsam »bearbeiten«, was zu einer Spaltung der Gruppe in unbeholfene »Mitleidende«, Helfer und Distanzierte führt und den Prozess blockiert.	zu a) Emotionsäußerungen führen zu Macht über die Gruppe oder den Prozess. zu b) Ein Einzelner zeigt emotionale Betroffenheit, woraufhin die Gruppe schnell wieder zum Sachthema zurückkommt, die Äußerung abwertet oder entschuldigt. Dies gilt auch, wenn der Coach Emotionen thematisiert.	Der Coach muss die Balance aufzeigen, wie Emotionen erlaubt sein dürfen in einem Maß, das die Gruppe nicht überwältigt. – Welche Emotionen gehören zu der Natur des Menschen? – Welche davon dürfen hier nicht oder nur begrenzt sein? – Wie könnten wir diese Emotionen in unseren Alltag in gesunder Weise einbauen? – Warten wir dazu auf die Erlaubnis von jemand bestimmtem oder kann sich hierzu jeder die Erlaubnis selbst geben? – Was brauche ich von der Gruppe, um meine Emotionen angemessen ausdrücken zu können? – Wer fängt damit an? Bei a) schlägt der Coach eine Eingrenzung der Emotionsäußerung vor, wofür die Gruppe einen Raum (Zeit und ggf. Platz) definieren soll (siehe auch Kapitel 3.7).

Thema:
Konkurrenz/Neid

Grundsätzliches	Erkennungsanzeichen	Bearbeitungsansätze
Konkurrenz ist der Versuch, temporär das bestehende ranking zu verändern. Sie kann aktiv oder reaktiv gelebt werden. Die Felder, in denen sich Konkurrenz/Neid zeigt, können sich auf Identifikationsthemen beziehen oder auf der Seins-Ebene liegen und damit eine projektive Ursache haben (siehe Kapitel 1.3.1.1). Bei Männer- oder Frauenkonkurrenz müssen – wenn es über eine Zwei-Personen-Konkurrenz hinausgeht – beide Geschlechter ihre Konkurrenzsituation betrachten. Ein einseitiges Betrachten nur der Männerkonkurrenz oder nur der Frauenkonkurrenz führt zu einer Geschlechterkonkurrenz. Die geschlechtsbezogene Konkurrenz ist immer mit dem Zusatz zu betrachten, dass die Männerkonkurrenz offensichtlicher stattfindet als die Frauenkonkurrenz.	Sprachliche Anzeichen für Konkurrenz-Themen sind beim Sender Wortbeiträge, die als Widerspruch, nicht als Erkenntniszusatz angebracht werden (z. B. »Worauf es wirklich ankommt, ist doch...« statt »Wir sollten auch berücksichtigen, dass...«); beim Empfänger regelmäßige verbale oder nonverbale Abwertungen auf Beiträge eines bestimmten anderen.	Sobald die Konkurrenz-Themen auf der Seinsebene liegen, ist eine Bearbeitung im Gruppen-Coaching nicht möglich, da hierzu eine klare Bereitschaft und Vereinbarung zu einem therapeutischen Arbeiten im Gruppenkontext Voraussetzung ist. Der Coach könnte hier maximal einen Hinweis in einer 4-Augen-Situation geben. Soweit die Konkurrenz-Themen auf der Identifikationsebene liegen, sind folgende Schritte denkbar: Zunächst ist die Einstellung zur Konkurrenzsituation zu betrachten, z. B. mit der Frage »Können wir völlig normale Konkurrenz positiv nutzen?« Mit Betrachtung dieser suggestiven Frage und Veröffentlichung der Konkurrenz verliert diese bereits die destruktive Kraft. Anschließend ist eine Klärung mittels folgender Fragen möglich: – Was haben/können/machen/wissen Sie besser? – Was habe/kann/-mache/weiß ich/wir besser? – Was brauchen Sie von mir/uns, um weiterarbeiten zu können? – Was brauche ich/wir von Ihnen, um weiterarbeiten zu können?

**Thema:
Balz**

Grundsätzliches	Erkennungsanzeichen	Bearbeitungsansätze
Balz kann sich auf die Mann-Frau-Balz als auch auf die Anerkennung von Autoritäten beziehen.	Deutliche Selbstdarstellungsbeiträge	– Wessen »Gunst« ist hier ein wertvolles Gut? – Wie erreicht man diese? – Was ist das Schädliche an diesen Wegen? Hier reicht das Aufdecken der Balzwege, da ein Beschreiten ab diesem Schritt öffentlich wahrgenommen wird. Gleichzeitig können die Gunstgeber über die Gunstverteilung reflektieren.

**Thema:
Karriere**

Grundsätzliches	Erkennungsanzeichen	Bearbeitungsansätze
Der Fokus bei allen Handlungen lautet: »Was ist förderlich/hinderlich für meine Karriere?« und schränkt die Wahrnehmung stark ein.	Das Verhalten ist mehr »politisch« statt aufgabenorientiert. Die Menschen agieren mehr in ihrer Funktion als aus ihrer Person heraus. Sprachliche Merkmale sind Verschleierungen, weitere stark kontrolliertes Verhalten sowie Reden über Ziele der Mächtigen und der Institution.	– Fremdbild: Wer will hier wohl Karriere machen? (eventuell kreativ mit visualisierter Karriereleiter) – Was ist das Gute daran? – Wann schadet es der Gruppe? – Wie kann die Gruppe sich selbst und den gesunden Ehrgeiz der Einzelnen unterstützen?

Thema:
winner/loser

Grundsätzliches	Erkennungsanzeichen	Bearbeitungsansätze
Dieses Thema ist eher ein sekundäres Thema, da es häufig für das Konkurrenzthema als Strategie genutzt wird. Es kann auch Anzeichen für das Thema »Fehlerkultur« sein.	Rechthaberei, »ätsch«, Vergleich der »Konten«	– Welche Ziele verfolgen wir: win/lose, lose/lose, win/win (Selbsteinschätzung der Gruppe)? – Wozu führt das mittel- und langfristig? – Was brauchen wir untereinander, damit wir auf win/win abzielen? – Wo können die win/lose-Spiele einen schadlosen Platz kriegen? oder: Alle Beiträge von der Gruppe analysieren lassen nach Botschaft »Du bist/ich bin o. k./nicht o. k.«.

Thema:
Erotik

Grundsätzliches	Erkennungsanzeichen	Bearbeitungsansätze
Das Thema kann nicht abgeschafft, sondern nur erlaubt statt moralisiert werden. Die Existenz dieses Themas ist ein Zeichen für eine gute Gruppenkultur, wenn es nicht zum Leitmotiv der Arbeitshandlungen wird und wertschätzend, nicht rein sexuell genutzt wird.	Bei Dominanz der Erotik über die Aufgabe: – Anzüglichkeiten – Auswahlkriterien der Zusammenarbeit Bei abwertender Anwendung: – Machosprüche – Emanzensprüche	Was brauchen wir, um uns über die Erotik in unserer Gruppe freuen zu können?

Thema:
Vertretung von Interessen Dritter

Grundsätzliches	Erkennungsanzeichen	Bearbeitungsansätze
Die Handlungen der Gruppenmitglieder können durch geheime Aufträge dominiert sein. Wenn die Ziele der dahinter stehenden Dritten den Gruppenzielen widersprechen, so können die Gruppenziele nicht oder nur schlecht erreicht werden. Der Coach sollte sich der virtuellen Präsenz dieser Dritten in der Gruppe bewusst sein. Ergebnisse, die innerhalb der Gruppe erreicht werden, sind nicht nur der Konsens der Anwesenden, sondern auch der Drittparteien.	Entscheidungsblockaden, verdeckte oder offene Wünsche nach Rücksprache, Reden im »wir« statt im »ich«, auffälliges Beharren auf bestimmten Aspekten, Verwendung eines »anderen Wortschatzes«, Argumentieren in Teilinteressenbereich	– Welche Außeneinflüsse gibt es bei uns? – Welche können und wollen wir verändern, welche müssen wir respektieren und akzeptieren? – Was brauchen wir intern, um mit/trotz den verbleibenden Einflüssen unsere Arbeit zu tun?

Thema:
Verstoß gegen eine Gruppenregel

Grundsätzliches	Erkennungsanzeichen	Bearbeitungsansätze
Bei der Bearbeitung muss der Fokus eher auf die Regel als auf den Regelverletzer gerichtet sein. Das Ziel ist, die Bedeutung der Regel bewusst zu machen und die Regel weicher zu machen, um den Regelverletzer zu rehabilitieren, weniger ihn dazu zu bringen, sich zu entschuldigen und künftig der Regel zu unterwerfen. (Siehe Kapitel 1.4.5)	Schwere, Lähmung, offener oder verdeckter Protest gegen Einzelne, Flucht durch Überspielen (z. B. durch Albernheit), vielsagende Blicke	– Wurde hier eine Regel verletzt? – Um welche Regel geht es hier? – Ist diese Regel allen bekannt? – Welchen Zweck/welche Bedeutung hat die Regel? Was schützt/verhindert sie? – Wann wollen wir sie anwenden, wann nicht? – Wie wollen wir mit Abweichungen umgehen?

1.4.5 Regeln in Gruppen

Wichtig für die Arbeit *im* und die Wirksamkeit *des* Gruppen-Coachings ist insbesondere, auf die informellen Spielregeln (informelle Geschäftsordnung), die neben der formellen Geschäftsordnung existieren, zu achten. Sie wirken – falls sie den formellen widersprechen – stärker als diese und können sie konterkarieren. Die Kultur einer Gruppe ist immer durch die informelle Geschäftsordnung bestimmt, was sich insbesondere zeigt in

- der Führungskultur
- der Informationskultur
- der Fehlerkultur.

Informelle Spielregeln können wie folgt unterteilt werden:

- harte (muss/darf nicht), weiche (sollte/sollte nicht) Ge- und Verbote
- Erlaubnisse/Verbote
- hinderliche/förderliche Regeln
- Regeln aus Sicht des Hierarchen/aus Sicht der Gruppenmitglieder.

Folgende Sammlung informeller Spielregeln aus verschiedenen Gruppen soll als Beispiel und Anregung dienen:

- Man muss immer erreichbar sein!
- Man darf Hierarchen nie öffentlich widersprechen oder kritisieren!
- Man wirkt nur kompetent, wenn man Bedenken äußert!
- Man darf nur Anzüge in gedeckten Farben tragen!
- Wer die Mittagspause nicht überzieht, ist ein Streber!
- Wer sich beraten lässt, gibt damit seine Schwäche zu!
- Wer nicht mit zum gemeinsamen Mittagessen geht, mag die anderen nicht!
- Wer die Tür seines Büros geschlossen hält, macht sich verdächtig!
- Man sollte trinkfest sein!
- Man muss immer sofort eine Antwort/Lösung haben!
- Tu nichts, damit du für nichts verantwortlich gemacht werden kannst!
- Sage nie, dass etwas nicht geht oder schief läuft!
- Veröffentliche nie eigene Misserfolge!

Sofern auch die Regel existiert: »Der Hierarch muss immer zufrieden sein!«, entstehen häufig weitere Spielregeln durch dessen sekundäre Botschaften. Sie werden oft interpretiert und als Auftrag verstanden. Damit konfrontiert, würde der Hierarch vermutlich überrascht über die Wirkung sein. Eine derartige Absicht hatte er vielleicht niemals.

> Die innere oder geäußerte Frage des Coachs hierzu könnte lauten: »Was muss man tun bzw. unterlassen, um in dieser Gruppe erfolgreich zu sein?«

Für den Coach ist die Beachtung der geheimen Spielregeln zum einen hinsichtlich seiner eigenen »Arbeitserlaubnis« mit der Gruppe, zum anderen hinsichtlich der Tragfähigkeit der erarbeiteten Vereinbarungen wichtig.

Geheime Spielregeln werden weder offiziell verkündet noch eingefordert noch durch eine einzelne Ausnahme ungültig.

Eine Veränderung solcher Regeln kann nicht auf der Ebene der formellen Geschäftsordnung erfolgen, sondern muss durch gezielte Gegenbeispiele gelebt werden. Hier sind die (offiziell und inoffiziell) Mächtigen gefordert, das gewünschte andere Verhalten mit dem anerkannten offiziellen und inoffiziellen Belohnungssystem deutlich zu würdigen. Dies ist oft nicht mit einem einmaligen Gegenbeispiel erledigt, sondern setzt einen konstanten Erfahrungsprozess der Beteiligten voraus.

Die Veränderungsmöglichkeiten von Regeln sind unterschiedlich. So können Regeln

- obsolet werden durch die bewusste Betrachtung, wenn die Regel sich historisch überholt hat (Bsp.: Kritisiere nie den Chef! traf auf Vorgänger des Chefs zu.)
- nur im Einzel-Coaching mit den Mächtigen über einen zeitlich längeren Prozess mit Erfahrungsmöglichkeiten der Änderung verändert werden, wenn die Regel – tatsächlich oder von der Gruppe angenommen – im Entscheidungsbereich des Mächtigen liegt und mit der Regelverletzung bisher Sanktionen der Mächtigen oder Ansehensverluste verbunden wurden (Bsp.: Verheimliche jeden Fehler!)

- vom Mächtigen sofort verändert werden, wenn sie zwar im – tatsächlichen oder von der Gruppe angenommenen – Entscheidungsbereich des Mächtigen liegen, nicht aber mit der Wertschätzung/Würdigung/Beachtung des Einzelnen durch den Mächtigen verbunden sind (Bsp.: Neue Ideen müssen immer erst untereinander besprochen werden, bevor sie dem Chef vorgelegt werden!)
- von der Gruppe sofort verändert werden, wenn sie im Entscheidungsbereich der Gruppe liegen (Bsp.: Die Post holt immer der/die Jüngste!).

Sicherheitshalber sollte der Coach nach Veränderung von Regeln mit der Gruppe die übrigen förderlichen Regeln bestätigen, damit deren Fortbestand nicht durch die Veränderungsarbeit in Frage steht.

1.5 Der Mensch in der Führung

Im Coaching von Funktionsträgern von Unternehmen und anderen Organisationen läuft stetig das Ziel mit – je nach Funktion des Coachees –, sich als angehende Führungskraft auf die Rolle vorzubereiten, als Führungskraft in Funktion in der Rolle zu stärken oder als Mitarbeiter bzw. Team die Führung einzufordern und die ungleiche Macht- und Verantwortungsverteilung zu akzeptieren.

Das Selbstverständnis des Coachs von Führung fließt mehr oder weniger direkt in das Coaching mit ein. Es ist daher notwendig, sich als Coach mit Führungskompetenz so explizit auseinander zu setzen, dass diese im Coaching benannt werden kann sowie zur Diagnose und zur Zieldefinition eingesetzt und damit zum Gegenstand des Coachings werden kann. Ohne hier auf die Führungs- und Managementaufgaben und -stile eingehen zu wollen (hierzu gibt es genug Literatur), sollen die aus unserer Sicht wesentlichen Aspekte von Führungspersönlichkeit kurz beschrieben werden (s. Abb. 17).

Die Führungskraft prägt durch die individuelle Fähigkeit in diesen Kernkompetenzen gleichzeitig die Kultur der Organisationseinheit, die sich in formellen und informellen Regeln abbildet. Der Bedarf vieler Coachings in Unternehmen und Organisationen erwächst aus Defiziten an diesen Kernkompetenzen. Oft wird ein Team-Coaching-Bedarf be-

Kernkompetenzen der Führung: **Werteorientierung**

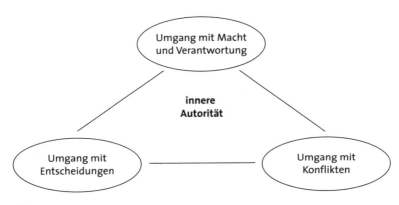

Abb. 17

nannt, wo ein Führungskraft-Coaching hilfreicher und angemessener wäre. Viele der in der Auftragsklärung benannten Situationen sind Symptome hierfür.

Auch im Führungskräfte-Coaching geht es meist um notwendige Charakterarbeit (natürlich unter Wahrung der Grenze zur Therapie), die nicht mit einer einfachen Verhaltensmodifikation zu lösen ist, so z. B.

- die Überprüfung von Regeln und meanings (siehe Kapitel 1.1.8 und 4.4.7), die Einfluss auf den Führungsstil und das Annehmen von Mächtigkeit sowie den Umgang mit Vorgesetzten und Mitarbeitern haben
- die Überprüfung eines möglichen Zusammenhangs zwischen Regeln und meanings (siehe Kapitel 1.1.8) oder Identifikationen (siehe Kapitel 1.1.3) mit Stress
- die Überprüfung eines möglichen Zusammenhangs zwischen Antrieb zur Übernahme einer Führungsfunktion und Identifikationen (siehe Kapitel 1.1.3) oder Beachtung (siehe Kapitel 1.2.1)
- die Überprüfung von Konflikt- und Kontaktunterbrechungsmustern (siehe Kapitel 1.3.2 und 1.2.5) bei der Bearbeitung von Konflikten, in denen die Führungskraft Konfliktbeteiligter ist

- der Reflexion des Umgangs mit Mitarbeitern mittels Wahrnehmung-Gegenwärtigkeit-Kontakt (siehe Kapitel 1.2.2 bis 1.2.4), Typologien (siehe Kapitel 1.1.9), Imagefixierung (siehe Kapitel 1.1.4), Projektionen (siehe Kapitel 1.3.1.1) und Grenzen (siehe Kapitel 1.3.1.2).

1.5.1 Werteorientierung

Jeder Mensch hat – vom Tag seiner Geburt an – Führung erlebt und hat damit eine Werteerwartung an Führungskräfte. Nur wenn der Werterahmen der Führungskraft mit den vorhandenen, z. T. evtl. unausgesprochenen Erwartungen der Mitarbeiter weitgehend übereinstimmt, wird von den Mitarbeitern die innere Erlaubnis zur Führung an die Führungskraft gegeben. Die Werteorientierung der Führungskraft ist somit die Messlatte für diese Voraussetzung zu wirklicher Führungsakzeptanz. Sie bildet den Rahmen für den Umgang mit Macht und Verantwortung, Konflikten und Entscheidungen.

Sofern die Führungskraft die Werteerwartungen der Mitarbeiter nicht erfüllt und dieser Rahmen nicht den »gültigen« Werten, wie z. B. humanes Menschenbild, Gerechtigkeit, Fairness, Ehrlichkeit, Direktheit, Integration und Toleranz sowie Loyalität, entspricht, verwandelt sich die innere Erlaubnis in Misstrauen und Widerstand.

Sofern das Thema Werteorientierung zum Gegenstand eines Führungskräfte-Coachings wird, muss eins klar sein: Ein Coaching kann ein Wertesystem nicht direkt verändern, er kann nur verschüttete Wertvorstellungen freilegen, zur Wahrnehmung von Wertesystemen anregen, die eindeutige Kommunikation eines vorhandenen Wertesystems fördern und helfen, Wege zur Formung eines künftigen Wertesystems zu suchen.

Folgende kurze Erläuterungen sollen den Coach bei seinen Interventionen unterstützen:

Der Wert eines *humanen Menschenbildes* zeigt sich u. a. in

- der Beachtung der Person hinter der Rolle des Mitarbeiters
- dem Bewusstsein, dass der Mitarbeiter wertvolle Lebenszeit und -energie für die Erfüllung von Aufgaben zur Verfügung stellt, die die Führungskraft ihm gibt

- der Würdigung menschlicher Bedürfnisse im beruflichen und privaten Umfeld
- der Bereitschaft, private Prioritäten bei Entscheidungen zu berücksichtigen
- der Akzeptanz von Unterschieden und Grenzen der Leistungsfähigkeit.

Der Wert *Gerechtigkeit* zeigt sich u.a. in der Verteilung von Aufgaben, Beachtung, Anerkennung, Kritik, Arbeitsentgelt, Rahmenbedingungen des Arbeitsplatzes, Entwicklungsmöglichkeiten und Fördermaßnahmen. Viele Führungskräfte bemühen sich, ihre Mitarbeiter gleich zu behandeln. Gerecht heißt jedoch nicht automatisch Gleichbehandlung, sondern vielmehr die Berücksichtigung individueller Gegebenheiten. Eine objektive Gerechtigkeit ist dabei kaum zu erreichen. Das subjektive Empfinden von Gerechtigkeit in Führungsentscheidungen kann aber durch Darlegung klarer Entscheidungskriterien (z.B. Verhältnis von Arbeitsergebnissen und Arbeitsentgelt) erhöht werden. Sofern der Coachee als Führungskraft seine Gerechtigkeit als Thema ins Coaching einbringt, kann auch eine Reflexion von potenziellen Projektionen (siehe Kapitel 1.3.1.1) Quellen für Ungerechtigkeit zu Tage fördern.

Fairness als Wert ist umso wichtiger, je ungleicher die Macht verteilt ist, d.h. je mehr die Mitarbeiter in ihrem Berufsleben innerhalb der Organisation, über die Organisation hinaus sowie in ihrem Privatleben von den Entscheidungen der Führungskraft beeinflusst werden. Die Macht der Führungskraft, einen Mitarbeiter zu entlassen und damit ggf. dessen finanzielle Existenz zu gefährden, braucht den Wert der Verantwortung und Fairness als Rahmen. So muss einer Entlassung aufgrund Mitarbeiterverhaltens (die gemäß der Darstellung in Kapitel 1.3.1.2 die dead line darstellt) nicht nur die rechtlich vorgeschriebene Abmahnung (finish line) vorausgehen, sondern auch ein klares Kritikgespräch (border line), um dem Mitarbeiter eine faire Chance in seiner Situation als Abhängiger zu geben. Neben diesem extremen Beispiel gibt es im Führungsalltag zahlreiche Notwendigkeiten zum sorgfältigen Umgang mit Grenzen aus Gründen der Fairness.

Der Wert *Ehrlichkeit* stößt im Führungsalltag ab und zu auf Grenzen der Vertraulichkeit dem Unternehmen und anderen Mitarbeitern gegenüber. Als Entscheidungsmaxime hierbei hilft eine Gewichtung der schutzwürdigen Interessen. So kann z.B. der vorzeitigen Veröffentlichung einer geplanten Umstrukturierung in einem Mitarbeitergespräch das Interesse des Unternehmens bezüglich der Gesamtmotivationslage der Mitarbeiter entgegenstehen. Sofern die anderen schutzwürdigen Interessen nicht allein egoistischen Motiven der Führungskraft entspringen, gilt also: so viel Ehrlichkeit wie möglich, so viel Zurückhaltung wie – aufgrund anderer Interessen – nötig.

Direktheit ähnelt dem Wert der Ehrlichkeit und bezieht sich auf die Vermittlung eigener Bewertungen von Mitarbeiterverhalten und -leistung. Ein Mitarbeiter ist mehr oder weniger abhängig von der Bewertung seines Verhaltens und seiner Leistung durch seine Führungskraft. Er hat daher – auch im Sinne der Fairness – verdient, diese Bewertung zu kennen – auch bzw. insbesondere, wenn sie negativ ist –, um entscheiden zu können, ob und was er in seinem Verhalten und seiner Leistung ändern möchte. Dem oft beklagten »nicht greifbaren Chef« fehlt genau diese Direktheit. In unserem Kulturkontext gilt: Die direkte Äußerung von Kritik ist wertschätzender als deren Zurückhaltung!

Das menschliche Bedürfnis nach Zugehörigkeit bedarf der Sorgfalt der Führungskraft bei allen Gelegenheiten, die Integrations- bzw. Ausgrenzungsmöglichkeiten von Mitarbeitern aufwerfen. Wenn es im Coaching um den Wert *Integration* geht, so besteht die Aufgabe des Coachs meist darin, den Coachee neben großen Integrationsanlässen für die kleinen, subtilen Gelegenheiten zu sensibilisieren, in denen er Mitarbeiter integrieren bzw. eine Ausgrenzung vermeiden kann. Die bewusste oder in Kauf genommene Ausgrenzung oder geringere Integration eines Mitarbeiters sollte der Coach auch bezüglich der Wirkung auf die anderen Mitarbeiter in Frage stellen.

Toleranz zeigt sich im Führungsalltag häufig in der Fähigkeit loszulassen, d.h. die Erfüllung einer delegierten Aufgabe wirklich dem Mitarbeiter zu überlassen und Kontrolle nur auf das Ergebnis zu beziehen. Wenn der Coachee als Führungskraft hiermit Schwierigkeiten hat, lässt dies auf eine generelle Lebensregel schließen.

Loyalität gegenüber den eigenen Mitarbeitern zeigt sich in jeder Gelegenheit, in der die Führungskraft die Interessen der Mitarbeiter Dritten gegenüber zu vertreten hat. Die Führungskraft in der »Sandwich-Position«, d.h. auf den unteren und mittleren Hierarchieebenen, ist sowohl Vertreter für die vom eigenen Vorgesetzten delegierten Interessen als auch Vertreter für die Interessen der Mitarbeiter dem eigenen Vorgesetzten gegenüber. Die Loyalität gegenüber der Organisation und dem eigenen Verantwortungsbereich als Führungskraft wird – im Rahmen eines gesunden Werteverhältnisses – von Mitarbeitern als einziger Gegenpol akzeptiert. Die Loyalität der Führungskraft den eigenen Mitarbeitern gegenüber zeigt sich am deutlichsten in der so genannten Rückendeckung Dritten gegenüber. Die Entscheidungsverantwortung, die die Führungskraft trägt und behält, wenn sie einem Mitarbeiter eine Aufgabe delegiert, ist die Grundlage dafür, für Probleme, die durch Fehler des Mitarbeiters entstanden sind, Dritten gegenüber als Führungskraft »geradezustehen«. Das schließt eine darauf folgende Kritik nach innen, dem Mitarbeiter gegenüber, nicht aus.

Ziel ist immer auch die Authentizität und Glaubwürdigkeit der Führungskraft. Somit kann Thema von Coaching auch die Umsetzung von Werten sein. Folgende Fragen können hierbei unterstützen:

- In welchen Situationen in Ihrem Führungsalltag beeinflussen Werte Ihr Handeln?
- Wie würden Sie handeln, wenn der Wert Ihre Maxime wäre?
- Was wäre das Gegenteil davon?
- Welche anderen Aspekte und Werte könnten/sollten dabei beachtet werden?
- Steht einer dieser Aspekte oder Werte Ihrer Maxime entgegen?
- Wie können Sie beides berücksichtigen?
- Welche Ausnahmen sind möglich?
- Welche Abweichungen würden Ihre Glaubwürdigkeit beeinträchtigen?
- Wie können Sie Ihre Wertehaltung deutlich vermitteln?
- Wer sollte davon Kenntnis haben?

1.5.2 Innere Autorität

Die Kernkompetenz »innere Autorität« stellt die grundlegende Frage: Ist das Potenzial hierfür in der Führungsperson vorhanden oder nicht? Auf die hiermit berührte und oft gestellte Frage: Kann man Führung lernen? lautet unsere Antwort: Ja, wenn das Potenzial der inneren Autorität vorhanden ist; sonst nicht! Die Fähigkeit zu führen, nicht die zu leiten, kommt in ihrer Form aus der Persönlichkeit, in ihrer energetischen Kraft aus der Person (einige Wesenstypologien zeigen bereits in ihrer Typendifferenzierung den Führungsaspekt). Ein Mangel an Autorität kann also entweder aus einem nicht veränderbaren Mangel an innerer Autorität auf der Wesensebene kommen oder aus einem hinderlichen Charakteraspekt, z. B. einem meaning (siehe Kapitel 1.1.8). Ein vorhandenes Potenzial an innerer Autorität ist erkennbar an einer Summe energetisch wahrnehmbarer Kraft, die sich z. B. zeigt in der Darstellung einer eigenen Position, der Fähigkeit zum Aufrechterhalten einer Gegenposition, dem pro-aktiven Handeln oder in der Bewertung einer Situation aus der selbstbestimmten Perspektive. Ist dies erkennbar und ein Autoritätsdefizit Coaching-Thema, so empfehlen wir die Überprüfung von Charakteraspekten zum Thema Macht und Beeinflussung, Exponiert-Sein und/oder Karriere z. B. mittels Doppeln, paradoxer Intervention und/ oder der Arbeit an Regeln und meanings (siehe Kapitel 4.4).

Eine Führungskraft, die mit natürlicher Autorität und Wertschätzung führt, vermittelt über ihre Haltung die Aussage: »Dich führe ich gerne.«, die dann in einem inneren Dialog mit dem autonomen Geführten zur Antwort bekommt: »Dir erlaube ich, mich zu führen.« Dieser innere Kontrakt ist die Voraussetzung für angstfreie Zusammenarbeit in einer klaren, selbstverständlichen Hierarchie.

> Sofern für die Ausübung einer Führungsfunktion statt der inneren Autorität nur die äußeren Quellen von Macht genutzt werden, entstehen folgende Wirkungen:
> - Wer seine Macht nur aus der Position oder dem Status speist, erhält artige Befehlsempfänger und heimliche Revolutionäre.
> - Wer seine Macht nur aus Befugnissen und Rechten ableitet, erhält Bürokraten als Mitarbeiter. Einige finden »schlaue Gesetzeslücken«, um gegen das Interesse des Führenden agieren zu können.
> - Wer seine Macht nur aus der Dauer der Zugehörigkeit bezieht, schafft Ohnmacht und Frust.
> - Wer seine Macht nur aus Informationsvorsprüngen herleitet, erhält unselbstständige Mitarbeiter, die keine Verantwortung übernehmen.

Macht ohne personale Autorität erzeugt eine Art von Gefolgschaft, die tendenziell Angst fördert. Führung aus innerer Autorität erzeugt Gefolgschaft durch Zustimmung.

1.5.3 Umgang mit Macht und Verantwortung

Das Thema Macht und Verantwortung berührt nach unserer Erfahrung ca. 80% aller Coachings im hierarchischen Kontext, entweder aus der passiven oder der aktiven Rolle im Umgang damit.
Macht und Verantwortung müssen miteinander in gleichem Maß einhergehen. Macht ohne Verantwortung ist Willkür und erzeugt Angst. Dies ist der Grund dafür, dass viele Menschen ein verstelltes Verhältnis zum Umgang mit Macht haben, weil sie in ihrer Vergangenheit Formen von Willkür erlebt haben.

Wer sich im Sinne der Identifikation (siehe Kapitel 1.1.3) Macht aneignet, achtet meist zu wenig auf die Verantwortung den weniger Mächtigen gegenüber, die mit der Macht einhergehen sollte.

Die Verantwortung einer Führungskraft liegt
- neben der Verantwortung für die Leistungsergebnisse der Organisation gegenüber
- in der Verantwortung den »Geführten« gegenüber,
  - sie individuell zu beachten,
  - ihre Leistungen anzuerkennen und
  - einen geeigneten Rahmen für ihre Leistungserbringung und ihr Potenzial zu schaffen und zu erhalten.

Der umgekehrte Fall: »Verantwortung ohne Macht« ist Missbrauch, wenn die Verantwortung »von oben« gegeben wird, bzw. Anmaßung, wenn sie »von unten« genommen wird.

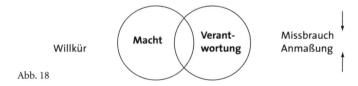

Abb. 18

Beispiel für Willkür:
Die Führungskraft gibt neue Aufgaben an die Mitarbeiter mit der Anweisung, alle anderen Aufgaben »stehen und liegen« zu lassen, und übergeht die Sorgen der Mitarbeiter bezüglich der Folgen für die bisherigen, unerledigten Aufgaben.

Beispiel für Missbrauch:
Ein Mitarbeiter erhält von der Führungskraft die Aufgabe, ein Arbeitspaket mit Kollegen zu bearbeiten, ohne dass die Führungskraft den Kollegen den Mitarbeitsauftrag gegeben hat. (Ausnahme: Es gilt die informelle Regel: Wenn ein Kollege um Mitarbeit bittet, ist er von der Führungskraft dazu legitimiert.)

Beispiel für Anmaßung:
Ein Mitarbeiter kümmert sich um die gerechte Verteilung der anfallenden Arbeitsaufgaben, ohne Auftrag von der Führungskraft dazu.

Die wichtigen Fragen im Coaching hierzu sind:
- Wie sind Macht und Verantwortung verteilt?
- Übernimmt der Coachee zu viel oder zu wenig?
- Welche persönlichen Erfahrungen des Coachees sind mit dem Thema verbunden und werden hervorgerufen?
- Welche Glaubenssätze und Regeln hat der Coachee zum Thema Macht und wie beeinflussen diese seinen Führungsstil?
- Was bedeutet Macht für das Selbstbild des Coachees?
- Kommt ein ggf. vorhandener Machtantreiber aus dem Charakter oder aus dem Wesen?

1.5.4 Umgang mit Entscheidungen

Neben der Auswirkung, die Macht und Verantwortung auf Entscheidungen haben, ist die Fähigkeit, Entscheidungen zu treffen, zu delegieren und nachzuhalten, in der Führungsfunktion von ausschlaggebender Bedeutung.

Folgende Situationen können zu Konflikten führen und das Thema »Entscheiden« zum Coaching-Gegenstand werden lassen:

1. Die Führungskraft/der Coachee entscheidet *in einem Einzelfall nicht bzw. zu spät.*
Eine Entscheidungsvermeidung frustriert eine legitime und immer vorhandene Erwartung von Mitarbeitern. Ein Mangel an notwendiger Entscheidung führt zum Impass und damit zur Lähmung des Systems. Wer als entscheidungsschwach erlebt wird, verliert die Führungsakzeptanz.

Impass ist der Zustand von Feststecken im Handlungsablauf. Wer im Impass steckt, hat den Eindruck, sich weder zurück in die Ausgangslage noch vor zur Lösung bewegen zu können. Die ursprünglich vorhandene Handlungsenergie steht nicht mehr zur Verfügung, da die Frage selbst die ganze Energie einnimmt. Dieser Zustand gleicht energetisch einer depressiven Verstimmung. Der einzig mögliche Schritt heraus aus dem Impass ist der mutige, fast blinde Schritt zu irgendeiner der Entscheidungsalternativen. Um diesen anzustoßen, hilft es, sich zu der Impass-Situation zu bekennen.

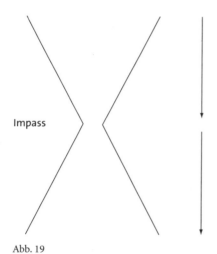

Abb. 19

Auch ein Nicht-Entscheiden ist eine Entscheidung!
Im Anspruch an die Entscheidungsqualität zeigt sich einerseits die charakterliche Prägung (z.B. meine Entscheidungen müssen immer völlig korrekt sein, immer schnell sein, immer mit anderen abgestimmt sein oder immer auf gesellschaftlichen Mehrheiten basieren) sowie andererseits die Akzeptanz der Lebensweisheit: »Es gibt keine richtigen Entscheidungen.«
2. Die Führungskraft/der Coachee entscheidet *grundsätzlich nicht bzw. zu spät.* In diesem Fall ist die biographische Entscheidungserfahrung zu betrachten:
- Welche Erfahrungen hat der Coachee mit Entscheidungen und deren Konsequenzen gemacht?

- Wer hat damals wem Entscheidungen abgenommen?
- Was davon ist wirklich auf heute übertragbar?

3. **Die Führungskraft/der Coachee** *definiert nicht klar die Stufe der Entscheidungsdelegation.* Damit entsteht entweder ein Entscheidungsvakuum, was sich energetisch wie ein Impass auswirken kann, oder eine Entscheidungskonkurrenz, die Konflikte auslösen kann. Die Klarheit in der Abgrenzung »wer entscheidet hier was?« ist wesentlicher für die Arbeitsfähigkeit des Teams als der Umfang der delegierten Entscheidungskompetenz, welcher sich auf Dauer auf die Motivation und Einsatzbereitschaft des Teams auswirkt.
4. Die Entscheidungen sind *nicht verbindlich bzw. werden nicht nachgehalten.* Diese Situation stellt jeden Einzelnen vor die persönliche Konsequenz, in die Rebellion oder in die Resignation zu gehen. Das Coaching kann hierbei nur klären helfen:

- Wer hat für die Verbindlichkeit zu sorgen?
- Welche Einflussmöglichkeiten hat der Coachee?
- Wie kann sich die Rebellion eine gesunde Form suchen?

1.5.5 Umgang mit Konflikten

Eine Führungskraft, die nicht mit Konflikten umgehen kann, verliert Akzeptanz.

Die Führungsfunktion bedingt die Verantwortung, Konflikte zwischen Mitarbeitern zu managen, und die – durch die exponierte Stellung – häufigere Notwendigkeit, als Konfliktpartner Konflikte auszutragen.

Gerade die Position der Führungskraft braucht die Fähigkeit, Grenzen klar zu setzen, um den Sachzielen und den Beziehungsthemen der Mitarbeitergruppe gerecht zu werden.

(Details siehe Kapitel 1.3)

2 Der Coachee

2.1 Der Anlass zum Coaching

Wann für den Coachee der Schritt zum Coaching angemessen ist, liegt einzig in seiner persönlichen Beurteilung der Situation, der eigenen Lösungsmöglichkeiten und der Coachingmöglichkeiten.
Oft hängt die Entscheidung zum Coaching auch von sekundären Faktoren ab, wie z. B.

- ob es im Umfeld üblich ist, einen Coach zu nutzen, oder
- ob dem Coachee ein geeigneter Coach bekannt ist.

Wir sind auch nach langen Jahren unserer Coaching-Tätigkeit überzeugt, dass der Zeitpunkt und die Wahl des Coachs eine große Bedeutung und Stimmigkeit für den Coachee und sein Thema haben. Die Verantwortung dafür kann der Coach gelassen dem Coachee und dessen zum Teil unterbewussten Entscheidungen überlassen und darauf vertrauen, dass in diesen Entscheidungen ein Lern- oder Lösungspotenzial für den Coachee steckt. Selbst eine Entscheidung gegen die Fortsetzung des Coachings nach dem ersten Kennenlernen seitens Coach oder Coachee birgt dieses Potenzial.

Je nach Anlass unterscheiden wir drei Arten von Coachings:

- Einzel-Coaching
- Gruppen/Team-Coaching

sowie speziell

- Konflikt-Coaching.

Ziel ist immer, die Situation gezielt zu betrachten, dabei verschiedene Sichtweisen zu nutzen und daraus Lösungsmöglichkeiten für ein konkretes hilfreiches Handeln (Tun oder Unterlassen) zu entwickeln.
Die individuelle Situation kann pragmatische Themen, aber auch grundsätzlichere Themen der eigenen Entwicklung beinhalten.

Anlässe für Einzel-Coaching können aus dem beruflichen oder privaten Kontext oder aus beiden stammen, z. B.:

- Übernahme einer erstmaligen oder neuen Führungsaufgabe
- Schwierigkeiten mit Mitarbeiter(n) und/oder Kollege(n)
- Planung der beruflichen Zukunft
- eine zu treffende Entscheidung
- (mangelnde) Fähigkeiten im Umgang mit (bestimmten) Menschen
- Probleme und/oder Fragen in privaten Lebenskontexten.

Sofern der Vorgesetzte des Coachees der Auftraggeber ist, gilt zu klären:

- Wie passen die Interessen des Chefs zu den Wünschen des Coachees?
- Ist der Coachee einverstanden und selbst interessiert an einer persönlichen Veränderung, oder fühlt er sich zu Unrecht geschickt und spielt nur vordergründig mit, weil Coaching angeordnet wurde?

Coaching durch den Vorgesetzten selbst ist nur sehr eingeschränkt möglich, da die Differenzierung der Rollen Coach und Vorgesetzter in diesem Fall nicht wirklich möglich ist. Coaching erfordert einen hierarchiefreien »Raum«, der beim Coaching durch den Vorgesetzten nie ganz herstellbar ist, wenn dieser seine Rolle als Führungskraft tatsächlich annimmt und ausfüllt.

So kann der Bereich, in dem der Vorgesetzte seinen Mitarbeiter coachen kann, immer nur ein Thema sein, in dem der Mitarbeiter kompetent ist und eine Bewertung durch den Vorgesetzten nicht notwendig oder möglich ist, z. B. die Gestaltung der eigenen Karriere oder die Lösung eines fachlichen Problems im Expertenteams des Mitarbeiters.

Der energetische Beitrag des Coachees ist wesentliche Voraussetzung für ein wirksames Coaching. So kommt es immer – ob fremd- oder selbstveranlasst im Coaching – darauf an, wie einsatzbereit der Coachee für sein Thema ist.

Die Unterscheidung von Seminar-Teilnehmern nach

- Besuchern
- Klagenden und
- Kunden

kann auch auf Coachees übertragen werden.

Hiernach kommt der Besucher mit der Erwartung, unterhalten zu werden bzw. sein Problem vom Coach gelöst zu bekommen, während er selbst passiv bleibt. Der Klagende kommt mit der Erwartung, seine angesammelten Sichtweisen loswerden zu können, und ist an einer wirklichen Lösung zunächst gar nicht interessiert. Nur der Kunde kommt mit der Bereitschaft, einen eigenen Beitrag zu dem des Coachs zu leisten, um eine Lösung zu erreichen.

Ein erstes Erkennungsmerkmal ist der Aufwand, den der Coachee betreibt, mit dem Coach in Kontakt zu kommen. Daher empfehlen wir, immer dem Coachee diese Initiative zu überlassen. Eine Besucher-Haltung kann auch aus Unkenntnis über Coaching entstehen und reicht nur dann nicht als Basis für Coaching aus, wenn der Coachee an ihr festhält, obwohl er darüber informiert wurde.

Für weitere Differenzierungen helfen Skalafragen (siehe auch Kapitel 4.1.4 Fragetechniken) wie zum Beispiel:
»Auf einer Skala von 1 bis 10, ...

- ...1 ist ›unwichtig‹ und 10 ›alles entscheidend‹: Wie wichtig ist Ihnen dieses Thema (im Augenblick)?
- ...1 ist ›ganz gering‹ und 10 ist ›alles‹: Wie hoch sehen Sie den Anteil der Lösungsmöglichkeiten durch Sie selbst?
- ...1 ist ›ganz unwichtig‹ und 10 ›der wichtigste‹: Wie schätzen Sie Ihre Rolle beim Lösen dieses Themas ein?«

Anlässe für Konflikt-Coaching sind leider meist schon sehr offensichtlich, d.h., der Konflikt ist meist schon relativ hoch eskaliert. Vorteil ist hier, dass die Not der Konfliktparteien eine gute energetische Arbeitsbasis schafft. Ist die Not oder die Energie der Konfliktparteien unterschiedlich, so ist dies schon der erste mögliche Inhalt des Coachings.

Anlass von Gruppen/Team-Coaching siehe Kapitel 4.7.1.
Siehe auch Kapitel 4.1.3 Auftragsklärung.

2.2 Der innere Auftrag

Eine häufige und durchaus verständliche Haltung des Coachees zu Beginn des Coachings ist die Erwartung von Hilfe ohne »schmerzhafte« Erkenntnisse und Veränderungsnotwendigkeiten. Die bisherigen Lösungsversuche, Denk- und Handlungsmuster oder Lebenskonzepte des Coachees werden von ihm zwar als unwirksam für die aktuelle Situation erkannt, aber dennoch oft nicht grundsätzlich angezweifelt. Wie in Kapitel 1.1.1 beschrieben, sind sie eine Art Überlebensstrategie, die mit viel Energie entwickelt wurde. In Anerkennung dieser Bedeutung kann der Coach daher nicht eine grundsätzliche Änderungsbereitschaft dieser Muster und Konzepte einfordern, sondern ist vielmehr gefordert, der Existenz dieser Muster und Konzepte mit Würdigung zu begegnen.

Die Energie für den Auftrag zum Coaching stammt aus einer aktuellen Not und/oder aus dem ungenutzten bzw. verhinderten Potenzial des Wesens des Coachees, das verwirklicht werden will. Der ebenfalls oft nicht so klar ausgesprochene zweite Teil des Coachee-Auftrags lautet: »Wahre die Form!« und bezieht sich auf das Stabilitätsbedürfnis des Charakters. Diese zwei Teile des Auftrags stehen nicht selten in Widerspruch zueinander und erzeugen ein Handlungsdilemma ähnlich dem Spruch »Wasch mir den Pelz, aber mach mich nicht nass.« (Siehe auch Kapitel 1.1.6 Der innere Konflikt.)

Wir empfehlen dem Coach, diesen double-bind-Auftrag in seiner abstrakten Form weder explizit anzunehmen noch explizit abzulehnen, sondern konkrete Situationen und Aspekte im Laufe des Coachingprozesses zu nutzen, um den double bind für den Coachee erkennbar zu machen und ihm damit eine konkrete Basis für seine Entscheidung über Änderung oder Wahrung der »Form« zu bieten. Diese Entscheidung zwischen den inneren Kräften kann der Coach dem Coachee in keinem Fall abnehmen. Die einzig mögliche Unterstützung ist das Aufzeigen der Kräfte. Es ist aus unserer Sicht durchaus möglich, mit dem impliziten double bind als Rahmenbedingung für die gemeinsame Arbeit im Coaching zu starten und erst später auf Basis des entstandenen persönlichen Kontrakts zwischen Coachee und Coach diese Rahmenbedingung explizit zu hinterfragen, z. B. mit einer paradoxen Intervention (siehe Kapitel 4.4.5). Wir ziehen auch zu diesem späteren Zeitpunkt das Aufzeigen und Hinterfragen anhand der konkreten Situation einer generellen, abstrakten Klärung vor, da erst dieses In-Kontakt-Bringen mit den eigenen Mustern ermöglicht, Verantwortung dafür zu übernehmen, ob sie fortbestehen sollen oder nicht (vgl. Perls, F. [1951/1997] *Gestalttherapie. Grundlagen*).

2.3 Haltung und Selbstreflexion

Auch Coachee-Sein will gelernt sein. Wer noch nie eine Coaching-Sitzung erlebt hat, wird – je nach seiner (charakterlich geprägten) Erwartungshaltung – diesen Lernprozess parallel bewältigen müssen. Viele Coachees erwarten vom Coach eine Musterlösung oder einen Expertenrat und müssen die hierdurch notwendige Ent-Täuschung annehmen und eine eigene neue Bewertung der Sinnhaftigkeit des Coachings für die Fortsetzung finden.

Die wichtigste Grundhaltung, die ein wirkliches Coaching benötigt, ist die Selbstverantwortung. Sie unterstützt die Fähigkeit zur Selbstreflexion. Sofern der Coachee versucht, die Verantwortung für seine Entscheidungen und (Nicht-)Handlungen an andere abzugeben, läuft der Coach mit jeder Aussage Gefahr, die Verantwortung missbräuchlich übertragen zu bekommen.

Sobald ein Mangel an Selbstverantwortung des Coachees erkennbar ist, muss dies zum Gegenstand des Coachings werden, unabhängig vom eigentlichen Auftrag.

Der Coachee muss zumindest latent die Fähigkeit und Bereitschaft zur Selbstreflexion haben. Wer das nicht hat, sollte sich einen Expertenrat suchen. Gutes Coaching ist ein dauernder Appell an die Selbstreflexionsfähigkeit des Coachees.

Die Selbstreflexionsfähigkeit ist erkennbar an selbstüberprüfenden Fragestellungen sowie an Beschreibungen von sich selbst in der Problemsituation oder an der Benennung von an sich selbst wahrgenommenen Zuständen, Stimmungen, Emotionen etc.

Die Breite von einsetzbaren Coaching-Techniken hängt auch von der Rollenflexibilität und Frustrationstoleranz des Coachees ab.

2.4 Widerstand

Widerstand ist ein Schutz und ist legitim. Vermeidung ist die weiche Variante des Widerstands. Die grundsätzliche Haltung, in der der Coach dem Widerstand begegnet, entspricht dem Aikido-Prinzip, d.h. mit dem Widerstand gehen, nicht dagegen.

Erkennungsanzeichen für Widerstand oder Vermeidung können sein

- im aktiven und verbalen Verhalten des/der Coachees:

Widerspruch durch z. B.
- Beharren auf einer Aussage
- beharrliche Gegenargumentation
- plötzlichen Themenwechsel
- Vorwürfe
- Drohungen
- Polemik
- sturen Formalismus
- Rationalisieren
- falsche Zusammenfassung von Besprochenem oder Gehörtem

mit dem Ziel, die Betrachtung auf einen Teilaspekt oder einen fremden Aspekt zu reduzieren.

- im aktiven nonverbalen Verhalten des/der Coachees:

Aufregung durch z. B.
- Unruhe
- Flucht (z. B. auf die Toilette)

und im Gruppen/Team-Coaching:
- Streit über Randthemen
- Intrigen
- Gerüchte, Desinformationen
- Cliquenbildung, Seilschaften

mit dem Ziel, die Aufmerksamkeit des Coachs (und der anderen Coachees) wegzuziehen.

- im passiven und verbalen Verhalten des/der Coachees:

Ausweichen durch z. B.
- Schweigen
- Regression
- Bagatellisieren
- Blödeln
- ins Lächerliche ziehen
- Unwichtiges bereden

mit dem Ziel, sich als mitdenkender Betrachter zu entziehen.

- im passiven und nonverbalen Verhalten des/der Coachees:
Lustlosigkeit durch z. B.
- Unaufmerksamkeit
- Müdigkeit, Energielosigkeit
- Zuspätkommen oder Fernbleiben
- innere Emigration
- Krankheit

mit dem Ziel, keine Energie für die Betrachtung zur Verfügung zu stellen.

Unterscheidung zwischen Widerstand und Vermeidung:

Vermeidung lenkt die entgegengebrachte Energie um, Widerstand stoppt sie. Wenn der Coach gegen Widerstand anarbeitet, verstärkt er ihn. Wenn er gegen Vermeidung anarbeitet, kann Widerstand entstehen. Vermeidungen lassen sich häufig relativ schnell auflösen durch Thematisieren: »Was vermeiden Sie?« Wenn die Vermeidung angesprochen wird, ist sie keine Blockade mehr.

Die Aufgabe des Coachs ist, gemeinsam mit dem Coachee herauszufinden, ob »es« schützenswert ist oder ob der Widerstand ihn blockiert zur Lösung seines Problems bzw. Lösungsansätze verhindert oder seine Potenziale einschränkt.

Ursachen von Widerstand und Vermeidung:

Neben Ursachen, die im Rahmen des Coaching-Kontrakts behandelt werden müssen, wie z. B.:

- Misstrauen oder mangelndes Vertrauen in den Coach
- Wissensdefizit über Nutzen, Möglichkeiten und Arbeitsweisen des Coachings selbst,

liegen inhaltliche Ursachen z. B. in:

- Ängsten vor
  - Ängsten
  - unerwünschten anderen Emotionen
  - Verantwortungsübernahme
  - Folgen von Regelverletzungen (z. B. man petzt nicht)

Die vermiedene Situation ist häufig wenig oder gar nicht durchdacht, so dass ein Betrachten der Folgen die Kraft der Angst deutlich vermindern kann.

Möglich ist auch, dass die Angst von einer Erinnerung gesteuert ist und wie selbstverständlich auf die aktuelle Situation übertragen wird.

Der Coach kann – ohne therapeutisch zu werden – nach der Erinnerung fragen. Bietet der Coachee die Erinnerung sofort an, kann der Coach diese nutzen, um die Differenzierung zur aktuellen Situation mit dem Coachee zu erarbeiten (z. B. mit Positur, siehe Kapitel 4.2.2). Sofern eine Erinnerung vorhanden ist und diese nicht spontan und leicht benannt werden kann, gehört es zu der Verantwortung des Coachs, auf die Notwendigkeit einer separaten therapeutischen Arbeit zu diesem Thema hinzuweisen.

In keinem Fall sollte der Coach nach der Erinnerung forschen, wenn der Coachee diese nicht sofort anbietet.

Bei o. g. Aikido-Haltung ist als Ziel im Coaching völlig ausreichend, das Widerstandsthema beim Namen zu nennen und dabei zu belassen. Das Benennen selbst ist schon eine Intervention, und weitere Schritte bleiben in der Eigenverantwortung des Coachees.

Bei Angst als Ursache ist sowohl für den Coaching-Prozess als auch für den Coachee hilfreich zu ergründen, wovor die Angst besteht. Dieses Ergründen sollte unabhängig von der Entscheidung möglich sein, ob nach dem Benennen/Erkennen des »Wovor« an dem Angstthema weitergearbeitet wird.

Bei Angst kann unterschieden werden, ob es eine Angstphantasie ist oder eine reale Angst z. B. vor Konsequenzen oder Schmerz. Angst vor Konsequenzen im aktuellen Kontext kann im Coaching bearbeitet werden.

Angst vor Schmerzen oder Angst, die aus dem biographischen Kontext stammt, führt zur Therapie.

Bei Angst vor Folgen einer Regelverletzung als Ursache ist die Frage, ob diese Regel in diesem Kontext eher schadet oder hilfreich ist.

2.5 Ausdrucksverhalten

Wir verstehen unter unserer Arbeit des potenzialorientierten Coachings immer ein Vorgehen, das den ganzheitlichen Ausdruck des Coachees in die Wahrnehmung des Coachs einbezieht. Unser Coaching kann nicht auf eine Arbeit am verbalen Ausdruck reduziert werden. Die verborgenen Potenziale aus dem Wesen des Coachees zeigen sich neben seinem psychologischen Ausdrucksverhalten häufig in seinem unkontrollierten physiologischen Ausdrucksverhalten.

Ziel ist, das gesamte Ausdrucksverhalten des Coachees, der ja immer als Gesamtperson anwesend ist – nicht nur in einer (beruflichen) Rolle –, in das Coaching einbeziehen zu können.

Wann und wie die körperlichen und energetischen Wahrnehmungen im Coachingprozess vom Coach genutzt werden, ist immer eine Einzelentscheidung.

Folgende Liste zeigt Facetten des physiologischen Ausdrucks, die auffällig sein können, z. B. wenn sie mit dem sonstigen (verbalisierten) Ausdruck des Coachees nicht übereinstimmen:

- Sprachstil und Wortwahl
- Stimme
- Modulation und Sprechstil
- Sprechtempo
- Atmung
- Mimik
- Blick (Richtung, Fokus, Öffnung, Tempo)
- Gestik
- Bewegungstempo und -übergänge
- Körperhaltung
- Muskelanspannung
- temporäre Hautfärbung
- temporäre Körperwärme

Der verbalisierte Ausdruck kann durch diese Facetten sowohl in einem Übermaß verstärkt als auch unangemessen geschwächt werden.

Bei Letzterem sagt auch der Volksmund: »Da ist nicht viel dahinter.«

Doppelbotschaften hieraus sehen wir grundsätzlich als Aufforderung an den Coach, damit ein Lernfeld für den Coachee zu eröffnen.

3 Der Coach

3.1 Selbstreflexion des Coachs

Folgende Fragen sollte sich der Coach stellen:

- Was denke ich als Coach, wenn ich zum Coachee gehe, über das Verhältnis zwischen ihm und mir?
- Was ist mir dabei wichtig?
- Was möchte ich, dass er über mich denkt?
- Welchen Preis könnte der Prozess/der Coachee dafür zahlen?
- Was denke ich über »meine Werte im Coaching«?
  - Welche ethischen Maßstäbe habe ich/leiten mich im Coaching?
  - Welches sind meine Grenzen im Coaching? (Thema, Tiefe)

3.2 Haltung und Ethik

Die im Laufe unserer Berufspraxis entstandene Haltung zeigt sich u. a. in folgenden Aussagen:

- Jeder Mensch verdient Achtung.
- Mein grundsätzliches Verständnis basiert auf der Überzeugung, dass jeder Mensch aufgrund seines eigenen Lern- und Lebensprozesses subjektiv logisch bewertet und handelt.
- Jedes Verhalten hat einen Sinn, der gewahrt werden muss.
- Ich habe auch als Coach kein Recht, in das Leben eines anderen »einzugreifen«.
- Wer leidet, hat die Verantwortung für Veränderung. Die Verantwortung für die Lösung bleibt beim Coachee.
- Lösungen anderer sind wie gebrauchte ungewaschene Kleider: Sie passen zwar, aber man fühlt sich nicht recht wohl darin.
- Die Lösung ist das Problem, d. h., es beinhaltet bereits den Kern und die Ressource.
- Der Coachee ist der größere Experte für eine gute Lösung.

- Ich nutze nur Methoden, deren Wirkung ich persönlich erfahren habe.
- Als Coach versuche ich, mich so schnell wie möglich überflüssig zu machen.
- Ich bin als Coach nicht das Ende der Entwicklungskette des Coachees, nur ein Zwischenglied.

Für die Professionalität des Coachs ausschlaggebend ist der *Umgang mit eigenen narzisstischen Anteilen.* Die ethische Grenze ist erreicht, wenn der Coach den Coachee bzw. die Coaching-Situation für sein Selbstbild missbraucht und einen narzisstischen Stolz oder einsames Vergnügen bei seinen Fragen oder Interventionen empfindet. Wer die Coach-Rolle braucht, um sich gut zu fühlen, sollte nicht coachen! Wer darauf angewiesen ist, dass ihn seine Coachees mögen, auch nicht!

Die Verführung kann u. a. in der Macht, der Kontrolle, der Bewunderung, der Experten-Rolle oder der Lösungsfokussierung liegen.

Arbeit an Themen, die persönlicher sind als das ursprüngliche Thema, ohne Auftrag oder weiteren Kontrakt, ist Verführung oder Missbrauch.

Die *persönliche Werthaltung des Coach* bildet den »Legalitätsrahmen« für die Entscheidung, einen Coaching-Auftrag anzunehmen oder abzulehnen (z. B. Tricks gegenüber Dritten als Ziel des Coachings), sowie für Aussagen und Handlungen im Rahmen des Coaching-Prozesses. Dieser Werterahmen begrenzt die grundsätzliche Haltung der Akzeptanz, Allparteilichkeit und Neutralität.

Je deutlicher die Werteorientierung des Coachs ist, desto vertrauenswürdiger geht der Coachee bzw. die Coachee-Gruppe auf provokative Interventionen des Coachs ein. Die Regel: Der Coach darf den Coachee/die Gruppe nie mit einer Übung »vorführen«!, sollte aus der eigenen Werthaltung, nicht aus einer Taktik kommen.

Je deutlicher die Werthaltung des Coachs, desto mehr ist der Coachee implizit gefordert, seine eigene Werthaltung zu überprüfen.

3.3 Ziel des potenzialorientierten Coachings

Im Sinne der Potenzialorientierung ist das im Einzelcoaching erstrebenswerte Ziel der individualistische, humanistische Wert der Selbstbestimmung und Selbstwerdung. Der Rahmen dabei ist der soziale, humanistische Wert des Respekts der Grenzen anderer.

Auch wenn Coaching nicht immer gleich direkt dieses Endziel erreicht, so kann es doch ein wertvoller Schritt auf diesem Weg sein. Der Coach entscheidet hierbei nicht über die Zielmarke, sondern folgt dem Prozess des Coachees in diese Richtung.

Coachee kommen oft, um etwas Störendes loszuwerden. Unsere Aufgabe als Coach ist es jedoch, das Auftreten der Störung als ein Lernfeld und Entwicklungschance für den Coachee erkennbar zu machen, analog dem Sinnsatz: Ein gelöstes Problem ist für die Entwicklung des menschlichen Geistes so nützlich wie ein zerbrochenes Schwert auf dem Schlachtfeld. (Persisches Sprichwort)

Ziel im Konfliktcoaching ist die Klärung des Konflikts für einen Fortbestand einer Beziehung zwischen den Coachees, in dem beide ihre Grundbedürfnisse wahren können.

Ziel im Gruppencoaching ist die Klärung und Förderung von Gruppenthemen, die eine volle Nutzung des menschlichen Potenzials der Gruppe für den Gruppenzweck ermöglicht. Das Mittel dazu und zugleich auch eigenständiges Ziel ist die Wahrung der Grundbedürfnisse der Gruppenmitglieder.

Bei der Frage nach der Überprüfbarkeit der Zielerreichung trägt uns folgender Gedanke zum Wesentlichen:

»Objektive Messbarkeit und menschliche Relevanz sind umgekehrt proportional: Je menschlich relevanter ein Ereignis ist, umso weniger lässt es sich messen oder von objektiven Gegebenheiten ableiten.« (Büntig, W., mündliche Mitteilung)

3.4 Fallen in der Persönlichkeit des Coachs

Immer, wenn eine Auftragsklärung ansteht, kann der Coach in Kontakt mit eigenen Mustern kommen. Diese Muster können dem Coach zur Falle werden und die Kompetenz auf der objektiven Ebene aushebeln.

Einige Beispiele für solche Muster:

Die Verantwortungs-Falle
»Ich spüre eine Verantwortung im Raum, und schon starte ich. Ich sehe die Verantwortung für den Coaching-Erfolg allein bei mir. Der Coachee hat ja schließlich mir den Auftrag dazu übergeben.«

Die Leistungs-Falle
»Eine richtig anstrengende Sache steht an, und ich spüre, dass dazu eine überdurchschnittliche Leistung erforderlich ist. Da ich der Coach bin, lege ich los. Ich werde schließlich dafür bezahlt.«

Die Konkurrenz-Falle
»An diesem Fall/an diesem Coachee haben sich schon andere die Zähne ausgebissen. Ich werde ihnen zeigen, wer der/die Bessere ist.«

Die Konfliktvermeidungs-Falle
»Wenn ich dem Coachee/dem Auftraggeber sage, was für einen Mist er mir hier serviert, kriege ich einen Konflikt. Ich werde fürs Lösen bezahlt, nicht fürs Ablehnen.«
»Ich nehme das Thema an und hoffe, dass kein großer/tiefer Konflikt dahinter steckt. Sicher/hoffentlich gibt es Lösungen auf der Handlungsebene.«

Die Prestige-Falle
»Wenn ich diese wichtige Person coache, ist das eine gute Referenz für mich, und mein Marktwert steigt.«

Die Dankbarkeits-Falle
»Dieser Auftraggeber hat schon viel für mich getan. Ich kann diese Sache unmöglich ablehnen.«

Beispiele für weitere Fallen, die auch während des Coachings auftreten können:

Die Identifikations-Falle
»Ich bin gut, wenn …, z. B. der Coachee zufrieden ist. Hoffentlich kann ich das noch bei vielen Gelegenheiten beweisen.«

Die Balz-Falle
»Die Coachee ist attraktiv, ich hoffe, ich gefalle ihr als Mann, bzw. der Coachee ist attraktiv, ich hoffe, ich gefalle ihm als Frau. Da bin ich lieber nett als konfrontierend.«

Die Marketing-Falle
»Jede Sitzung ist eine Gelegenheit zu zeigen, dass ich ein guter Coach bin. Jedes Anzeichen von Wirksamkeit greife ich auf und präsentiere es dem Coachee deutlich nach dem Motto ›tue Gutes und rede darüber‹.«

Die Dominanz-Falle
»Die Sitzung ist mein Revier, da hat kein anderer mitzureden. Ich dominiere hier! Hier bin ich der/die Beste.«

Die Selbstausbeutungs-Falle
»Ich muss hier für alles zuständig sein. Ich lasse großzügig zu, auch wenn da etwas eigentlich nicht ganz stimmt. (und später:) Da ich es zugelassen habe, muss ich jetzt auch damit arbeiten.«

Die Spiel-Falle
»Ich würde gerne mal diese/jene/viele Methode(n) ausprobieren.«

3.5 Worauf ein Coach achtet

Der aufmerksame Kontakt des Coachs ist Grundvoraussetzung für den Coaching-Prozess. Die unter 1.2.4 beschriebene Präsenz ist Steigerungsform des aufmerksamen Kontakts und signalisiert eine gesteigerte Bedeutung, die der Coach oder der Coachee der akuten Aussage gibt.

Neben dem Thema des Coachees und dessen Ausdrucksverhalten muss der Coach jedoch auch seine Aufmerksamkeit auf den Coaching-Prozess und nicht zuletzt auf seine eigenen inneren Reaktionen richten. Jede Coaching-Sitzung ist wie ein Kampf zwischen diesen Welten. Wir ziehen in unserer Arbeit jedoch immer die Präsenz des Coachs und damit den Kontakt zu seiner inneren Wahrheit sowie den Kontakt zum Coachee einer perfekten Gestaltung des Ablaufs und der Coaching-Techniken vor.

Worauf ein Coach achtet:

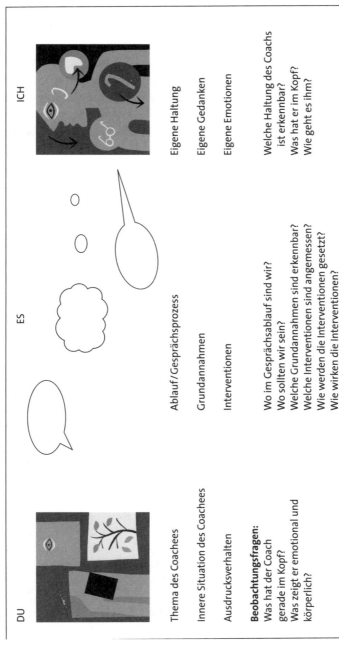

DU	ES	ICH
Thema des Coachees	Ablauf / Gesprächsprozess	Eigene Haltung
Innere Situation des Coachees	Grundannahmen	Eigene Gedanken
Ausdrucksverhalten	Interventionen	Eigene Emotionen

Beobachtungsfragen:

DU	ES	ICH
Was hat der Coach gerade im Kopf?	Wo im Gesprächsablauf sind wir?	Welche Haltung des Coachs ist erkennbar?
Was zeigt er emotional und körperlich?	Wo sollten wir sein?	Was hat er im Kopf?
	Welche Grundannahmen sind erkennbar?	Wie geht es ihm?
	Welche Interventionen sind angemessen?	
	Wie werden die Interventionen gesetzt?	
	Wie wirken die Interventionen?	

Abb. 20, Quelle der Grafiken: Word Clipart

Die von einem Coach oftmals gefürchtete Situation der eigenen Verwirrung oder eines »black out« soll durch diese Darstellung der vielfachen Aufmerksamkeit nicht erhöht werden. Wir gehen in unserer Arbeit vielmehr davon aus, dass auch eine Verwirrung bzw. ein »black out« des Coachs eine beachtenswerte Auswirkung und ein wertvolles Potenzial für den Coaching-Prozess und den Coachee sein kann. Sofern der Coach nicht mit einer jederzeit perfekten Souveränität in seiner Rolle identifiziert ist, kann er eine Verwirrung oder ein »black out« einfach benennen und gibt damit die blockierende Energie frei zum Staunen, Betrachten und Nutzen durch ihn und den Coachee.

3.6 Grenzen, Abgrenzung zur Therapie

Wer sich über biographische Zusammenhänge und Charakterbildung ein Bild machen kann, erkennt schnell, dass eine eindeutige Grenze zwischen Coaching und Therapie schwer zu ziehen ist. Die Grenze zur therapeutischen Arbeit liegt insbesondere im Umgang mit Emotionen und biographischen Themen des Coachees.

Der Mensch, der dem Coach gegenübersitzt, hat mit Sicherheit Prägungen und biographische Erfahrungen, die nicht alle förderlich sind. Das heißt jedoch nicht, dass daran automatisch gearbeitet wird.

Das potenzialorientierte Coaching arbeitet viel mit dem Charakter, um das Förderliche darin zu stärken und dem Hinderlichen schädigenden Einfluss zu nehmen. Dabei – aber auch bei ganz allgemeinen Aussagen des Coachs – kann ein biographischer oder stark emotionaler Bereich beim Coachee berührt werden.

> Die Grenze kann also nicht in der Wirkung, sondern nur in der Absicht des Coachs gesetzt werden.

Sie wird reaktiv erkannt, kann aber nicht immer präventiv vermieden werden.

Immer, wenn eine solche Wirkung unbeabsichtigt eintritt und der Coaching-Prozess an die Grenze zur Therapie gerät, muss der Coach, der therapeutische Kompetenz hat, dem Coachee einen neuen Kontrakt anbieten; der Coach ohne therapeutische Kompetenz muss in den aktuellen Kontext zurückführen. Er kann hier jedoch das Thema benennen und eine Empfehlung zur Bearbeitung mit einem Therapeuten aussprechen.

Nicht jede Art von Emotion gehört jedoch in den therapeutischen Kontext. Gehört die Emotion zu der aktuellen Situation, kann sie durchaus im Coaching bearbeitet werden. In vielen Situationen werden Emotionen verstärkt durch ältere, nicht aufgearbeitete Erfahrungen. Der Teil, der Verstärkung ist, gehört in den therapeutischen Kontext, der aktuelle Teil ist coachingfähig. Z. B. wird häufig bei einem aktuellen Abschied eine Emotion ausgelöst, die mit einem vergangenen, unerledigten Abschied zu tun hat. In diesem Fall kann die Trauer oder der Ärger zu dem aktuellen Abschied im Coaching bearbeitet und eine Klärung der übertragenen Emotion des unerledigten Abschieds mit einem Therapeuten empfohlen werden.

Für den Umgang mit Emotionen im Coaching-Kontext siehe Kapitel 3.7.

- »Therapie ohne Kontrakt ist Verführung.« (English, Fanita, mündliche Mitteilung im Seminar »Transaktionsanalyse«)
- Therapie ohne Kompetenz ist Anmaßung und potenziell schädlich.
- Coaching darf aber auch nicht dazu dienen, unerträgliche, therapiewürdige Zustände zu verlängern.
- Therapie zielt u. a. auf die Aufarbeitung von Ereignissen aus der Vergangenheit ab in der Form des emotionalen Ausdrucks und der eventuell notwendigen Nachholung von früheren, nicht ausgedrückten Emotionen.

Potenzialorientiertes Coaching hingegen fokussiert nicht erschöpfend auf die Ursachen der Emotionen, sondern bringt Emotionen in Kontakt mit dem aktuellen Thema und dem aktuellen Kontext sowie den aktuell vorhandenen Möglichkeiten des Coachees und bleibt mit der Lösungsverfolgung im Rahmen des aktuellen Anlasses.

3.7 Umgang mit Emotionen

Der Coach ist nicht ständig auf der Suche nach verborgenen Emotionen, sondern eher wachsam für Anzeichen von Emotionen.

Ziel des Umgangs mit Emotionen im Coaching ist, den Coachee in Kontakt zu bringen mit der emotionalen Ladung, die in der »Sache« steckt, und diese für die Lösung in einer adäquaten Form an den richtigen Adressaten zu bringen. Ein Ausagieren im Coaching sollte kein vollständiges Substitut sein für die reale Handlung dem Adressaten gegenüber.

Die Emotion ist eine Form, die einer Erregung gegeben wird, und damit die Mitteilung über einen Zustand nach außen, während das wirkliche Fühlen die Mitteilung über einen Zustand an sich selbst ist. (Büntig, W., mündliche Mitteilung)

Basisemotionen sind:
Freude, Angst, Wut, Trauer, Schmerz (physisch und psychisch).
Verzweiflung ist eine Mischung aus Trauer und Wut.
Basisemotionen drücken sich körperlich aus, z. B. durch Atmung, veränderte Stimmlage, Körperhaltung, Verspannung, Schwitzen, Tränen.

Es kann auch eine Verschiebung von Basisemotionen vorliegen. So gehen Männer häufiger in die Wut statt in die Trauer, Frauen häufiger in die Trauer statt in die Wut; Schmerz kann »weggelacht« werden, und Angst kann sich auch als Aggression oder Ironie/Zynismus ausdrücken.

Angst wird selten direkt angesprochen, sondern ist am besten am Ausdruck der Augen erkennbar. Wenn sich Angst zeigt oder sogar vom Coachee benannt wird, geht es um die Differenzierung zwischen Angst vor phantasierten Ereignissen und auf Erfahrung begründeter Hochrechnung. Die häufigste Angst ist »Gratis-Angst«. Fritz Perls (*Gestalttherapie in Aktion*) bezeichnete die Angst als die Kluft zwischen dem Jetzt und dem Dann. Im Coaching geht es bei Angst darum, Handlungsfähigkeit und Handlungsmöglichkeiten für das Jetzt und das Dann zu erarbeiten.

Wut und Trauer sind die zwei Seiten einer Medaille. Wird nur eine Seite ausagiert, kann der Coach dem Coachee helfen, die andere Seite zu finden. Ziel ist jedoch, in die Handlungsfähigkeit zu kommen, was über die Trauer allein nicht möglich ist.

Die geeignete Grundhaltung des Coachs bei stark emotionalen Ausdrücken des Coachees ist:

- Emotionen sind normal!
- Emotionen haben eine berechtigte Ursache und dürfen sein!

- Emotionen müssen raus!
- In meiner Professionalität biete ich dem Coachee eine Plattform, auf die er seine Emotionen legen und bearbeiten kann, ohne sie zu bewerten.

Wenn der Coachee starke Emotionen zeigt:

Do's:
- O. K. für Emotionen geben, z. B. durch Benennen von eigenen Emotionen des Coachs.
- Emotionen Raum geben, zeitlich und eventuell sogar mittels einem gesonderten Platz dafür.
- Mit dem Coachee in dauerndem Kontakt bleiben.
- Fragen stellen, um zu verhindern, dass er voll in das Gefühl abrutscht.
- Den Coachee auffordern, seine Emotion und inneren Vorgänge zu beschreiben.
- Nach angemessener Zeit auf Ressourcen und Handlungsfähigkeit des Coachee lenken.

Don'ts:
- Emotion und das Zeigen der Emotion bewertend kommentieren.
- Beschwichtigen, trösten (macht den Coachee »klein«).
- Den Coachee schweigen lassen.
- Kontaktabbruch z. B. durch Pause.
- Zeigen der Emotion als Erlaubnis für therapeutisches Arbeiten missinterpretieren und die Emotion verstärken mit dem Ziel, eine therapeutische Klärung zu erreichen (vgl. Kapitel 3.6).
- Eigene Emotionen dazu entwickeln.
Falls beim Coach eine eigene Emotion dazu aufkommt, sollte er dies als Warnsignal beachten. Eine hilfreiche Intervention seinerseits ist dann fast nicht möglich. Irvin D. Yalom schreibt über diese Situation in der Therapie: »Wenn der Therapeut im therapeutischen Prozess Gefühle zum Ausdruck bringen will, sollte er sich einigermaßen sicher sein, dass sie angemessen sind. Je eher Sie auf einen Patienten unrealistisch reagieren (auf Grund von Gegenübertragung oder möglicherweise wegen eigener drängender emotionaler Probleme),

desto weniger hilfreich (umso antitherapeutischer) ist es, wenn Sie diese Gefühle so vorbringen, als seien sie das Problem des Patienten und nicht Ihr eigenes. Das feine Instrument Ihrer eigenen Gefühle müssen Sie einsetzen, und zwar häufig und spontan. *Aber es ist äußerst wichtig, dass dieses Instrument so zuverlässig und genau funktioniert wie möglich.* Diese Funktion beruht nicht nur auf Erfahrung und Training, sondern auch auf tiefer Selbstkenntnis.« (Yalom, I. D. [1996]. *Theorie und Praxis der Gruppenpsychotherapie*)

Neben Weiterbildungen im Bereich der Selbsterfahrung empfehlen wir dem Coach im konkreten Fall eine Supervision mit den Fragen: Was hat das mit mir zu tun? Wie kann ich losgelöst davon den Coachee an dieser Stelle coachen? Für die akute Situation im Coaching, in der Coachee und Coach in einer Emotion sind, empfehlen wir dem Coach ein kurzes, offenes Bekenntnis dem Coachee gegenüber. Es könnte z. B. lauten: »Ich merke, ich werde jetzt ganz ... (ärgerlich, traurig etc.). Das stößt bei mir etwas an, das nicht unbedingt mit Ihnen zu tun hat. Das will ich erst noch sortieren, bevor wir auf Ihre emotionale Situation eingehen.« Dies führt zu einem Zwischenstopp im Coaching, sofern es nicht angemessen erscheint, an anderen Themen oder Aspekten fortzufahren.

4 Coaching-Techniken

Die in diesem Kapitel dargestellten Techniken sollen dem Coach als Anregung dienen. Die Auswahl basiert auf den Erfahrungen unserer Coachingpraxis und stellt lediglich einen Ausschnitt des insgesamt möglichen Methodenrepertoires dar.

Wir empfehlen bei jeder Anwendung, die Anpassung der Methode an den Coachee und die Situation einer lehrbuchgemäßen Perfektion in der Durchführung vorzuziehen. Daher haben wir an vielen Stellen bewusst auf eine allzu detailgenaue Darstellung der Vorgehensweise verzichtet. Wir sind sicher, dass von unseren Darstellungen wiederum viele Ableitungen und kreative neue Methoden entstehen können.

4.1 Prozesssteuerung

Völlig klar ist, dass der Coach die Sitzung führt/steuert/leitet/lenkt. Selbst die Entscheidung, den Ausführungen oder einem Themenwechsel des Coachees zu folgen, muss eine bewusste Entscheidung aus der Steuerungsrolle heraus sein.

Wenn der Coach im wirklichen Kontakt mit dem Coachee ist, kann er beim Wahrnehmen inhaltliche und äußere Aspekte aufgreifen, ggf. notieren und an geeigneter Stelle gezielt zum Thema machen.

Die folgenden Unterkapitel sollen helfen, das gedankliche Gerüst für die Steuerungsentscheidungen zu bieten. Hierbei soll das Gerüst jedoch nur Hilfe, nicht Maxime sein.

4.1.1 Strukturierung

Die Hauptaufgaben des Coachs im Coaching-Prozess sind:
- Strukturierung
- Perspektivenwechsel
- Handlungsorientierung.

Unter Strukturierung ist hier gemeint, die Themen und »Baustellen«, die der Coachee anbietet, zu sortieren. Die emotionale Involviertheit des Coachees in seine Themen verhindert oft die Fähigkeit, ein klares Gesamtbild darzustellen. So werden oft Themenbereiche und Zusammenhänge völlig chaotisch und unklar dargestellt. Die Strukturierung mit Hilfe des Coachs bietet dem Coachee oft schon eine erste Erleichterung durch erkennbare, benennbare Arbeitsgebiete in handhabbarer Größe.

Der Coach kann hierbei Vorschläge für die Benennung der Themengebiete machen, besser ist es jedoch, diese bereits vom Coachee bezeichnen zu lassen. Die Suche nach den Bezeichnungen sollte aber auch nicht zu viel Zeit und Energie in Anspruch nehmen. Wir bevorzugen an dieser Stelle die pragmatische Maxime, da die Themen einzeln sowieso noch konkretisiert werden.

Nach welchen Kriterien sortiert wird, hängt meist von den Aspekten des Themas ab. Eine generelle Strukturhilfe stammt von Maren Fischer-Epe, die unterscheidet nach

	Person	Team	Unternehmen
Fach- und Feldkompetenz	Fachliches Wissen und Erfahrung	Fachliche Kompetenzen im Team	Know-how im Unternehmen, Marktkenntnisse, Produktqualität
Organisation und Ablaufsteuerung	Persönliche Planung und Organisation der Aufgaben in Beruf und Freizeit	Arbeitsmethoden und Organisation der Arbeitsabläufe, formelle Regeln, z. B. Einweisung, Delegation, Kontrolle, Besprechungen, Projektmanagement	Aufbau- und Ablauforganisation, institutionalisierte Instrumente und Verfahren z. B. zur Information, Entscheidungsfindung, Personalentwicklung
Soziale und personale Kompetenz	Identität, Motivation, Fähigkeiten im zwischenmenschlichen Umgang, z. B. in Konflikten oder im Umgang mit Macht	Motivation im Team, Fehler- und Konfliktkultur im Team, informelle Teamregeln über den Umgang miteinander	Führungskultur, Informationskultur, Fehlerkultur, Konfliktkultur, Entscheidungskultur, Leitbilder und Leitlinien
Strategische Kompetenz	Lebenspläne und -ziele, Werte, Überzeugungen, Weltbilder	Vision, langfristige Ziele für das Team und deren Ableitungen	Unternehmensvision, langfristige Unternehmensziele und deren Ableitungen

Vgl. Fischer-Epe, M. (2002). *Coaching: Miteinander Ziele erreichen*

Andere Unterscheidungskriterien können die Themen aufschlüsseln in

- die Situationen, in denen das Problem auftritt,
- Ursachen, Auslöser, Problemsituationen, Reaktionen, Wünsche,
- den Zeitaspekt: Vergangenheit, Gegenwart, Zukunft,
- aktuell, grundsätzlich oder
- die Rollen des Coachees.

Die thematischen Aspekte können so anschließend gewichtet werden zu Überschriften und Unterpunkten.

Beispiel: Der Anlass des Coachings ist die aktuelle Entscheidung des Coachees, ob er die Führungslaufbahn einschlagen will. Bei erstem Nachfragen kommt auf, dass er aktuell Freude an der Rolle des Stellvertreters hat, bei Präsentationen jedoch sehr nervös ist und sich gegenüber einem bestimmten Mitarbeiter nicht durchsetzen kann, wenn er als Stellvertreter Aufgaben verteilt.

Eine Strukturhilfe wären in diesem Fall die Überschriften:

- Will ich Führungskraft sein? (Dies könnte als Gesamtüberschrift dienen, jedoch auch als separater Aspekt im Sinne der Identität und Identifikation.)
- Stellvertreter-Freude (im Sinne von »Was ist es genau, was mich reizt?«)
- Nervosität
- Durchsetzung gegenüber genanntem Mitarbeiter.

Obwohl er die Inhalte selbst gerade angeboten hat, wird der Coachee das Aufschreiben und Sortieren oft schon als Erleichterung erleben. Es bietet sich an, die Themen auf einzelnen Zetteln oder Karten zu notieren, um sie flexibel und gemeinsam mit dem Coachee zu einem Gesamtbild der Auftragssituation in Beziehung setzen zu können.

4.1.2 Ablaufkonzepte

Der gesamte Coachingprozess über alle Sitzungen hinweg teilt sich in folgende Phasen auf:

I. Einstieg/Kontakt

Die erste Begegnung richtet sich natürlich auf die beteiligten Personen, Coach und Coachee. Beide prüfen, mit wem sie es hier zu tun haben und ob sie miteinander »können«. Der Coach sollte hier Raum geben für allgemeine Kennenlernrituale und pro-aktiv über sich und seine Haltung und Werte im Coaching sprechen, damit sich der Coachee orientieren kann. Der Umfang hängt ab vom Bedürfnis des Coachees nach Ankommen und Kennenlernen oder sofortigem Einstieg.

Folgende vier Aspekte prüft sowohl der Coach wie auch der Coachee in dieser Phase:

- Rollenkompetenz und kommunikative Kompetenz
- Selbstbild in der Begegnung mit dem Gegenüber
- Glaubwürdigkeit/Diskretion/Loyalität/Zuverlässigkeit
- Beachtung und Wertschätzung.

Der Coach kann hier schon z. B. feststellen,

- wie der Coachee spricht
- welche Sprache er spricht
- welche nonverbalen Signale er vermittelt
- ob er Nähe oder eher Abstand sucht
- ob er Informationen sortiert und auf das Wesentliche begrenzt
- ob er mit fertigen Sichtweisen oder mit Fragen ankommt
- ob er zuhört oder mehr auf seine Gedanken und Vorstellungen konzentriert ist und
- welche Botschaften des Coachees dominant hörbar bzw. spürbar sind.

Diese erste Phase ist symbolisch – und wird auch vom Coachee oft unbewusst so interpretiert – für den Verlauf des Coachings. Es entsteht ein Eindruck darüber, wie die Kommunikation ablaufen wird.

II. Vereinbarung/Kontrakt

Hier werden Aufträge, Rollen- und Rahmenbedingungen (ggf. schriftlich) geklärt. Zur **Auftragsklärung** selbst siehe Kapitel 4.1.3. Der Coach kann einen kurzen generellen Ausblick über die Art der Coaching-Arbeit geben. Wichtig ist hier, die Selbstverantwortung des Coachees über die Nutzung der Coachings herauszustellen. Sofern noch nicht geschehen, ist dies der Moment, das eigene Rollenverständnis und die Berufsethik anzusprechen.

Die Vereinbarung über die (vom Coach aufgrund der Coaching-Themen geschätzte) Anzahl der Coaching-Treffen gehört ebenfalls in diese Phase. Wird auf Limitierung verzichtet, besteht eher die Tendenz zur Selbsterfahrung als zur Bearbeitung der ursprünglichen Aufgabenstellung. Diese Vereinbarung sollte jedoch nicht als juristische angesehen werden, da – wenn immer der Coachee einen Grund sieht, das Coaching zu beenden – eine pflichtgemäße Fortsetzung den Auftrag nicht erfüllen kann. Dennoch ist diese Vereinbarung sinnvoll, um ein persönliches Commitment zu erzeugen und eine Ernsthaftigkeit in die Arbeitsbasis zu bringen. Der Abstand zwischen den Treffen sollte so gewählt sein, dass der Coachee die Möglichkeit hat, die in den Sitzungen gewonnenen Erkenntnisse oder erarbeiteten Handlungsmöglichkeiten in seiner Praxis auszuprobieren.

Zur Klärung der Rahmenbedingungen gehört, wenn der Auftraggeber und der Coachee nicht identisch sind (z. B. bei einem Auftrag aus einer Organisation, wenn der Vorgesetzte der Auftraggeber ist), der Hinweis auf die Vertraulichkeit zwischen Coach und Coachee dem Auftraggeber gegenüber bzw. die Absprache über die Form der Rückmeldung an den Auftraggeber. Für die Vertrauensbasis zwischen Coachee und Coach notwendig ist, dass der Coachee selbst den Inhalt dieser Rückmeldung bestimmen kann. Das Vertrauen des »zahlenden« Auftraggebers sollte sich auf die Auswahl des Coachs und die Selbstverantwortung des Coachees stützen, nicht auf einen inhaltlichen Ergebnisbericht, der die Arbeit selbst konterkariert, weil dann jede Aussage und Erkenntnis im Rahmen des Coachings bezüglich der Kommunizierbarkeit gegenüber dem Auftraggeber gefiltert wird. Gegebenenfalls muss der Coach einer solchen Erwartungshaltung des Auftraggebers durch Aufzeigen dieser Auswirkung entgegenwirken.

Zwischen dem Erstkontakt und der (tieferen) Arbeit an den Themen des Coachees steht die Entscheidung des Coachees und des Coachs, ob das Coaching miteinander erfolgen soll. Der Coach benennt diesen Entscheidungsbedarf von sich aus und öffnet damit der Ablehnung eines Kontrakts von Seiten des Coachees und von seiner eigenen Seite aus deutlich eine Tür. Nur wenn die Entscheidung für das Coaching bewusst und freiwillig getroffen ist, ist der erforderliche Kontrakt vorhanden.

Zeitlich optimal ist die Entscheidung 1–2 Tage nach dem ersten persönlichen Kontakt. In unserer Praxis hat sich bewährt, dass jedoch bereits vor dieser Entscheidung der Coachee einen ersten Eindruck über die konkrete Arbeit erhält. Dafür eignen sich eine gemeinsame Strukturierung der »Baustellen« mit ersten Coaching-Fragen und eine Empfehlung für das weitere Vorgehen.

III.a) Arbeit in Sitzungen

(*siehe unten:* Ablauf einer Coaching-Sitzung und Etappen eines einzelnen Coaching-Gesprächs)

III. b) Aufgaben zwischen den Sitzungen

Viele Interventionen wirken stärker, wenn sie dem Coachee in Form einer »Hausaufgabe« für seine Praxissituation mitgegeben werden. Diese Aufgaben können

- als Vorbereitung für das Thema der nächsten Sitzung
- als vertiefende Beobachtung eines bearbeiteten Aspekts
- als Erprobung eines bearbeiteten Aspekts oder
- als Transfer-Check eines Themas genutzt werden.

Die unter den Kapiteln 4.2 bis 4.4 beschriebenen Methoden können in diese Aufgaben einfließen.

Wenn die Interventionen als Aufgaben in das Umfeld, die Situation oder den täglichen Ablauf des Coachees integriert werden, können die Coaching-Ergebnisse bezüglich ihrer Wirksamkeit deutlich erhöht werden, da der Coachee dann an seiner »Entwicklung« kontinuierlich dranbleiben kann und diese in seinen Alltag integriert anstatt auf die nächste Sitzung warten müssen.

Dazu gehört, dass Coach und Coachee eine klare Verbindlichkeit über die Aufgabenerfüllung herstellen. Wenn der Coachee die Aufgabe nicht erfüllt hat, muss der Coach abwägen zwischen der Anerkennung der Gründe und der Wertung als Widerstand, der dann zum Thema des Coachings werden kann.

Ein Beispiel:

Der Coachee stellt sich in den Sitzungen oft als Opfer von Umständen und dritten Personen dar und gelangt nicht in seine Handlungsfähigkeit. Der Coach schreibt ihm einen Zettel, den er eine Woche lang neben seinem Badezimmerspiegel aufhängen soll. Darauf steht die paradoxe Intervention: »Ich muss immer die Opferrolle einnehmen!«

Gerade bei paradoxen Interventionen als Aufgaben empfiehlt es sich, mit dem Coachee die Vereinbarung zu treffen, sie wirklich umzusetzen, auch wenn er sie jetzt nicht als hilfreich ansieht, sie zunächst nur wirken zu lassen und bei einer aufkommenden unerwarteten Reaktion mit dem Coach Kontakt aufzunehmen.

Die beabsichtigte »unerwartete« Reaktion könnte im o. g. Beispiel die Empörung über den Satz sein und der damit verbundene deutliche Widerstand gegen die Opferrolle.

IV. Abschluss und Evaluation

Nach der Transfersicherung der letzten Coaching-Sequenz ist es sinnvoll, einen Abschlussgedanken zu dem gesamten Coaching-Prozess zu formen. Der Coach regt den Coachee hierzu an; er kann auch seine eigene Sicht dazu ergänzen. Hier geht es nicht mehr um eine Intervention, sondern um ein Resümee über die getane Arbeit. Dies ist in Form, Ausdruck, Setting oder einer deutlich anderen Art von den bisherigen Interventionen abzugrenzen. Das Resümee setzt den Punkt, es kann nach oder vor der Evaluation mit dem Coachee stehen.

An dieser Stelle sollte nicht vergessen werden: Ein nicht floskelhafter Dank des Coachs an den Coachee stellt die Gleichrangigkeit zwischen den hinter den Rollen stehenden Menschen wieder her.

Die Evaluation kann gleich im Anschluss oder auch mit zeitlichem Abstand erfolgen

a) mit dem Coachee
- bezüglich der Ziele des Coachings: Was war das Ziel des Coachees? Gab es eine Veränderung des Ziels im Lauf des Coachings? Wo steht er jetzt auf dem Weg zu seinem Ziel? Was waren wichtige Erkenntnisse und Entscheidungen? Was sagt der derzeitige Stand über die Situation des Coachees aus? Welche Konsequenzen ergeben sich daraus für die Zukunft?
- bezüglich der Zusammenarbeit im Coaching: Feedback für den Coach über die Wirkung seiner Arbeit. Wie war die Zusammenarbeit? Welche Interventionen, Methoden waren besonders nützlich? Was hat besonders geholfen, was hat gestört, was hat gefehlt?
- bezüglich des Transfers: Wie geht es insgesamt weiter? Worauf sollte der Coachee achten?

Am Ende des gesamten Coaching-Prozesses kann auch eine *Abschlussempfehlung* stehen. Der Coachee erhält damit in Form eines Briefs vom Coach eine schriftliche Unterstützung seiner vom Coach gesehenen Potenziale. Für die Haltung beim Schreiben des Briefs hilft es, sich wie ein Wissenschaftler zu fühlen, der durch ein Mikroskop einen Klumpen Erde betrachtet und sieht, was alles Wundervolles darin enthalten ist und was es braucht, um sich gut zu entwickeln. Die Abschlussempfehlung stellt auch den Ansatz heraus, der am vielversprechendsten eine Verbesserung bewirken könnte. Der Schwerpunkt der Empfehlung ist jedoch die detaillierte Herausarbeitung der Anlagen und Ressourcen. Die Abschlussempfehlung erfolgt schriftlich, wird aber dem Coachee vorgelesen und (feierlich) überreicht. Eine Reaktion des Coachees darauf sollte nicht unmittelbar angenommen werden.

Wichtig ist – sowohl beim Schreiben als auch beim Übergeben – eine wertschätzende, fast bewundernde statt einer belehrenden Haltung des Coachs!

b) mit dem Auftraggeber
Wie bereits unter »II. Vereinbarung/Kontrakt« beschrieben, sollte hier keine inhaltliche Rückmeldung vom Coach an den Auftraggeber erfolgen, sondern dies dem Coachee überlassen werden. Jede zusätzliche Information an den Auftraggeber sollte der Coach dem Coachee zuvor unter vier Augen mitgeteilt haben, damit dieser widersprechen, ein-

schränken oder ergänzen kann. Ein Gespräch mit dem Auftraggeber ist am sinnvollsten im Beisein des Coachees und könnte sich auf die Einschätzung des Coachs bezüglich der Erreichung der Coaching-Ziele und ggf. auf künftige, unterstützende Maßnahmen des Auftraggebers beziehen.

c) als Reflexion im Sinne der Professionalisierung der eigenen Coaching-Kompetenz. Mögliche Focusse dabei sind:

- Zielorientierung, Potenzialorientierung und Wirksamkeit des Coachings
- Zusammenarbeit, Beziehung, Rollentreue von Coachee und Coach
- Überprüfung von Aufwand und Nutzen insgesamt, Abgleich der ursprünglichen Einschätzung des Zeitbedarfs
- Anregungen/Empfehlungen für den Coach
  - bezüglich Haltung und Ethik
  - bezüglich seiner Fallen
  - bezüglich der genutzten Interventionen und ihrer Wirkungen.

Vgl. Fischer-Epe, M. (2002). Coaching: Miteinander Ziele erreichen, und Vogelauer, W., Artikel in management & training 4/2000

Etappen eines einzelnen Coaching-Gesprächs

Die aufgeführten Fragen sind Beispiele für mögliche Fragen in den einzelnen Etappen.

Zunächst geht es um die aktuelle Situation des Coachees und das Anknüpfen an das letzte Coaching-Gespräch. Der Coach entscheidet die Reihenfolge dieser beiden Themen nach seinem subjektiven Eindruck und zieht das dominantere Thema der beiden zeitlich vor.

A. Aktuelles

Bevor der Coach zum Thema des Coachings übergeht, sollte er einen Eindruck von der aktuellen Situation des Coachees, seiner Gestimmtheit, seiner emotionalen Situation, der Orientierung seiner Gedanken und seiner Rahmensituation haben, um einschätzen zu können, auf welchen »Boden« seine Fragen, Aussagen und Interventionen diesmal fallen.

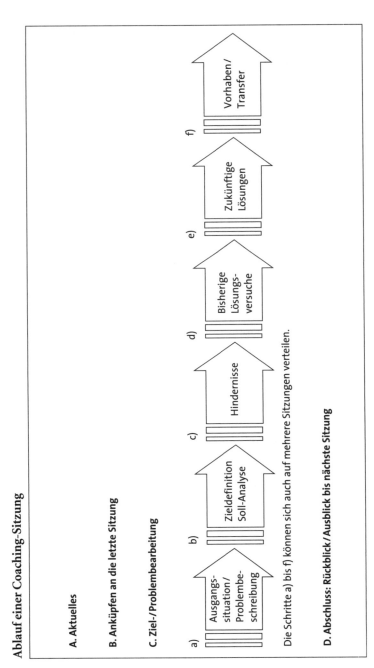

Abb. 21

Dazu können folgende Fragen als Beispiel dienen:
- »Was läuft derzeit?«
- »Was beschäftigt Sie derzeit besonders?«
- »Welche neuen Gesichtspunkte, Einflüsse, Probleme oder Vorteile sind zu unserem Thema neu aufgetaucht?«

Alternativ, wenn das Thema des Coachings noch nicht feststeht:
- »Worum soll es genau gehen und was wollen Sie (heute) erreichen?«

B. Anknüpfen

Zum Anknüpfen an die letzte Coaching-Sitzung dienen folgende Fragen als Beispiel:
- »Wie ging es Ihnen mit der Anwendung bzw. der ›Hausaufgabe‹?«
- »Was haben Sie umgesetzt?«
- »Welche Erfahrungen sind für Sie damit verbunden?«
- »Wie geht es mit dem Vorhaben der letzten Sitzung weiter?«
- »Gab es Widerstände oder Gründe, es nicht oder anders umzusetzen?«
- »Wie geht es damit weiter?«
- »Welche anderen Maßnahmen, Verhaltensweisen braucht es, um erfolgreich zu sein?«
- »Gab es Unterstützung oder Hindernisse in Ihrem Umfeld? Wie konnten/könnten Sie diese annehmen bzw. umgehen?«

C. Ziel-/Problembearbeitung

a) Ausgangssituation

»Beschreiben Sie in wenigen Sätzen Ihre Ausgangssituation.«
- »Wo und wie stehen Sie heute zum Thema?«
- »Welche Faktoren beeinflussen die Situation aus Ihrer Sicht?«
- »Was sollte ich wissen, um Ihre Situation zu verstehen?«
- »Wer ist alles beteiligt? Können Sie mir ein bisschen mehr erzählen über Ihr Unternehmen/Ihre Abteilung/Ihren Arbeitsplatz/Ihr Team …?« (→ Bild von Beteiligten konkretisieren)
- »Wie ist Ihr Verhältnis zu XY?«
- »Wie ist es genau? Wie oft…? Womit genau…? Können Sie mir ein Beispiel geben?«

- »Welche Zusammenhänge gibt es?«
- »Wer ist von der Fragestellung noch betroffen?«
- »Was ist üblich in diesem Kontext? Wie ist hierzu die Kultur im Unternehmen? Gibt es so etwas öfter? Wann war das letzte...?«

Problembeschreibung/Ist-Analyse
»Sammeln wir gemeinsam, was Ihnen alles zu Ursachen und Hintergründen einfällt und warum das Problem ein Problem ist.«

- »Was ist Ihr Problem?«
- »Was stört Sie persönlich?«
- »Was möchten Sie gerne ändern und warum?«

Der Coach hilft hier beim Aufräumen, Sortieren und Prioritäten festlegenn z. B. mit

- Skalafragen (siehe Kapitel 4.1.4 Fragetechnik)
- Unterscheidung zwischen wichtig und dringlich
- Hebel-Fokus (wenig Aufwand, große Wirkung).

Die Problembeschreibung kann ausführlicher gestaltet werden, wenn der Coachee emotional stark involviert ist oder ein starkes Bedürfnis nach Struktur und Gründlichkeit hat. Wenn der Coachee eher ein »Macher-Typ« ist, sich nicht lange mit Problemen aufhalten will oder ein ausgeprägtes Bedürfnis nach Distanz und Autonomie hat, kann es eher angebracht sein, diese Phase zu kürzen oder gar zu überspringen, um dann gleich auf seine Ziele zu fokussieren und bei der Bearbeitung selbst gezielte Fragen zu stellen.

Manchmal ist es auch wichtig, zunächst das Problem zu würdigen, damit die Energien für eine Zielausrichtung frei werden können. So könnte folgende Frage an dieser Stelle hilfreich sein: »Stellen Sie sich einen Moment lang vor, Sie sind 70 und schauen zurück auf Ihr Arbeitsleben und erinnern sich, wie es Ihnen damals ging mit... Was werden Sie Ihren Enkelkindern darüber erzählen können, wozu dieses Problem nützlich war und was Sie dabei gelernt haben für Ihr Leben?«

Die Beschreibung und Betrachtung des Problems kann dabei mehr in die Breite gehen (z. B. im Sinne der systemischen Betrachtung, siehe Kapitel 1.4.1) oder in die Konzentration auf einen einzelnen Aspekt und die Darstellung dessen. Die unter Kapitel 4.2 dargestellten Methoden der Ist-Analyse beziehen sich in der Sequenz auf diese Etappe des Coaching-Prozesses.

Sofern es sich beim Thema des Coachings um eine zu treffende Entscheidung handelt, ist der Ist-Zustand/die Problemsituation die Unentschiedenheit, der Soll-Zustand die getroffene Entscheidung. Beides ist nicht zu verwechseln mit dem Inhalt der Entscheidungssituation.

b) Zieldefinition/Soll-Analyse

- »Wohin soll es führen, wenn es gelöst ist?«
- »Wie sieht die Situation aus, wenn sie in Zukunft gelöst ist?« (evtl. mit einer kleinen Phantasiereise, siehe Kapitel 4.4.6)
- »Was ist dann anders?«
- »Angenommen, wir hätten alternative drei Wege zum Ziel herausgearbeitet, wie kommen wir zu einer klaren Entscheidung und Handlung?«
- »Und das wollen Sie wirklich?«
- »Das wissen Sie ja eigentlich schon. Was möchten Sie wirklich?«

Häufig ist es hilfreich, das konkrete Ziel aufzuschreiben, um genau darauf im Verlauf des Coachings zurückgreifen zu können.

c) Hindernisse

- »Was steht Ihnen im Wege, um zum genannten Ziel zu kommen?«
- »Was war an den bisherigen Versuchen die nicht überwundene Hürde?«
- »Was ist besonders schwer, was ein besonders leichtes Hindernis?«
- »Und wenn wir die Ideen anschauen, welche Widerstände könnten gegen die Umsetzung sprechen?«
- »Was müssten Sie tun, damit die Widerstände kleiner werden oder gar verschwinden?«
- »Was haben Sie bisher dazu getan, damit das Problem (aufrecht-)erhalten bleibt?«

Neben den vom Coachee gegebenen Antworten kann hier auch der Coach Hypothesen über hinderliche Charaktermuster einbringen. Die unter Kapitel 4.4 dargestellten Methoden zeigen Möglichkeiten dazu auf.

d) Bisherige Versuche

- »Was haben Sie dafür schon unternommen?«
- »Mit welchen Erfolgen bzw. Misserfolgen?«
- »Hat gar nichts funktioniert?«
- »Es funktioniert manchmal. Was ist der Unterschied?«
- »In welchen ähnlichen Situationen waren Sie schon? Was haben Sie da gemacht?«
- »Wie machen Sie es sonst? Was hindert Sie, es jetzt auch so zu tun?«

Hier kann es auch zusätzlich sinnvoll sein, auf das Potenzial und die Ressourcen des Coachees zu fokussieren

- *in der Person und der Persönlichkeit des Coachees:*
- »Was brauchen Sie, um Ihr Ziel zu erreichen?«
- »Was würde Ihr bester Freund sagen, welche Ihrer Stärken Sie zur Lösung nutzen können?«
- »Sie als erwachsener und reifer Mensch haben eine Menge gelernt im Lauf Ihres Lebens. Was von all diesen Fähigkeiten kann Ihnen jetzt helfen, Ihr Ziel zu erreichen?«
- »Was können Sie schon und was müssten Sie noch lernen, um das Problem zu lösen?«
- *im Umfeld des Coachees:*
- »Wer kann Sie bei der Zielerreichung unterstützen?«
- »Kennen Sie jemand, der das kann und bei dem Sie sich anregen lassen können?«
- »Welche Unterstützung können Sie sich holen? Bei wem, wo genau bekommen Sie diese Unterstützung?«

e) Zukünftige Lösungen

Wegen diesem Schritt kommt der Coachee eigentlich in das Coaching. Die Schritte a bis d bieten meist genug »Material«, um eine geeignete Intervention an dieser Stelle auszuwählen. Hier können die unter Kapitel 4.3 dargestellten Methoden des Perspektivenwechsels in der Ablaufsequenz ihren Platz finden oder auch – je nach Thema des Coachees – die unter Kapitel 4.4 beschriebenen Methoden zur Arbeit mit dem Charakter.

Wer an dieser Stelle keine besondere Form der Intervention wählt, kann mit folgenden Fragen auf neue Lösungen lenken:

- »Wie könnten Sie es denn so machen, dass... (er nicht so reagiert)?«
- »Was würde gehen?«
- »Was wäre, wenn...« (Lösungsidee)?
- (Lösungsidee) + »Würde sich dann was verändern?«
- »Was müsste sich ändern, damit Sie ein besseres Gefühl dabei kriegen/damit es Ihnen leichter fällt?«

f) Vorhaben, Transfer

Ziel dieses letzten Schrittes ist die Konkretisierung und Überprüfung der Umfeldverträglichkeit der gefundenen Lösung sowie die Ermutigung. Dies ist besonders wichtig, wenn die gefundene Lösung sehr leicht erscheint oder viele Unbequemlichkeiten und persönliche Veränderung als Vorhaben bedeutet. Der Coach hat hier die Funktion eines Wächters. Manchmal kommt hier erst das eigentliche Problem zum Vorschein. Dann beginnt der Prozess dazu von vorne.

Eventuell sind jetzt auch konkrete Vorschläge oder Hausaufgaben vom Coach nötig; z. B. wenn die Lösung mehr eine neue Haltung/Einstellung ist und weniger ein bestimmtes Handeln.

Fragen in diesem Schritt sind z. B.:

- »In welcher Form könnten Sie das in Ihren Arbeitsalltag umsetzen?«
- »Was wäre der nächste Schritt? Bis wann wollen Sie das machen? Wie? Mit wem? Was wären die weiteren Schritte?«
- »Werden Sie damit Ihr Ziel erreichen?«
- »Wie sichern Sie die Umsetzung Ihrer Vorhaben?«
- »Sind Sie sicher, dass Sie das wirklich umsetzen wollen?«
- »Bewerten Sie auf einer Skala von 1–10, ob Ihnen dieses Vorhaben wichtig genug ist, dass Sie es auch ausführen werden.«
- »Angenommen, das Ziel ist erreicht, welche Wirkungen und Nebenwirkungen erzielen Sie damit?«
- »Finden oder erfinden Sie bitte drei negative Konsequenzen, die es in Ihrem Leben geben könnte, wenn Sie Ihr Ziel erreicht haben.«
- »Finden Sie nun für jede der möglichen Konsequenzen verschiedene Ideen, wie Sie ihnen vorbeugen können oder sie bewältigen werden.«
- »Finden oder erfinden Sie bitte drei Situationen, wo Sie die neue Fähigkeit nicht anwenden möchten, sondern lieber das alte Verhalten zur Verfügung haben möchten.«

- »Könnte noch irgendwas dagegen laufen?«
- »Wie könnten Sie damit umgehen, wenn es passieren sollte?«
- »Was geben Sie damit auf? Was wird eventuell schwieriger?«
- »Wer könnte Einwände haben?«
- »Passt das Vorhaben zu Ihren Wertvorstellungen und zu Ihrem Selbstverständnis?«
- »Passt das Vorhaben zu Ihren übergeordneten Zielen?«
- »Welche Unterstützung brauchen Sie?«
- »Wie können Sie diese Hilfe bekommen?«
- »Brauchen Sie dazu noch was von mir?«

Eventuell ist hier noch angebracht, ein bevorstehendes Gespräch in einem kurzen Rollenspiel auszuprobieren.

Für den Fall, dass der Coach einen Widerstand des Coachees bei der Umsetzung nicht ausschließen kann, empfehlen wir, diesen Widerstand noch im Coaching vorwegzunehmen, z. B. mit den Fragen:

- »Auf welche Ausreden könnten Sie kommen, um es doch nicht zu tun?«
- »Wie könnten Sie diesmal drum herum kommen?«
- »Was könnte Ihnen als willkommener Anlass dienen, von Ihrem Vorhaben abzuweichen?«

D. Abschluss: Rückblick, Ausblick

Insbesondere wenn Coach und Coachee sich noch nicht kannten, der Coach unsicher bezüglich der Einschätzung der Sitzung ist oder es einige kritische Momente gab, ist eine kurze Reflexion sinnvoll.

Folgende Fragen können dazu dienen:

- »Was war heute für Sie wichtig/nützlich/schwierig? Was weniger?«
- »Wo haben Sie Energie gefunden? Wo hatten Sie Probleme?«
- »Wann und wo treffen wir uns nächstes Mal?«
- »Was sind dann mögliche Kernpunkte?«
- »Welche Unterlagen/Vorbereitungen brauchen wir dafür?«

Vgl. auch *management & training* 4/2000; Fischer-Epe, M. (2002). *Coaching: Miteinander Ziele erreichen*, und Looss, W. (1993). *Coaching für Manager*

4.1.3 Auftragsklärung

4.1.3.1 Aspekte der Auftragsklärung

Ziele der Auftragsklärung sind eine klare und limitierte Aufgabenstellung, eine Eingrenzung auf ein Problem im Handlungsfeld des Coachees sowie klare Erfolgskriterien.

Kriterien für gute Zielformulierungen sind:

- Der Satz ist positiv formuliert und enthält keine Verneinungen, wie z. B. »nicht«, »kein« etc.
- Die Erfolgskriterien sind eindeutig und enthalten keine Komparative wie »besser«, »weniger« etc.
- Das Ziel kann vom Coachee selbst erreicht werden, liegt in seinem Einflussbereich.
- Das Ziel ist attraktiv und dadurch motivierend für den Coachee.
- Das Ziel ist ökologisch, d. h. mit dem Umfeld verträglich.

Im Erstgespräch reicht meist die positive Formulierung. Alles andere kann später angepasst werden.

Auftragsklärung ist jedoch nicht immer dann beendet, wenn die *Phase* »Auftragsklärung« beendet ist. Eventuell ist eine Nachbesserung nötig. Der Coach braucht eine innere Bereitschaft zur dauernden Auftragsklärung und muss sich selbst immer fragen, ob der Auftrag noch klar ist.

Mögliche Fragen in der Auftragsklärung:

- »Um was geht es?«
- »Wo kommen Sie jetzt nicht weiter?«
- »Was wäre das Ziel?«
- »Was soll durch das Coaching erreicht werden?«
- »Was ist jetzt Ihr Anliegen an mich?«
- »Und was bräuchten Sie jetzt von mir?«
- »Woran messen Sie den Erfolg des Coachings?«
- »Was haben Sie bisher schon unternommen, um die Ziele zu erreichen?«
- »Trauen Sie sich die Zielerreichung grundsätzlich zu?«

Zum Coacheesystem:

- »Wie kam es zum Auftrag? Wer in Ihrer Umgebung hat eine Meinung dazu?«
- »Wer hat sonst noch Erwartungen an das Coaching? Wie würde derjenige den Erfolg des Coachings beurteilen?«
- »Was passiert in Ihrem Arbeitsumfeld, wenn das Coaching erfolgreich ist? Was würde ohne Coaching (kurz-, mittel-, langfristig) passieren?«
- »Welchen Gewinn hat Ihr Umfeld vom Coaching? Welchen Preis?«
- »Wer hat einen Nutzen davon, wenn es so bleibt, wie es ist?«
- »Wie wird sonst mit solchen Frage-/Problemstellungen umgegangen?«
- »Wie ist Coaching in Ihrer Umgebung angesehen?«
- »Was sollte ich sonst noch wissen über Ziele, Strategien, Führungssituation des Gesamtbereichs/Umfelds?«
- »Habe ich noch etwas vergessen zu fragen, was ich wissen müsste?«

Diese Fragen zeigen, dass der Übergang von Auftragsklärung zur Ist-Analyse fließend sein kann.

Wenn der Auftraggeber und der Coachee nicht identisch sind, muss der Coach eine Übereinkunft zwischen Auftraggeber und Coachee über Anlass und Ziele des Coachings veranlassen. Idealerweise erfolgt dies in einem Gespräch zwischen Coach, Coachee und Auftraggeber. Sollten die Ziele bilateral besprochen werden, gleicht der Coach in der ersten Sitzung die Vereinbarungen mit dem Coachee ab.

Mögliche zirkuläre Fragen zur Klärung des Auftrags mit dem Auftraggeber sind:

- »Wenn ich den Coachee selbst fragen würde, warum das Coaching stattfinden sollte, was würde er mir antworten?«
- »Wenn ich ihn fragen würde, inwieweit Sie als ... (z. B. Vorgesetzter) mit ihm über das Thema schon gesprochen haben und was Sie dazu konkret von ihm erwarten, was würde er mir antworten?«
- »Wenn ich ihn fragen würde, welche Konsequenzen er vermutet, falls durch das Coaching Ihre Erwartungen nicht erfüllt werden, was würde er wohl sagen?«

Zur Auftragsklärung im Gruppen/Team-Coaching siehe Kapitel 4.7.1.

4.1.3.2 »Schräge« Aufträge

Schräge Aufträge entstehen oft durch Vermeidung anstehender Entscheidungen oder Unklarheiten im System, z. B. unklaren Grenzen zwischen Subsystemen, unklarer oder unangemessener Macht- und Verantwortungsverteilung oder Konfliktvermeidung.

Beispiele:
- Das Coaching-Ergebnis soll für einen verdeckten Zweck benutzt werden (z. B. Legitimieren eigenen Verhaltens oder Aufrüstung zur Durchsetzung eigener Positionen in akuten oder erwarteten Konflikten).
- Der Coach soll unangenehme Aufgaben übernehmen (z. B. Kritik oder Druck auf den Coachee als Mitarbeiter des Auftraggebers).
- Das vom Coachee beschriebene Problem ist nur ein vordergründiges Problem, das wirkliche Problem wird verschwiegen (z. B. aktueller Konflikt ist struktureller Konflikt).
- Das Thema gehört einem anderen, der Coachee ist Stellvertreter (z. B. Vorgesetzter des Coachees hat Streit mit Drittem).
- Ein wesentlicher Aspekt der Situation wird nicht genannt (z. B. intime Beziehung zu einem Beteiligten).
- Der Coachee wartet auf Bestätigung seiner Annahme, dass ein Coaching nichts bringt.

Die Annahme eines solchen Auftrags führt maximal zur Symptombearbeitung, fast immer jedoch zur Unzufriedenheit auf Seiten des Coachees und des Coachs. Ein solcher Auftrag ist abzulehnen. Das »Nein« an dieser Stelle kann dem Coach nicht nur zusätzlichen Respekt verschaffen, sondern fast im Sinne einer Intervention im System wirken.

Schräg bedeutet aber nicht immer *bewusst getäuscht*. Die Haltung des Coachs sollte grundsätzlich sein: Viele Coachees machen dies nicht gezielt oder in manipulativer Absicht.

4.1.4 Fragetechniken

»Die Frage ist das Mittel zur Zerstörung eines Gleichgewichts, das sich aufgrund von Vorurteilen und Glaubenssätzen im Bewusstsein einnisten konnte ... Durch Fragen werden ... Denkgewohnheiten aus den Angeln gehoben. ... Indem die alltagsüblichen Antworten nicht hingenommen werden, bleiben die Fragen offen und führen weiter: Der Mangel an Wissen wird ausgehalten, die Leere rückt ins Bewusstsein.« Der Coach ist dabei Hebamme und hilft, die in einem Menschen schlummernde richtige Erkenntnis zutage zu fördern.«

(Müller, G., und Hoffmann, K. [2002]. *Systemisches Coaching*)

Ziel von Fragen kann somit auch sein, in innere Suchprozesse überzuleiten, Erinnerungen wachzurufen, Perspektiven zu wechseln, Befindlichkeiten und Bewusstseinszustände (mehr Tiefe oder mehr Distanz) zu erzeugen. Somit sind Fragen auch Wegweiser, Sucher, Fühler. Es geht also nicht immer um die Antwort, die der Coach ggf. sogar zunächst ablehnt, damit der Coachee für seinen inneren Suchprozess noch mehr Zeit hat.

(vgl. Müller, G., und Hoffmann, K. [2002]. *Systemisches Coaching*)

Eine Frage dient einerseits dazu, Informationen zu erhalten, ist andererseits aber auch Botschaft, enthält eine implizite Aussage. Es gibt keine neutralen Fragen. Eine Frage bestimmt die Richtung, in der das Gespräch verläuft.

Beispiel: Die Frage »Was haben Sie dafür getan?« impliziert, dass es eine Möglichkeit gab, etwas zielgerichtet zu tun; bzw. – wenn man ganz genau ist – die Annahme, dass der Befragte etwas dafür getan hat.

Haltung/Annahmen zum Fragen:
- Jede Frage ist eine Intervention.
- Jedes Problem hat einen Nutzen.
- Das Problem ist die Lösung.
- Jeder Mensch lebt in seinem System, seiner inneren Welt.
- Die passende Lösung kann nur der Coachee selbst finden.
- Objektivität gibt es nicht.
- Ausdrücke von Gefühlen und über Beziehungen sind Botschaften.

Verwunderungen, Irritationen, Unklarheiten beim Coach sind wichtig für den Coachee und müssen – in angemessener Form – eingebracht werden. Im Gruppen/Team-Coaching gilt die Annahme, dass den Impuls auch andere in der Gruppe haben. Dies kann der Coach durch Fragen herausfinden.

Die Motivation zu Fragen kommt aus dem Interesse am System, nicht aus der Lust am Zuspitzen und Aufdecken!

(vgl. Müller, G., und Hoffmann, K. [2002]. *Systemisches Coaching* und von Schlippe, A., Schweitzer, J. [1998]. *Lehrbuch der systemischen Therapie und Beratung*)

Coaching-Fragen, nach Form der Frage:

Neben den allgemeinen Frageformen:

- offen
- geschlossen
- alternativ
- suggestiv
- rhetorisch,

die im Coaching nicht grundsätzlich alle geeignet sind, seien hier besondere Frageformen dargestellt:

- Die *Skalafrage* dient zur Einschätzung der Situation und Gewichtung von Aspekten. Beispiel: »Auf einer Skala von 1 bis 10, 1 ist extrem..., 10 ist extrem..., wo gehört da... hin?« Im Anschluss kann sie im Rahmen der Lösungssuche genutzt werden, um den Weg zur Lösung in handhabbare Schritte einzuteilen und auch kleine Lösungsaspekte zu nutzen. Beispiel: »Wie kommen Sie/die Situation von dem Ist um eine Stufe weiter?«
- Die *hypothetische Frage* hilft dem Coachee über Hürden seiner Vorstellungsmuster hinweg. Sie stellt die Haupthürde beiseite und hilft, auf andere Aspekte, die auch Lösungspotenzial beinhalten, zu fokussieren. Diese Frageform kann auch dazu genutzt werden, Lösungsvorschläge des Coachs zu überprüfen (siehe auch Kapitel 4.1.5 Hypothesen). Beispiel: »Angenommen, dass..., gesetzt den Fall..., was wäre, wenn..., stellen Sie sich vor, Sie würden...«
- Die *Wunderfrage* dient zur Versetzung in den Zielzustand und hilft, Aspekte aufzudecken, die nicht primär im Problem-Fokus des Coa-

chees stehen, jedoch auch zur Weiterarbeit an Lösungen hilfreich sein können. Die Frage erhöht auch die Handlungsenergie, da sie in ihrer Nachwirkung beim reflektierten Coachee oft die Frage aufwirft, ob er wirklich auf ein Wunder warten muss. Der verblüffende Effekt dieser Frage kann jedoch pro Coachee nur einmal erzielt werden. Beispiel: »Angenommen, über Nacht wäre ein Wunder geschehen – woran würden Sie es morgen früh merken?«

- Die *zirkuläre Frage* ist in Kapitel 4.3.4 beschrieben. Beispiel: »Was denken Sie, löst es bei... (Ihrem Kollegen) aus, wenn er... (Ihren Chef) so sieht?«
- Die *Dritte-Person-Frage* bewirkt einen innerlichen Rollenwechsel. Beispiel: »Was würde... (Ihr Chef, ein Krieger, ein Weiser, ein Clown ...) jetzt tun/dazu sagen?«
- Die *paradoxe Frage* dient meist dazu, Einflussfaktoren aufzudecken. Sie entspricht in ihrem Prinzip der paradoxen Intervention (siehe Kapitel 4.4.5), indem sie entgegen der beabsichtigten Lösungs- und Zielorientierung des Coachings fragt. Beispiel: »Was müsste geschehen, damit das Problem schlimmer wird?«

Eine Differenzierung von Fragearten nach der inhaltlichen Ausrichtung ist bei Gabriele Müller und Kay Hoffmann »Systemisches Coaching«, Carl-Auer-Systeme Verlag, S. 69 ff., umfassend dargestellt. Wir wollen hier nur die inhaltliche Ausrichtung differenziert darstellen, die mit der Potenzialorientierung verbunden ist:

Potenzialorientierte Fragen:

Diese Fragen richten sich an die Fähigkeiten und Potenziale des Coachees. In der Form setzen sie immer ein vorhandenes Potenzial voraus. Dieser suggestive Effekt soll nicht über vorhandene Defizite hinwegtäuschen, sondern Defizite eingebettet in vorhandene oder noch nicht genutzte Potenziale betrachten. Wir nutzen diese Fragen generell im Coaching, nicht nur bei Coachees mit Selbstabwertungsmustern. Bei Letzteren jedoch gezielter als deutliche Intervention.

> Die darin enthaltene Suggestion setzt die Fähigkeit des Coachs voraus, mit innerer Autorität in die Präsenz zu gehen.

Benennung des Potenzials durch Dritte:

Beispiele:
- »Wenn ich einen Feind von Ihnen über Sie befragen würde, was würde er sagen, können Sie gut?«
- »Was würde Ihr Konfliktpartner sagen, worin Sie Meister sind?«

Reframing von negativen Erfahrungen als Quelle von Fähigkeiten:

Beispiele:
- »Welche Fähigkeiten haben Sie dabei erworben?«
- »Welche Kraft ziehen Sie daraus?«

Paradoxe Anerkennung von Fähigkeiten in unerwünschten Situationen:

Beispiele:
- »Ist das nicht eine gute Gelegenheit zu testen, wie lange Sie es schaffen, diesen Zustand auszuhalten?«
- »Sehen Sie eine Möglichkeit, anderen Menschen etwas von dieser Kraft zu vermitteln, die Sie da aufwenden?«

Versteckter Vorwurf, der ein Machtpotenzial/Autonomie impliziert:

Beispiele:
- »Was tun Sie dafür, dass es so schlecht läuft?«
- »Was müssten Sie tun oder unterlassen, damit es so bleibt?«
- »Wie verbieten Sie sich, ... zu tun?«

Appell an eine latent vorhandene Entscheidungsfähigkeit:

Beispiele:
- »Gibt es in Ihnen eine Bereitschaft, dieses Muster zu beenden?«
- »Wie lange wollen Sie das noch fortsetzen?«

Herausstellen der Einzigartigkeit des Coachees:

Beispiele:
- »Wenn nach Ihnen eine Art und Weise benannt wäre, damit umzugehen, wie würde man sie bewerben?«
- »Was wäre der ... (Name des Coachees)-Weg, die Sache anzugehen?«

4.1.5 Hypothesen

Die Schritte Wahrnehmung – Vermutung – Bewertung muss der Coach innerlich trennen. Nach einer sorgfältigen Wahrnehmung entstehen beim Coach Vermutungen, die im Coaching nicht umgehend zu einer Bewertung führen dürfen, sondern zunächst vom Coach überprüft werden müssen und dann in Form von Fragen oder Hypothesen dem Coachee anzubieten sind.

Die Betonung dabei liegt auf »anbieten«, d. h., die Hypothese ist so in eine Formulierung zu verpacken, dass der Coachee sie wirklich ablehnen kann, ohne befürchten zu müssen, den Coach zu kränken o. Ä.

»Man soll einem Menschen die Wahrheit nicht wie einen nassen Lappen um die Ohren hauen, sondern hinhalten wie einen Mantel, in den er hineinschlüpfen kann.« (Max Frisch)

Je gewichtiger die Hypothese für die Gesamtsituation ist, umso mehr muss sie in kleinen Schritten angeboten werden!

Die Entstehung und Begründung der Hypothese sollte der Coach auf keinen Fall mitliefern, da sich der Coachee sonst schnell auf Einzelaspekte oder Reizworte darin stürzen könnte und damit über die eigentliche Hypothese nicht nachdenkt.

Manchmal ist es sogar wichtig, dass der Coach die sofortige Reaktion oder Antwort auf eine geäußerte Hypothese verhindert, damit diese als Intervention wirken kann.

Hypothesen sind sowohl möglich zu Ursachen/Mustern als auch zu Lösungen.

»Verpackungsformulierungen« können z. B. sein:
- Offene Frage, z. B. »Wie sehen Sie in diesem Zusammenhang ...?«
- Geschlossene Frage mit deutlicher Entweder-Oder-Möglichkeit, z. B. »Sehen Sie da einen Zusammenhang zu ... oder ist das völlig unabhängig?«
- Überschrift »Hypothese«, z. B. »Eine mögliche Hypothese dazu wäre ...«
- Bezeichnung als subjektiver Impuls des Coachs mit Vorlage zum Ablehnen, z. B. »Mir kommt da so ein Gedanke ... aber vielleicht ist das nur mein Thema und in Ihrem Zusammenhang total ›daneben‹.«

- Geschichte oder Bild, das übertragbare Anteile hat, aber als solche eine Dissoziation ermöglicht, z. B. »Ich kannte mal einen Mann, der...«

Die extreme Formulierung der Ablehnungsmöglichkeit im Nachsatz dieser Verpackungsformulierungen durch Worte wie z. b. »völlig« oder »ganz« oder »total«, laden den Coachee ein zu differenzieren, welche Teile der Hypothese er annehmen möchte. Dieser Anhang – sofern als Frage formuliert – soll nicht sofort beantwortet werden, sondern idealerweise den Coachee zum Nachdenken bringen. Dafür ist es hilfreich, die Stimme am Satzende zu senken, statt wie bei einer Frage normalerweise am Ende mit der Stimme hochzugehen.

Drei Anlässe, warum eine Hypothese besonders sorgfältig und »unsicher« zu verpacken ist:

- Der Coachee »idealisiert« den Coach als Experten oder ist gern bereit, die Verantwortung zur Lösung an ihn abzutreten.
- Der Coachee hat ein starkes Unabhängigkeitsbestreben und tendiert zu Widerstand.
- Die Annahme der Hypothese würde große Veränderungen nach sich ziehen.

Eine Variante der Hypothese ist die humoristische Form. Sie setzt voraus, dass diese Variante dem Coach liegt und die Beziehung zwischen Coach und Coachee bereits so weit aufgebaut ist, dass ein gemeinsames Lachen möglich ist, ohne eine »Image-Beschädigung« zu bewirken. Humorvoll ist dabei eher die Art des Aussprechens als der Inhalt der Hypothese. Der Humor ist jedoch immer getragen von einer Akzeptanz statt von einer Bewertung! Im Gruppen/Team-Coaching sollte diese Variante nur eingesetzt werden, wenn der Coach sicher sein kann, dass der Empfänger auch subjektiv dadurch keine Beschädigung empfindet, die vielleicht sogar noch die alten Wunden eines Schultraumas berührt.

Beispiele der humoristischen Variante:

- »Man könnte ja fast meinen, Sie sammeln solche Situationen...«
- »Da hat doch bestimmt schon mal einer geklatscht für den Unterhaltungswert, den das Ganze liefert, oder?«

Wenn die Hypothese abgelehnt wird, könnte es sein, dass

- sie objektiv falsch war
- sie nur zu früh angeboten wurde oder
- sie auf subjektiven Widerstand beim Coachee stößt, weil sie Angst auslöst.

In den letzten beiden Fällen ist es gut, die Hypothese »innerlich auf Wiedervorlage zu legen« und eine sicherere Basis für die Hypothese zu schaffen durch Akzeptanz und /oder Arbeit am Widerstand.

Die Verliebtheit in die eigene Hypothese ist aber eine Falle für den Coach.

Hypothesen sind das Feld im Coaching, das am schnellsten Abwertungen beinhalten kann, und fordern somit eine besondere Sorgfalt auf die eigene Haltung als Coach!

4.2 Ist-Analyse

Folgende Methoden dienen im Coaching-Prozess einzig der Phase der Ist-Analyse (vgl. Ausgangssituation/Problembeschreibung unter 4.1.2). Der vom Coachee mit Hilfe der Methode dargestellte Ist-Zustand ist ein wichtiger Schritt im Coaching-Prozess und kann teilweise bereits durch die konzentrierte Darstellung erste Lösungsansätze aufzeigen. Das Coaching selbst geht nach der Ist-Analyse in die Zieldefinition/Soll-Analyse oder bereits in die Lösungssuche oder in das Bearbeiten von Hindernissen und deren Alternativen. Die methodischen Möglichkeiten hierzu sind fast unbegrenzt und zum Teil unter 4.3, 4.4, 4.5 und 4.6 dargestellt.

Basis für die Methoden der Ist-Analyse ist ein Einverständnis des Coachees, die aktuelle Situation gezielt zu betrachten und sich dabei auf die Methodenwahl des Coachs einzulassen.

4.2.1 Metaphern

Eine wunderbare Möglichkeit der Ist-Analyse gerade für Situationen, in denen sich Coach und Coachee erst noch kennen lernen müssen, bevor der Coachee bereit ist, sich »voll in die Karten schauen zu lassen«, ist die

Arbeit mit Metaphern. Der Coachee kann aus der Betrachtung der Metapher Erkenntnisse auf seine Situation ableiten, ohne es dem Coach deutlich zeigen zu müssen, oder auch die Dissoziation von der Metapher nutzen, um Betrachtungsweisen zu vermeiden, für die er noch nicht reif oder bereit ist.

Auch bei »reifen« Coaches und etablierten Coach-Coachee-Beziehungen ist die Metaphern-Arbeit ein einfaches klärendes Werkzeug, das als Bild oder Gedanke oft lange über die Sitzung hinaus wirkt. Sie regt auch an, weitere Übertragungsmöglichkeiten von der Metapher auf die Situation zu überprüfen und damit die Situation von Blickwinkeln her zu betrachten, die eine geradlinige Herangehensweise gar nicht ermöglicht.

Beispiele für Metaphern:

- *Symbole*

Der Coach könnte hierzu eine Sammlung an Kleingegenständen anbieten, z. B. Spielzeugfiguren.

- *Bilder*

Hierzu sind bewusst ausgesuchte Motive auf Postkarten und Fotos hilfreich, die eine Bandbreite an Emotionen, Rollen und Lebensaspekten aufzeigen.

- *Analogien*

Wir nutzen diesen Begriff für die Beschreibung eines Bildes oder kurzen Handlungsablaufs, der aus dem täglichen Leben, der Film- oder Märchenwelt entlehnt sein kann. Z. B. »Es ist, wie wenn ich das Geschirr abtrockne und egal, wo ich es hinstelle, es überall wieder nass wird.« Oder: »Drachen hüten Schätze.«

- *Historische Figur*

Gerade für die tieferen Ebenen der Persönlichkeit kann der Coachee eine Figur aus der Geschichte nutzen, um Potenziale und Persönlichkeitsanteile greifbarer zu machen.

- *Geschichten*
Hier kann der Coach eine Geschichte anbieten, die er gehört, gelesen, erlebt oder erfunden hat. Die Geschichte kann eine Konzentration auf die wesentlichen Aspekte der Situation wie auch bereits erste Lösungsgedanken bewirken.

- *Zeichnen und Malen*
Auch ohne kunsttherapeutische Kenntnisse kann der Coach einem »experimentierfreudigen« Coachee Block und Stifte geben, um seine Situation in einem Märchenbild, einem Cartoon, einer Persiflage etc. darzustellen.

- *Wenn-wäre-Spiel*
Einem Spiel entnommen ist die Idee, den Coachee für die Situation oder die Person oder die Emotion oder ... auswählen zu lassen, was sie wäre, wenn sie z. b. ein Haushaltsgegenstand, ein Möbelstück, ein Kleidungsstück oder ... oder ... oder ... wäre.

Die Metapher kann sich auf die Gesamtsituation oder einen Einzelaspekt beziehen.
Die Arbeit mit Metaphern benötigt als Voraussetzung die Fähigkeit des Coachees zu abstrahieren.

4.2.2 Positur

Auch eine Art Metapher ist der körperliche Ausdruck einer Situation oder Emotion in Form einer so genannten Positur. D.h., der Coach bittet den Coachee, sich in eine Körperhaltung zu begeben, die deutlich ausdrückt,

- wie seine innere Befindlichkeit in der Problemsituation aussieht (nur im Einzel-Coaching!) oder
- mit welcher inneren Haltung er in der Problemsituation steht oder auch
- mit welcher Haltung er die erarbeitete Lösung adaptiert hat, um eine adäquate Haltung als körperliche Erinnerungsmöglichkeit zu nutzen oder an einer inadäquaten Haltung die Umsetzung der erarbeiteten Lösung zu verfeinern.

Ziel ist hier, das Potenzial der inneren Wahrheit zu nutzen, die möglicherweise eine andere ist als die, die dem Coachee kognitiv bewusst ist. Wir gehen hier von dem Zusammenhang zwischen innerer und äußerer Haltung aus.

Der Coach muss ggf. dem Coachee die Darstellungsmöglichkeiten im Detail anbieten, indem er

- Blick
- Mimik
- Kopfhaltung
- Armhaltung
- Beinhaltung
- Muskelspannung

abfragt.

Die Auswertung der Positur erfolgt auch wieder möglichst durch den Coachee selbst. Der Coach kann zur Erkenntnisförderung

- Fragen stellen, wie z. B.
  - Wie erleben Sie Ihren Atem?
  - Welchen Muskel spüren Sie?
  - Wie fühlen sich Ihre Augen von innen an? Was glauben Sie, was sie ausdrücken?
  - Wie stehen Sie (stabil, fragil, angespannt, ...)?
  - Entstehen Gedanken, Bilder, Ideen?
  - Möchten Sie sagen, wie Sie sich fühlen?
- seine Wahrnehmung spiegeln (siehe Kapitel 4.5.1.1) und die damit verbindbaren Assoziationen als Frage oder Hypothese anbieten.

Hier ist oftmals hilfreich, als Coach in die gleiche Körperhaltung zu gehen und dadurch innerlich nachzuspüren, was beim Coachee sein könnte.

Für die Überleitung zur Soll-Analyse und Lösungsbearbeitung kann die Positur weiter genutzt werden. Z. B. könnte der Coachee aufgefordert werden, die Positur zu verändern bezüglich

- mehr Kraft/Energie
- Perspektivenwechsel (durch völlig andere oder gar konträre Körperhaltung)

- Verstärkung eines Aspekts
- Ausdruck bisher verborgener Potenziale.

Bei der Anwendung der Methode »Positur« in Gruppen wird jedes Gruppenmitglied aufgefordert, sich – gleichzeitig mit den anderen und mit geschlossenen Augen – in eine für seine Handlungen in der Gruppe typische Positur zu stellen. Alle öffnen gleichzeitig die Augen und betrachten und analysieren das Gesamtbild.

(Siehe auch 4.7.3.3 Skulptur – Positur nennen wir die gleiche Darstellungsform nur von Einzelpersonen.)

4.2.3 Inner Team

Die Methode des Inner Team kommt aus der Voice-Dialogue-Methode und stellt eine Erweiterung des ursprünglichen Polaritäten-Konzepts aus der Gestaltlehre dar. Die Vielzahl der innerlichen Polaritäten wird je nach Lebenssituation unterschiedlich ausgelebt. Mit der Inner-Team-Arbeit werden die aktuell aktiven Charakter- und Wesensbestrebungen des Coachees identifiziert, benannt und bekommen damit eine Stimme.

Ziel ist es, die förderlichen Bestrebungen zu unterstützen und den hinderlichen Bestrebungen gezielt Grenzen zu setzen. Wir gehen davon aus, dass auch die hinderlichen Bestrebungen einen positiven Aspekt haben, der eine adäquate Form und einen adäquaten Raum braucht.

Die Methode kann nur im Rahmen von Einzel-Coachings oder Selbsterfahrungs- oder Supervisionsgruppen angewendet werden. Die bei dieser Arbeit aufgegriffenen inneren Bestrebungen sind weder als vollständig noch als feststehend für die Persönlichkeit des Coachees zu betrachten. Dies sollte der Coach bereits zu Beginn der Methode betonen.

Die Arbeit mit dem Inner Team erfolgt in vier Schritten:

1. Teammitglieder finden
Der Coach fragt den Coachee z. B.: »Wenn Sie sich vorstellen, Ihre Gedanken und Haltungen zu Ihrer Situation entspringen unterschiedlichen inneren Stimmen, quasi verschiedenen Mitgliedern Ihres ›inneren Teams‹: wer oder was macht sich da bemerkbar?«

Die Namen sollten Rollenbezeichnungen sein, die personifizierbar sind. Andere Begriffe sind unpassend und müssen mit Hilfe des Coachs umformuliert werden in eine »Figur«, die aus der Ich-Form sprechen kann; so wird z. b. aus dem Impuls »Beruf« »der Leistungswillige«.
Es lohnt sich auch, bei der Suche nach weiteren Teammitgliedern sorgfältig zu sein und dem Coachee Zeit zu lassen. Die Frage »Wer fehlt hier noch?« oder »Wen hören Sie momentan gar nicht?« hilft dabei. Der Coach kann auch fragen, ob ein bestimmtes Teammitglied vergessen wurde. Das Polaritätenkonzept (siehe Kapitel 1.1.10) kann dem Coach hierbei helfen, aufgrund eines dominanten Teammitglieds den ruhigeren Gegenpol zu finden. So werden auch schwache oder vergessene Stimmen gefunden, nicht jedoch verdrängte, für die eine therapeutische Voice-Dialogue-Arbeit notwendig wäre.

2. *Interesse und Botschaft jedes Teammitglieds herausarbeiten*
In einer Art »Rollenwechsel« vervollständigt der Coachee für jedes Teammitglied folgende Sätze, die separat visualisiert werden:
a) »In deinem Team bin ich derjenige, der sich um ... kümmert.«
b) »Mein Satz zu deinem Thema/Problem lautet ...«

3. *Aufstellen mit Platzhaltern (Ist)*
In diesem Schritt geschieht bereits eine entscheidende Intervention: Der Coachee dissoziiert sich von den Teammitgliedern und wählt für sich zunächst eine eigene, dem Team »vorgesetzte« Position. Er wird damit vom Opfer zum Täter, gewinnt also subjektiv Handlungsmacht. Dieser Effekt sollte nicht durch vorschnelles Arbeiten mit den einzelnen Rollen verschüttet werden. Der Coach könnte z. B. feststellen: »Sie sind ja nicht eine Rolle in Ihrem Team und Sie sind auch nicht Ihr Team, Sie sind der Manager Ihres Teams.« Und er könnte nachfragen: »Wie ist dieser Gedanke für Sie?«
Nachdem die eigene Position mit einem Platzhalter auf dem Tisch oder Boden markiert ist, positioniert der Coachee die Teammitglieder im Abstand zur eigenen Position einzeln und mit Bedacht:
Wen höre ich laut und damit nah oder zentriert vor mir, wen höre ich nur leise und eher von weit weg?
Um das Gesamtbild zu verdeutlichen, kann der Coach hier alle Posi-

tionen der Teammitglieder in zügiger Aufeinanderfolge einnehmen und stellvertretend für sie die Sätze zum Coachee sprechen.

4. *Managen!*
   a) Entscheidungen bezüglich Gesamtbild und einzelnen Teamrollen (Soll-Zustand) aus der Rolle des Managers des Teams:

- Wen will ich wie weit berücksichtigen?
- Wen will ich lauter hören/näher sehen?
- Wen will ich weniger laut hören/weiter weg sehen?

b) Veränderungsarbeit hinsichtlich jeder einzelnen Teamrolle (Lösungen vom Ist zum Soll)

- Was muss welchem Teammitglied gesagt werden?
  - Warum brauche ich dich mehr und lauter?
  - Wie werde ich dich dabei unterstützen?
  - Warum brauche ich dich hier und jetzt weniger?
  - Wofür danke ich dir trotzdem und wie werde ich dein originär positives Interesse in meinem Handeln berücksichtigen?
  - Wann darfst du wieder laut sein/mehr Einfluss haben?

Ein Teammitglied kann nicht »rausfliegen«. Es ist immer Teil des Charakters oder des Wesens und stärker mit dem Coachee verbunden, als ein einfacher Beschluss dies ändern könnte. Sofern ein negativer Einfluss von einem Teammitglied nicht mehr gewünscht wird, ist eine Veränderung in Richtung ›weniger‹/›leiser‹ nur dann möglich, wenn

- die positive Absicht des Verhaltens aus dem Interesse der Teamrolle gewürdigt wird,
- von der Wirkung in der Problemsituation differenziert wird und
- für geeignete Fälle weiterhin ermöglicht wird.

Den inneren Dialog zu den Teammitgliedern führt der Coachee im Coaching hörbar durch. Der Coach kann vermutliche Schwierigkeiten und Widerstände der einzelnen Teammitglieder mit der geplanten Veränderung stellvertretend für diese Stimme äußern, sodass der Coachee zu einer bewussten und gezielten Antwort veranlasst wird, die er im

Coaching äußert und ihm in der konkreten Praxissituation helfen wird, auf den Impuls des inneren Teammitglieds als Manager in einem inneren Dialog zu reagieren.

Bei der Durchführung von Schritt 2 und 3 achtet der Coach darauf, dass die Reihenfolge, in der der Coachee die Teammitglieder unter Schritt 1 gefunden hat, einhält. Im 4. Schritt erfolgt die Veränderungsarbeit am besten in der Reihenfolge der aufkommenden Veränderungswünsche.

Der Coachee macht alle vier Schritte selbst! Der Coach fragt und visualisiert. Für die Visualisierung gut geeignet sind Moderationskarten, die sich hinsichtlich der Namen, des Interesses (2a) und der Aussage (2b) pro Teammitglied in drei Farben oder Formen unterscheiden. Die Karten können dann auf dem Tisch oder Boden verschoben werden, der Coach und/oder der Coachee können sich auf die Karten stellen und die einzelnen Rollen einnehmen.

Nach der Bearbeitung der vier Schritte ist es ratsam, dass der Coachee das Soll-Bild und die Kernaussagen der Veränderungsarbeit auf sich wirken lässt, z.B. indem er die Visualisierung mitnimmt oder als Aufgabe bis zum nächsten Coachingtermin nachzeichnet.

Folgende Charakteristiken können Beispiele für Inner-Team-Mitglieder sein (in willkürlicher Reihenfolge):

- Abenteurer
- Schweiger
- Fundamentalist
- Realo
- Verzeihender
- Provokateur
- Brandstifter
- Rebell
- Anstifter
- Perfekter/Perfektionist
- Robin Hood
- Krieger
- Mutiger
- Ungeduldiger
- Held

- Herr Ernst
- Wissenschaftler
- ständiges Opfer
- hilfloses Kind
- Optimist
- Pessimist
- Verwerfer
- Mr.»No«
- Lebenshungriger
- Pragmatiker
- Träumer
- Papst
- Zurückhaltender
- Zauderer
- Strafender

- Gönner
- Problemlöser
- Hypochonder
- Spießer
- Prediger/Moralist
- Zocker
- Schalk
- Buchhalter

- Angsthase
- Clown
- Chaot
- Strukturierer
- notorischer Weltverbesserer
- genießender Leidender/leidender Genießer

Je nach Problemsituation differieren die auftretenden Teamrollen stark. Auch wenn der Coach so wenig wie möglich die Bezeichnungen des Coachees verändern sollte, so ist es jedoch angebracht, bei weiblichen Coachees auch weibliche Rollenbezeichnungen zu nehmen (Ausnahmen sind natürlich möglich).

Bei der Inner-Team-Arbeit braucht der Coach ein gutes Gespür für die Notwendigkeit von Erlaubnissen, die der Charakter des Coachees zur Akzeptanz seiner Anteile benötigt. Der Coach muss dem Coachee ggf. helfen, die herausgearbeiteten Inner-Team-Mitglieder bezüglich ihrer Bezeichnung und Intention konstruktiv anzunehmen.

Die folgende Tabelle zeigt hierfür willkürliche Beispiele für die Unterscheidung der positiven Intention, d.h. des positiven Interesses eines Teammitglieds und der negativen Ausprägung in einem speziellen Kontext oder in generellen Lebenszusammenhängen.

Beispiele für innere Helden, Gartenzwerge und andere Team-Mitglieder:	Positive Ausprägung (Intention)	Negative Ausprägung
Klugscheißer/der kleine Professor	Beitrag leisten, Versorgung mit Anerkennung	Übertreffen und damit Geringschätzen von anderen
Helfer	Fürsorge für andere	Entmächtigung bis hin zu Entmündigung von anderen, Anklage vermeintlicher Täter
große Schwester/Retterin	Fürsorge für andere	Entmächtigung bis hin zu Entmündigung von anderen, Anklage vermeintlicher Täter

Beispiele für innere Helden, Gartenzwerge und andere Team-Mitglieder:	Positive Ausprägung (Intention)	Negative Ausprägung
versorgende Mutter	Fürsorge für andere	Entmächtigung bis hin zu Entmündigung von anderen
alles verzeihende Mutter	Liebe	Konsequenz-/Profillosigkeit, Disziplinlosigkeit, keine Orientierung mangels Grenzen
herrische Mutter	Ordnung und Disziplin, Verantwortung und Fürsorge	Kein Raum für andere
Ablenker/Zerstreuer	Entschärfung einer emotionalen Situation, kein Konflikt	Vermeidung einer Konfliktklärung
Zuspitzer	Verantwortung für Problem-/Konfliktklärung	Konfliktverstärkung
Macher	Handlungsverantwortung und Initiative	Tun als Maxime überdeckt andere Notwendigkeiten
Problemmelder	Sieht Problem, übernimmt Verantwortung	Wahrnehmung und Kommunikation nur über Probleme
Bedenkenträger	Klärung wichtiger Punkte	Handlungshemmung oder -verhinderung
Mr. Noch-nicht-genug	Nutzung von Verbesserungspotenzialen	Permanente Unzufriedenheit mit Erreichtem
Mr. Wichtig	Versorgung mit Beachtung	Selbst-Überschätzung, Profilierung z.T. auch auf Kosten anderer
Giftzwerg	Durchsetzung eigener Interessen, Versorgung mit Beachtung	Unfaire Hintenrum-Taktik
Großzügiger	Zuwendung für andere	Schaffung eines Ungleichgewichts, Überforderung von anderen
Kleinlicher	Bewusster Umgang mit Ressourcen	Missachtung anderer
Nachtragender Schweinehund	Gerechtigkeit wiederherstellen	Rachsucht

4.2.4 Arbeit mit den TA¹-Ich-Zuständen

(Zum Hintergrundwissen über die TA-Ich-Zustände siehe Kapitel 1.2.6 sowie die Primärliteratur von Eric Berne.)

Die Arbeit mit den Ich-Zuständen kann zur Analyse der Ist-Situation genutzt werden und auch als Intervention zur Veränderung dienen. Sie richtet sich entweder auf das Verhalten des Coachees in der Problemsituation oder auch auf das Verhalten des Coachees dem Coach gegenüber.

Indikator für eine Anwendung dieser Arbeit ist insbesondere, wenn der Coach eine Überkreuz-Transaktion oder ein »Spiel« im beschriebenen oder aktuellen Verhalten des Coachees erkennt. Ziel ist, diese/dieses aufzudecken und in den folgenden Schritten der Ziel- und Problembearbeitung eine adäquate Handlungsalternative, die auf Autonomie, Gegenwärtigkeit und dem Erwachsenen-Ich beruht, zu entwickeln.

Für die Arbeit empfehlen wir folgende Schritte:

1. Modell der Ich-Zustände kurz erläutern.
2. Den Coachee einschätzen lassen, aus welchem Ich-Zustand er
   a) in der von ihm beschriebenen Problemsituation handelt
   b) jetzt gerade agiert/spricht.
3. Das Ziel benennen: Agieren im Erwachsenen-Ich mit Erwachsenen!
4. Den Coachee erarbeiten lassen, welche Handlungsalternativen dem Erwachsenen-Ich entsprechen.

Der Coach bietet, soweit erforderlich, eine Korrektur an bei 2. und 4.

Der Verdeutlichung z. B. mit gestalttherapeutischen Methoden, wie der Stühlearbeit (siehe Kapitel 4.4.8), sind keine Grenzen gesetzt.

Der allgemeine Klärungsprozess fokussiert sich bei dieser Arbeit auf die Ich-Zustände, die mit folgenden Fragen verdeutlicht werden können:

1. »Wie heißt das zu lösende Problem?«
2. »Welche unbeeinflussten Gefühle habe ich solchen Problemen und Lösungen gegenüber? Welches sind meine übernommenen Gefühle zu ähnlichen Problemen? Welche spontanen Lösungsmöglichkeiten fallen mir gerade ein?« (K)

---

[1] TA = Transaktionsanalyse (nach Eric Berne)

3. »Was würden meine Eltern (oder andere Autoritätspersonen des Lebens) dazu sagen, tun und fühlen?« (EL)
4. »Welche Tatsachen stehen mir für eine mögliche Lösung zur Verfügung? Welche Informationen muss ich mir noch verschaffen?« (ER)
5. »Auf Grund dieser Antworten gehe ich folgende Verträge ein: ...«

Zur Unterstützung der Analyse soll die Tabelle auf Seite 174/175 dienen.

4.2.5 Kraftfeldanalyse

Die Kraftfeldanalyse dient der Diagnose des Ist-Zustandes für Coach und Coachee im Einzel- oder auch im Gruppen/Team-Coaching. Das Darstellungsschema ist der Physik entlehnt und zeigt auf, wie sich der gegenwärtige Zustand/die derzeitige Situation »aufrechterhält« aus für die Person und Situation förderlichen und hinderlichen Faktoren.

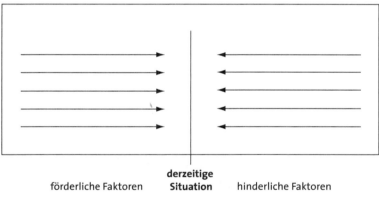

förderliche Faktoren   **derzeitige Situation**   hinderliche Faktoren

Abb. 22

Anwendung:

Der Coach erläutert kurz die Darstellungsform und bittet den/die Coachee aufzuzeichnen, was ihm/ihnen an Einflussfaktoren auf die derzeitige Situation einfällt. Jeder Faktor erhält einen eigenen Pfeil. Die Pfeile können auch durch unterschiedliche Stärken oder Farben eine Aussage über die Stärke des Einflusses darstellen.

Ich-Zustand / Erkennungsmerkmal	Wortwahl	Körperhaltung	Stimme
Kritisches Eltern-Ich	Müssen, sollen, befehlen, verbieten, immer, niemals, nein!, Pflicht, töricht, lächerlich, absurd, kindisch, du Faulpelz, Idiot, Esel, Kamel,…	Erhobener Kopf, erhobener Zeigefinger, zusammengezogene Augenbrauen, furchterregender Blick, Kopfschütteln, ungeduldiges Tapsen mit dem Fuß, Hände in die Hüfte stemmen bei breitbeinigem Stand, Arme vor Brust kreuzen, von oben herabblicken, Nase rümpfen, seufzen,…	Laut knarrendes Organ des Spießes auf dem Exerzierplatz
Fürsorgliches Eltern-Ich	Sich sorgen, pflegen, beraten, ermuntern, erlauben, retten, schützen, helfen, wohlwollend, fürsorglich, lieb, du Armer, du Lieber,…	Erhobener Kopf, Hand auf Schulter, Arm, Rücken eines anderen,…	Warme, beruhigende Stimme eines tröstenden Pfarrers
Erwachsenen-Ich	Wer, was, wann, wo, wie, warum, wie viel, vergleichen, überlegen, informieren, messen, entscheiden, rechnen, objektiv, richtig, falsch, unbekannt, möglich, wahrscheinlich, ungenau, wirklich, realistisch, ich denke, ich sehe, ich höre, es ist meine Meinung,…	Ausgeglichene Bewegungen, Lidschlag alle 3–5 sec, Gesicht schaut geradeaus, Kopf ist weder gesenkt noch erhoben,…	Sachlich klare, dialektfreie und leidenschaftslose Stimme eines Nachrichtensprechers
Angepasstes Kind-Ich	Ich glaube, ich befürchte, ich möchte gefallen, ich hoffe, ich will versuchen, ich kann nicht, beneiden, sich ärgern, schmollen, gehorchen, quengeln, nörgeln, dürfen, danken, Fremd- und Modewörter,…	Gesenkter Kopf (und Augen), hochgezogene Schultern, Wutausbrüche mit entspannender Gestik, störrisches Fußstampfen, Nägelkauen, Hofknickse, Bücklinge, Strammstehen, verstohlener Blick, Handheben für die Erlaubnis, sprechen zu dürfen, gutes Benehmen,…	Leise, ängstlich und stockend sprechende Stimme eines verunsicherten Prüfungskandidaten

Freies/natürliches Kind-Ich	Jauchzen, frohlocken, probieren, unbekümmert, neugierig, erfinderisch, schamlos, natürlich, spontan, frech, Ah!, Oh!, Ih!, Ach!, Holla!, Joi!, Ätsch-bätsch!, ich wünsche, ich möchte, das ist mir egal, super, dufte, Klasse…	Tanzen, freudiges Schreien, Necken, Lachen, leuchtendes Gesicht, hemmungsloses Handeln, Nasebohren, Zunge rausstrecken, Selbstbezogenheit, Rücksichtslosigkeit, Taktlosigkeit,…	Hemmungsloses Sprechen, vor Freude und Begeisterung sich überschlagende Stimme eines Sportreporters
Rebellisches Kind-Ich	trotzen, wiederholen, aber, egal, trotzdem, doch, jetzt erst recht,…	Zorniges, wütendes Schreien, Verharren in einer Haltung, monotone Wiederholung von Gesten und kurzen abgehackten Bewegungen, überhöhte Muskelanspannungen in Gesicht, Nacken, Oberschenkeln, Händen	Lautes oder quengeliges Sprechen einer Nervensäge, etwas höhere Tonlage, gleichbleibendes Modulationsmuster

Vgl. Rogoll. R. (2002) *Nimm dich, wie du bist*

Die förderlichen und hinderlichen Faktoren können nochmals unterteilt werden in eine sinnvolle zusätzliche Abgrenzung z.B. zwischen gruppeninternen und gruppenexternen Faktoren.

Folgende Grundhaltung leitet die Arbeit:

Förderliche und hinderliche Faktoren halten beide das Gleichgewicht stabil. Ohne hinderliche Faktoren würde etwas Wichtiges fehlen (wie ein Auto ohne Bremse, 24 Stunden am Tag mal 7 Tage oder Demokratie oder Opposition). Ziel nach der Ist-Analyse ist es also nicht, schnellstmöglich alle hinderlichen Faktoren zu eliminieren, sondern auch das Potenzial dieser Wirkkräfte zu nutzen durch gezielten Einsatz, definierte Möglichkeiten und Grenzen oder adäquate Ausdrucksformen dieser Kräfte.

Auswertungsmöglichkeiten sind:

- Das Gesamtbild kommentieren.
- Jeden einzelnen Aspekt angehen.
- Fragen: »Was ist förderlich am Hinderlichen, was ist hinderlich am Förderlichen?«
- Fragen: »Welcher Aspekt passt zu welchem auf der anderen Seite?«
- Prioritäten setzen; welcher Aspekt ist der wichtigste?
- Fragen, wie der Coachee/die Gruppe mit dem Ergebnis umgehen will.

Im Gruppen/Team-Coaching sind daneben natürlich auch die gruppendynamischen Auswertungsmöglichkeiten bezüglich des Entstehungsprozesses möglich (siehe Kapitel 4.7.3.2).

4.2.6 Seilearbeit

Bei der Seilearbeit wird mit unterschiedlich langen Seilen dargestellt, welche Aspekte mit der Problemsituation verbunden sind. Dazu wird zunächst die Problemsituation betitelt oder als Frage formuliert und als Zentrum auf den Boden gelegt. Der Coach fragt den Coachee dann nach Aspekten, die auf das Problem/die Frage Einfluss haben, bzw. nach Aspekten, auf die das Problem/die Frage Auswirkung hat. Die Aspekte können Personen, aber auch sachliche Faktoren sein. Die Aspekte werden auf Karten notiert. Dann wählt der Coachee pro Aspekt ein Seil aus und legt es als Rahmen (Kreis) für den Aspekt auf den Boden. (Dazu eignen sich insbesondere Kletterseile in verschiedenen Farben und Längen. Zu lange Seile können durch Doppelt-Legen flexibel gekürzt werden.)

Der Coach regt hierbei die bewussten Entscheidungen an durch Fragen wie z. B.:
- »Wie nah oder weit weg liegt der Aspekt vom Problem/der Frage?«
- »Wie groß/wichtig ist der Aspekt?«
- »Gibt es Überschneidungen und Schnittmengen mit anderen Aspekten?«

Der Vorteil der Seilearbeit liegt darin, dass der Coachee sich nach erstelltem Gesamtbild in die einzelnen Aspekte durch Stellen in den Seilrahmen hineinversetzen und aus dem Aspekt heraus und sogar aus den Schnittmengen das Problem betrachten kann. Auch die Körperwahrnehmung und Veränderungen im verbalen Ausdruck können durch das Hineinstellen in die Aspekte genutzt werden.

Der Coach kann den Coachee so durch alle Aspekte führen und z. B. abfragen:
- »Was ist das wichtigste Kriterium aus diesem Aspekt heraus?«
- »Warum ist dieser Aspekt wichtig?«
- »Wie wichtig soll er sein?«
- »Welche Sorge hat der Aspekt?«
- »Welchen Wunsch hat der Aspekt?«

Die Arbeit erinnert etwas an die Inner-Team-Arbeit, integriert jedoch auch rein äußerliche oder nicht personifizierbare Aspekte einer Situation.

Nach der Erarbeitung von Lösungsmöglichkeiten in weiteren Schritten des Coachings ohne die Seile kann die Lösung aus diesem Seile-Gesamt-Bild heraus nochmals überprüft werden. Wenn es räumlich möglich ist, empfiehlt es sich also, die Seile nach der Ist-Analyse liegen zu lassen.

4.2.7 Soziogramm-Visualisierung

Für die Analyse einer Situation in einem systemischen Kontext und die Einbeziehung der dynamischen Beziehungsfaktoren ist die Soziogramm-Visualisierung gut geeignet. Der Coachee malt dabei die zur Situation gehörenden Personen auf ein großes Blatt und zeichnet die Beziehungen nach einer vorgegebenen Legende ein.

Das Blatt sollte einen eingezeichneten Rand haben, der zulässt, dass Personen auch außerhalb der Zugehörigkeitsgrenze eingezeichnet werden können. Für die Darstellung der Personen reicht ein Symbol, idealerweise zunächst auf kleinen Karten, die die Suche nach der »richtigen« Anordnung variabel ermöglichen.

Vorschlag für die Legende:

===   Starker Kontakt
-----   Normaler Kontakt
....   Schwacher bis gar kein Kontakt

Mögliche Zusätze:

♡   Sympathie/Freundschaft

⚡   Antipathie/Konflikt

Abb. 23

Es ist auch möglich, die Sach- und die Beziehungsebene in unterschiedlichen Farben darstellen zu lassen.

Auch die Sachebene einzuzeichnen hat folgende Gründe:
1. Im Arbeitskontext dient die Beziehungsebene der Sachebene. Ziel von Coaching ist hier immer, dass die Sachebene gut läuft, nicht dass alle in Herzensbeziehungen zueinander stehen.
2. Diskrepanzen zwischen Aufgabenverbindungen und Beziehungsverbindungen lassen Veränderungsnotwendigkeiten erkennen.
3. Der Coachee/die Coachees vermischt/vermischen so nicht Sachebene mit Beziehungsebene.

Der Coach gibt nicht vor, mit wem der Beteiligten der Coachee bei der Positionierung auf dem Blatt beginnt, sondern nutzt bereits diese unausgesprochene Entscheidung des Coachees zur Auswertung.

Unterschiedliche Anwendungsmöglichkeiten:

- Die Führungskraft stellt seine Gruppe dar (im Einzel-Coaching).
- Ein Gruppenmitglied stellt seine Gruppe dar (im Einzel-Coaching).
- Die anwesende Gruppe stellt die Gruppe dar.

Im Gruppen/Team-Coaching wird das Soziogramm in Kleingruppen über die Gesamtgruppe erstellt, damit aus den unterschiedlichen Darstellungen zusätzliche Auswertungsmöglichkeiten entstehen und um eine zusätzliche Gruppendynamik im Plenum zu vermeiden.

Zur *Auswertung der Soziogramme,* die in Kleingruppen über die Gesamtgruppe erstellt wurden, werden zunächst die Soziogramme von den Kleingruppen kommentarlos nacheinander präsentiert. Der Einstieg in die Auswertung kann über die Unterschiede zwischen den Kleingruppenergebnissen erfolgen:

- »Wie kommt es, dass es so unterschiedlich gesehen wird?«
- »Was sagt die Tatsache der unterschiedlichen Wahrnehmung über die Gruppe aus?« (Meta-meta-Ebene)

Danach könnten die Schwerpunkte der Gemeinsamkeiten betrachtet werden.

Der Fokus des Coachs ist insbesondere gerichtet auf potenzielle:

- Außenseiter
- Subsysteme
- Störungen auf der Beziehungsebene.

Die Aussagekraft vom Soziogramm-Malen ist durch die Bereitschaft zur Klärung begrenzt. So kann es natürlich Beziehungskonflikte geben, die bewusst oder unbewusst nicht aufgezeichnet werden.

4.2.8 Aufstellung mit Gegenständen

Für die Ist-Analyse im Coaching, mehr jedoch als bewusstseinserweiternde Intervention, ist es hilfreich, zusätzlich zu den Informationen, die der Coachee als Individuum einbringt, den Kontext seiner Situation systemisch sichtbar zu machen. Dazu bietet der Coach dem Coachee

Materialien an, die stellvertretend für ihn selbst und die Beteiligten und Betroffenen der Problemsituation stehen.

Der Coach definiert eine Grundfläche (z. B. einen Flipchartbogen) mit einem aufgezeichneten Rand, der vom Papierrand etwas entfernt ist, und fordert den Coachee auf, mittels der Materialien über eine bewusste Auswahl der Unterschiedlichkeiten und der Anordnung die Problemsituation darzustellen.

Als Materialien können z. B. dienen:

- Einfache Holzfiguren[1]
- Flaschen
- Salz- und Pfefferstreuer
- Münzen oder
- Gummibärchen.

Bei allen Materialien ist es wichtig, unterschiedliche Ausführungen – jedenfalls in unterschiedlichen Größen – zur Verfügung zu stellen. Hilfreich ist es auch, wenn jeweils eine Vorderseite definiert wird, durch die Zu- oder Abwendung der Personen als Blickrichtung dargestellt werden kann.

Der nicht systemisch ausgebildete Coach muss sich bei der Auswertung einzig auf die Auswertungsaussagen des Coachees beziehen. Er kann diese Auswertungsaussagen mit folgenden Fragen anregen:

- »Wie bewerten Sie die Kontakte der Personen untereinander?«
- »Wer erscheint Ihnen hilfreich/weniger hilfreich?«
- »Wodurch entsteht die Unterschiedlichkeit?«
- »Wodurch haben die Personen Macht/Einfluss auf die Situation?«
- »Hat sich der Ist-Zustand in letzter Zeit verändert? Wodurch?«

---

[1] z. B. von Inszeno Copyright Inszeno, Dipl.-Psych. Jürgen Geißler, Spörrberg 2, D-86911 Dießen, oder von Woodstock.de GmbH, Hauzenberg

4.2.9 Organisations-Landschaften

Auch die Methode der Organisations-Landschaften ist eine Metapher. Hier gibt der Coach ein Repertoire an Materialien vor. Die Materialien dienen der Darstellung einer Organisation mit ihren Einheiten und Faktoren, so z. B.

- Bereiche, Abteilungen, Referate
- Aufgaben, Projekte, Sonderaufgaben
- Produkte
- Information, Kommunikation
- Team, Teammitglieder
- Regeln
- Probleme.

Der Coach definiert durch die Materialien die Darstellungsmöglichkeiten, nicht jedoch die Zuordnung. So gibt es zum Beispiel

- eine in der Größe veränderbare blaue Grundfläche als Wasser
- unterschiedlich große Inseln (z. B. für Abteilungen oder Teams)
- unterschiedliche Häuser (z. B. für Teams oder Personen)
- unterschiedlich breite Straßen (z. B. für Kontakt und Kommunikation)
- Ortsschilder und Fahnen (frei beschriftbare) (z. B. für Botschaften an andere oder für Bezeichnungen)
- Brücken, Baustellen, Wälder, Sümpfe, Tunnels (z. B. für Probleme und Kontakte)
- Verkehrs- und Warnschilder, Piktogramme (vorgegebene und frei beschriftbare) (z. B. für Informationen oder Regeln)
- diverse Verkehrsmittel wie Flugzeuge, Schiffe (Frachter, Segler, Luxusliner), Autos, Hubschrauber, Fahrräder (z. B. für Informationen und Kontakte).

Die Organisations-Landschaften können im Einzel-Coaching und – noch spannender – von Kleingruppen im Gruppen/Team-Coaching genutzt werden, um eine systemische Betrachtung des Problems im Organisationsumfeld zu ermöglichen.

Die Aufgabe an den Coachee lautet: »Stellen Sie die Situation in Ihrer Organisation, d.h. die Einheiten, Beteiligten, Unbeteiligten, Aufgaben, den Umgang und die Kommunikation untereinander, die Regeln und die Probleme mit diesen Materialien dar. Bitte wählen Sie bewusst, welches Symbol sie wofür nutzen wollen.«

Ob der Coachee z. B. für jede reale Person eine eigene Insel oder ein Haus auf einer gemeinsamen Insel nutzt, bleibt völlig ihm überlassen und ist bereits eine analysierbare Aussage.

Die Arbeit braucht einige Zeit (allein 30–60 Minuten Erstellung) und ist somit nur den Aufwand wert, wenn der Coaching-Auftrag bereits deutlich einen systemischen Hauptaspekt aufweist.

Als Materialien dient die Darstellung von o. g. Beispielen auf Bastelpappe. Es sollten jeweils 5–10 Stück von allen Symbolen vorhanden sein.

4.2.10 Thema zentral[1]

Mit dieser Methode kann ein Thema der Gruppe, das relevant erscheint, in Bezug gesetzt werden zu den Personen der Gruppe. Dadurch kann sowohl der Coachee als auch der Coach die individuelle Bedeutung erkennen, die ein Thema für eine Person oder eine Person für ein Thema hat. Das im Rahmen der Methode entstandene Bild zeigt auf, welche Personen in einer Bearbeitung/Veränderung/Lösung des Themas berücksichtigt werden müssen. Das Bild ist somit gleichzeitig als Transfer-Check nutzbar, um die Auswirkungen der erarbeiteten Lösung auf die Beteiligten und Betroffenen zu prüfen.

Durch einen vorangegangenen Klärungsprozess identifizierte Themen könnten z. B. sein:

- Macht/Einfluss
- Veränderung
- Karriere
- Kompetenz
- Potenzial für ...
- Konflikt

sowie auch alle weiteren Beziehungsthemen der Gruppe (siehe Kapitel 1.4.4), die »in der Gruppe rennen« können, sofern sie nicht tabu sind.

---

[1] Diese Methode ist auch unter dem Begriff »round robin« bekannt, der in der IT- und Sportwelt ähnlich verwendet wird.

Für die Erstellung des Bildes benötigt man zunächst den Begriff für das identifizierte Gruppenthema. Dieser wird auf eine Karte geschrieben und in den Mittelpunkt gelegt. Die Beteiligten und Betroffenen werden benannt und mittels Namenskärtchen über Nähe und Distanz zum Thema in entsprechende Abstände gelegt.

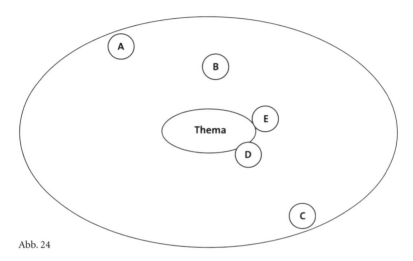

Abb. 24

Wird diese Methode im Gruppen/Team-Coaching verwendet, so stellen sich die Gruppenmitglieder selbst in den Abstand zum Thema, der individuell richtig erscheint. Allein hierdurch entsteht ein gewisser Druck zur Wahrheit, da die unterschiedlichen Auffassungen über die individuellen Bezüge zum Thema eine Diskussion auslösen können. Diese Diskussion ist einerseits Teil des Analyse-Prozesses und andererseits auch schon ein erster Schritt des Lösungsprozesses.

Es sind auch Auswertungsmöglichkeiten aus dem systemischen Blick im Sinne einer »Aufstellung der Gruppe zum Thema« möglich, z. B.

- »Welche Meinungsgruppen bilden sich über das Thema?«
- »Welche Kräfteverhältnisse wirken auf das Thema in unserer Gruppe?«
- »Welche Koalitionen und welche Oppositionen gibt es zum Thema?«

Spannend ist auch die Betrachtung der Veränderungen zwischen einem Live-Soziogramm (siehe Kapitel 4.7.3.4) und der Thema Zentral-Aufstellung, wenn der Coach spontan ein Thema, das er *nur* spürt, in die Aufstellung *wirft* und um neue Zuordnung bittet. Dadurch kann auch die negative Wucht des Live-Soziogramm-Bildes abgemildert werden.

4.3 Perspektivenwechsel

Wer sich über einen Status quo entwickeln will, kann das meist nicht mit den herkömmlichen Mitteln. Um im Coaching über den gewohnten Rahmen hinauszugehen und eine Lösung des Anliegens jenseits der Schwelle des Bisherigen zu ermöglichen, dient der Perspektivenwechsel als wesentliche Möglichkeit.

Dazu können als Intervention folgende *Identifikationstechniken*[1] genutzt werden:

- Rollenwechsel (siehe Kapitel 4.3.1)
- Rollentausch (siehe Kapitel 4.3.2)
- Inner Team (siehe Kapitel 4.2.3).

Weitere Möglichkeit zum Perspektivenwechsel sind:

- das »reframing« (siehe Kapitel 4.3.5)
- zirkulär Fragen (siehe Kapitel 4.3.4) und
- die »dritte Position« (siehe Kapitel 4.3.3)
- sowie Perspektivenwechsel zu besonderen Aspekten
  - zu Entscheidung (s. Kap. 4.3.6)
  - zu Zeitverlauf (s. Kap. 4.3.7).

Diese Techniken können für folgende *Ziele* im Coaching genutzt werden:

- Diagnose/Muster erkennen/verstehen
- Umfeld-/Systemanalyse
- eigene Bewertungsmuster reflektieren/ergänzen/verändern
- eigenen Anteil am Problem herausarbeiten
- Vorbereitung auf ein schwieriges Gespräch.

---

[1] Der Begriff »Identifikation« ist hier im Sinne des allgemeinen Sprachgebrauchs zu verstehen und nicht im Sinne des Kapitels 1.1.3

4.3.1 Rollenwechsel

Im Rollenwechsel fordert der Coach den Coachee auf, sich in eine andere, am Problem beteiligte Person (xy) hineinzuversetzen und die Situation aus dieser Perspektive wahrzunehmen.

Voraussetzungen:

a) Die Fähigkeit des Coachees, kurzzeitig von der eigenen Person Abstand zu nehmen.
   Bei akut labilen Personen ist dies ggf. schwer möglich. Dann kann der Coach in den Rollenwechsel gehen (z. B. »Wenn ich Ihr Kollege wäre...«) oder die Technik des zirkulären Fragens nutzen.
   Um die eigene Position beruhigt verlassen zu können, ist es hilfreich, diese zuvor visualisiert zu haben oder den Rollenwechsel physisch mit zwei Stühlen greifbarer zu machen, auf denen der Coachee den Platz wechselt.
b) Die Bereitschaft des Coachees, Hypothesen, Spekulationen auszusprechen und damit als Annahme weiterzuarbeiten.
   Diese Voraussetzung muss zuvor angesprochen werden. Die Überschrift über allen Aussagen im Rollenwechsel ist: »Ich als Coachee benenne hier meine Hypothese, Phantasie, Vermutung.« Erst im Nachhinein können diese Annahmen relativiert/verifiziert und bezüglich Projektionen (siehe Kapitel 1.3.1.1) überprüft werden.

Vorgehen:

1. Die Bereitschaft des Coachees für o. g. Voraussetzungen klären.
2. Der Rollenwechsel wird physisch (Stühle) oder visuell (Flip) vorbereitet. Vor der Visualisierung des Wechsels werden sowohl Denken, Fühlen als auch Handeln des Coachees festgehalten.
3. *Fragen oder Satzanfänge* geben, z. B.
- »Was denkt xy über sein Leben?«
  - »Mein Leben ist... In meinem Leben ist mir wichtig/für mich schwierig...«
- »Was denkt xy über seine Arbeit?«
  - »Meine Arbeit ist für mich... In meiner Arbeit ist mir wichtig/für mich schwierig...«

- »Was denkt xy über die vorliegende Situation?«
  - »Die vorliegende Situation ist für mich...«
  - »In der vorliegenden Situation ist mir wichtig/für mich schwierig...«
- »Was denkt xy über [Coachee]?«
  - »Über [Coachee] denke ich.../Unser Verhältnis ist...«
- »Wie geht es xy mit dem Verhalten von [Coachee]?«
  - »Das Verhalten von [Coachee] löst bei mir... aus.«
- »Was wünscht sich xy?«
  - »Am meisten wünsche ich mir...«
- »Was ist Ursache/Ziel von Verhalten von xy?«
  - »Ich tue..., weil...«

Innere Vorgänge der imaginierten Person können nicht abgefragt werden. Vielmehr fokussiert der Coach auf die Sicht und hypothetische Motivation zur Situation.

Die Fragen oder Satzanfänge sollten zügig hintereinander gegeben werden, damit der Coachee in der Rolle bleibt. Sie können spontan vertieft werden, indem der Coach an Aussagen eine Ergänzung hängt, z. B. »... weil...?«

Der Coach visualisiert das Denken, Fühlen und Handeln des »Beteiligten xy«, während der Coachee aus dessen Rolle spricht.

Hierbei lässt der Coach keine abwertenden Antworten gelten. Gegebenenfalls interveniert er zum Beispiel durch die Aussage: »Für xy ist sein Denken/Fühlen/Handeln richtig. Er würde das sicher nicht so sagen. Was könnte seine Antwort sein, die aus seiner Sicht völlig stimmig ist?« Der Coach hat die Verantwortung, dass aus dem Rollenwechsel kein Rollenspiel wird, sondern dass sich der Coachee in die andere Person hineinversetzt und Empathie entstehen kann.

4. Zurück zur eigenen Person:
Dies muss zunächst physisch erfolgen, durch Stuhlwechsel oder Abstreifen/Ausschütteln.
Der Coachee tritt wieder in seine eigene Rolle und betrachtet die Gesamtsituation. Der Coach stellt jetzt Fragen zur Bewertung und fokussiert auf den eigenen Handlungsbereich des Coachees, z. B. »Wenn Sie jetzt die Gesamtsituation betrachten, was fällt Ihnen auf?

Was könnten Sie jetzt – wo Sie dies ›wissen‹ – tun, um die Situation zu verbessern?« Und, wie bereits oben erwähnt, ggf.: »Welche Hypothesen, von denen Sie jetzt ausgegangen sind, wollen Sie überprüfen und wie?«
(s. a. Fischer-Epe, M. [2002]. *Coaching: Miteinander Ziele erreichen*)

4.3.2 Rollentausch

Der Rollentausch entspricht dem Rollenwechsel, wobei die *beteiligte Person xy anwesend* ist.

Besonderheiten:

- Der Rollentausch muss beidseitig erfolgen.
- Einer sitzt, der andere steht dahinter.
- Die Person, aus der gesprochen wird, schweigt zunächst. Die Verifizierung/Falsifizierung/Ergänzung erfolgt erst danach; ist aber zwingend erforderlich, da sonst Widerstand entsteht.
- Der Auswertungsfokus bezieht sich ausschließlich auf:
  - »Was verstehen wir voneinander bereits?«
  - »Was ist neu/hatten wir noch nicht gewusst
    - über den anderen
    - darüber, was der andere über mich denkt?«

(Siehe auch Kapitel 4.6.5 »Confrontation-meeting« im Gruppen/Team-Coaching.)

4.3.3 Dritte Position

Die dritte Position ist eine Methode aus der Gestalttherapie und stellt eine Möglichkeit dar, das eigene Verhalten in der Interaktion von außen zu betrachten. Diese einfache Form des Perspektivenwechsels ermöglicht eine innere kritische Distanz zu sich selbst als handelnder Person.

Der Coach fordert hier den Coachee auf, sich vorzustellen, er würde von außen die Interaktion, von der er selbst ein Teil ist, betrachten, und diese zu beschreiben. Dabei hilft die konkrete Vorstellung von einem bestimmten Betrachtungspunkt, der etwas oberhalb der Interaktion liegt, z. B. die Fensterbank. Der Coach führt dorthin mit einer Fiktion, wie

z. B.: »Stellen Sie sich vor, Sie säßen in dem Raum auf der Fensterbank und würden sehen, wie Sie das zu Ihrem Kollegen sagen.«

Sobald der Coachee sich gedanklich auf diesem Platz befindet, kann der Coach die Betrachtung mit Fragen leiten, wie z. B.

- »Was läuft dort scheinbar?«
- »Was läuft dort wirklich?«
- »Was ist an dieser Situation bemerkenswert?«
- »Gibt es etwas Komisches an der Situation?«
- »Was würden Sie sich selbst in der Interaktion raten?«

Im weiteren Verlauf des Coachings kann die dritte Position auch erweitert genutzt werden, z. B. zum inneren Dialog mit dem agierenden Ich oder als »Brille« verschiedener Haltungen, wie z. B. Skeptiker, Träumer, Realist.

Die dritte Position entspricht der eigenen Position im Inner Team (siehe Kapitel 4.2.3).

4.3.4 Zirkulär fragen

Zirkulär zu fragen ist eine wunderbare systemische Technik, die ihren Ursprung in der Familientherapie der Mailänder Schule hat. Sie ermöglicht im Einzel-Coaching, das System des Coachees in die Betrachtungen mit einzubeziehen sowie im Gruppen/Team-Coaching präsente, ungenannte Zusammenhänge für den Coach und die Gruppe greifbar zu machen.

Dabei wird eine Frage an einen Dritten gestellt, die diesen zu Hypothesen über eine Haltung/einen Gedanken/eine Emotion/eine Wirkung bei einem Zweiten einem Ersten gegenüber anregt.

Beispiele:

»Was glaubst du, könnte es bei A auslösen, wenn er B so sieht?«
»Was glaubst du, wer hier im Raum am ehesten ... würde?«
»Was glaubst du, würde A zu B am liebsten sagen?«

Wirkungen von zirkulären Fragen:

- Perspektivenwechsel bei Befragtem.
- Fremdbild über A/Gruppe wird bekannt.
- B erhält die Möglichkeit, etwas von A zu erfahren, was A (noch) nicht sagen würde (Tabus können so umgangen werden).
- A bleibt geschützt, da die Aussage eine Hypothese des Befragten ist.
- Wirkungen können überprüft, Absichten geklärt werden.

Diese Frageart ist auch im Einzel-Coaching möglich, um systemische Zusammenhänge zu eruieren, erreicht jedoch ohne Anwesenheit der Benannten nur die erstgenannte Wirkung.

Worauf sollte der Coach achten?

- Der Coach muss die Erlaubnis für Vermutungen und nicht abgesicherte Antworten geben z. B. mit der Aussage:»Es ist durchaus möglich, dass Ihre Antwort nicht stimmt, aber darum geht es jetzt nicht.«
- Die Frage ist im Konjunktiv zu formulieren, damit die Antwort als Hypothese gegeben und genommen werden kann.
- Der Befragte muss eine Abstraktionsfähigkeit besitzen, die ihm erlaubt, im Bereich von Hypothesen zu sprechen.
- Die Wirkung dieser Frageart unterliegt der Inflation, sodass zirkuläre Fragen nur sparsam eingesetzt werden können.
- Der Coach sollte sofortige Kommentare unterbinden, die Aussage als Hypothese des Befragten stehen lassen und Zeit für die »Verdauung« lassen. Ein Nachfragen, ob die Aussage stimmt, verhindert ein Nachdenken über das darin vorhandene Potenzial.

Wen sollte der Coach fragen?

Je nach Ziel	sollte der Befragte sein:
Perspektivenwechsel	Betroffener von akutem Thema
Fremdbild geben	Neutraler, guter Beobachter
Tabu umgehen	Neutraler, Zuspitzer

Im Einzel-Coaching ist der Befragte der Coachee, und die Auswahlkriterien gelten für A, wobei es auch sein kann, dass A erst vom Coachee gefunden werden muss.

In folgender Darstellung stehen die Kreise für Teilnehmer des Gruppen/Team-Coachings:

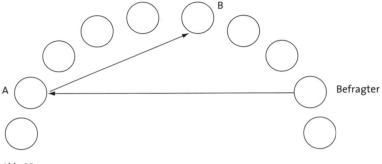

Abb. 25

4.3.5 Reframing

Reframing ist die Veränderung einer Bedeutung durch einen veränderten Betrachtungswinkel (-rahmen) und dient somit dem Perspektivenwechsel. Reframing wird in der Regel zur Umdeutung ins Positive, z. B. das inhärente Potenzial, genutzt.

Reframing kann sinnvoll sein, um den Coachee bezüglich seiner eigenen Handlungen und Impulse zu stärken oder um ihm ein Verständnis für Handlungen anderer zu ermöglichen.

Die große Gefahr des reframings liegt jedoch in der Ideologisierung der Harmonie. Sofern der Coach dieser folgt, kann es passieren, dass reframen benutzt wird, um etwas zu harmonisieren, das eigentlich zugespitzt werden sollte.

Die Umdeutung durch die Nutzung eines neuen Betrachtungswinkels wird wie bei den Hypothesen als Angebot zum Ausprobieren des Betrachtungswinkels formuliert, damit der Coachee es ablehnen kann.

Folgende Beispiele sollen helfen, die Umdeutungsdenkweise zu aktivieren:
einfallslos
- ▶ bleibt auf bekannten Wegen
- ▶ stuft Erfahrung hoch ein
- ▶ ist mit Vertrautem zufrieden

einmischen
- ▶ will seine Energie mit einbringen, seinen Beitrag leisten
- ▶ bringt sich an vielen Stellen mit ein
- ▶ nimmt sich Verantwortung

führungsschwach
- ▶ offen für Fragen und Diskussion
- ▶ sehr sorgfältig abwägend, bevor er Entscheidungen trifft
- ▶ lässt Mitarbeitern viel Freiraum
- ▶ vorsichtig mit Eingriffen/Übergriffen

autoritär
- ▶ setzt seinen Willen durch
- ▶ einer, der die Welt unmissverständlich gestaltet
- ▶ hat schnell einen eigenen Standpunkt
- ▶ setzt sich leidenschaftlich für seine Standpunkte ein
- ▶ steht seine Entscheidungen durch
- ▶ setzt sich für das ein, was ihm wichtig und richtig ist

Schmeichler
- ▶ kann gut wahrnehmen, was anderen wichtig ist
- ▶ passt sich an
- ▶ geht offen und einladend mit anderen um
- ▶ bestätigt andere in ihrem Verhalten
- ▶ wirbt um Zuwendung der anderen

streitsüchtig
- ▶ vertritt eigenen Standpunkt
- ▶ setzt Grenzen
- ▶ gibt sich nicht leicht zufrieden
- ▶ sorgt für Klarheit und Verbindlichkeit
- ▶ lässt ungeklärte Sachen nicht ruhen

unsicher
- ▶ hinterfragt sich
- ▶ lässt sich Zeit zu zentrieren
- ▶ wägt viele Argumente ab
- ▶ wartet ab
- ▶ lässt der Welt seinen Gang

Die Methode des reframings beschränkt sich jedoch nicht nur auf Attribute, sondern kann sich auf Situationen und Schlussfolgerungen anwenden lassen. Den Möglichkeiten zur Unterstützung eines Perspektivenwechsels sind kaum Grenzen gesetzt.

4.3.6 Tetra-Lemma

Die Tetra-Lemma-Arbeit kommt aus der systemischen Aufstellungsarbeit.

Das Tetra-Lemma-Verfahren dient der Entscheidungsfindung und ist geeignet für Situationen, in denen der Coachee zwischen zwei Entscheidungsalternativen wählen muss. Das Verfahren macht aus zwei Alternativen fünf und erweitert damit den Blick auf Möglichkeiten.

Dabei stellt der Coach folgende fünf Möglichkeiten vor:

1. Das eine
2. Das andere
3. Beides
4. Keines von beiden
5. Das Neue

Diese Möglichkeiten werden auf Karten geschrieben, auf den Boden gelegt, sodass sich der Coachee auf die jeweiligen Positionen stellen und einzig daraus »empfinden« kann (s. Abb. 26).

Diese Methode integriert die kognitiven Aspekte und den körperlichen Ausdruck in einer Entscheidungssituation. Der Coachee nimmt die ersten vier Positionen nacheinander wortwörtlich ein, indem er sich daraufstellt. Er spürt in jeder Position ganzheitlich nach, das Körpergefühl integrierend, wie sich diese Möglichkeit für ihn anfühlt. Die Methode setzt einen »inneren Kontakt« des Coachees voraus, der ggf. zunächst durch einen »check inside« hergestellt werden muss (siehe hierzu auch Kapitel 1.2.3 Gegenwärtigkeit und Kapitel 4.4.6 Phantasiereisen). Er braucht dabei nichts zu sagen, sodass die Methode sogar »anonym« möglich ist für ein Thema, das der Coachee nicht benennen will. Der Coach kann dabei dem Coachee helfen, indem er die Unterschiede seiner Beobachtung des Coachees auf den fünf Entscheidungspositionen zurückspiegelt oder ihn auffordert, das, was der Coachee innerlich auf

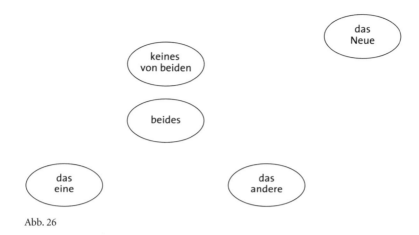

Abb. 26

jeder Möglichkeit spürt, in einer körperlichen Haltung deutlich zum Ausdruck zu bringen.

Anschließend stellt sich der Coachee auf die fünfte Möglichkeit »das Neue«, die idealerweise auch räumlich höher angeordnet ist. Aus dieser Sicht blickt der Coachee auf die vier bisherigen und erkennt von hier eine deutliche Entscheidungstendenz oder ggf. die Auswahl zwischen zwei neuen, konkreteren oder wesentlicheren Alternativen. Im letzteren Fall können die Schritte 1 bis 5 erneut durchschritten und erlebt werden. Diese fünfte Möglichkeit kann auch – ähnlich wie die dritte Position (siehe Kapitel 4.3.3) – zur abstrahierten Betrachtung und Mustererkennung genutzt werden.

4.3.7 Time line

Die Methode der time line (u. a. nach Richard Bandler, Tad James und Wyatt Woodsmall) kann nicht nur generelle, wichtige Ereignisse im (Berufs-)Leben des Coachees darstellen und verbinden helfen, sondern auch gezielt genutzt werden, um bestimmte Themen in ihrem Erfahrungszusammenhang zu analysieren.

Das Thema, das der Coach hierfür anbietet, kann sich aus dem Auftrag explizit ergeben oder aber auch aus dem Prozess des Coachings, wenn z. B. der Coachee reagiert mit: »Das passiert mir nicht zum ersten Mal.«

Diese gezielt ausgewählten Themen können z. B. sein:

- Entscheidungen im Leben
- wesentliche Kontakte
- Energie
- Erfolge und Misserfolge
- Rollen in Beziehungen
- Beziehungsverläufe
- Konflikte.

Die Methode lässt sich einfach am Boden darstellen, indem ein Seil o. Ä. als Zeitschiene genutzt, in geeignete zeitliche Abschnitte von z. B. 7 Jahren unterteilt und der Coachee gebeten wird, die Zeitschiene langsam rückwärts abzulaufen und in jedem Abschnitt zu prüfen, was zu dem Thema passiert ist. Der Coach begleitet den Coachee mit Fragen, kann die Antworten in Stichworten festhalten und der Zeitschiene visuell zuordnen.

Im Beispiel des Themas »Entscheidungen« könnten die Fragen des Coachs lauten:

- »Welche Entscheidungen gab es in dieser Zeit zu treffen?«
- »Wie kamen sie zustande?«
- »Wie war es bei sachlichen Entscheidungen?«
- »Wie bei emotionalen Entscheidungen?«
- »Wie war der Entscheidungsvorlauf?«
- »Wie war die Umsetzung der Entscheidungen?«
- »Wer hat Entscheidungen getroffen und inwieweit waren Sie beteiligt? Was durften Sie selbst entscheiden?«

Wenn hierbei die Kindheit einbezogen wird, bedeutet dies nicht, eine biographische Arbeit einzuleiten. Sofern der Coachee dabei in unaufgelöste Emotionen gerät, kann er durch Bewegung auf der time line in Richtung Gegenwart relativ leicht wieder stabilisiert werden.

Ziel der time-line-Arbeit ist, Potenziale, Entwicklungen, Regeln, Muster zu erkennen und für die aktuelle Situation zu nutzen oder zu verändern.

Der Coach könnte den Transfer aus der time line einleiten mit potenzialorientierten Fragen wie z. B.:

- »Welche Fähigkeiten haben Sie über diese Erfahrungen erworben?«
- »Welche Fähigkeiten möchten Sie ab heute zusätzlich erwerben?«
- »Welche Erfahrungen haben Sie bereits hinter sich und brauchen Sie nicht weiter?«
- »Welche neuen Erfahrungen wünschen Sie sich für Ihren künftigen Umgang mit dem Thema?«
- »Welche Gemeinsamkeiten haben die Ereignisse?«
- »Was ist Ihr aktiver Part daran?«
- »Was müssten Sie aktuell tun, damit sich der Weg fortsetzt/nicht fortsetzt?«

4.4 Arbeit mit dem Charakter

Wir wollen an dieser Stelle noch mal darauf hinweisen, dass der Charakter nicht einfach durch eine Coaching-Sitzung verändert werden kann. Die folgenden Methoden zielen darauf ab, die hinderlichen Charakterausprägungen weicher zu machen.

4.4.1 Sonden

Sonden sind Sätze, die das Ziel haben, ein Thema auf den Punkt zu bringen. Mit der Sonde wird eine Botschaft formuliert, die das vermutete, dahinter liegende Bedürfnis des Coachees befriedigt und damit sein Potenzial stärkt. Die Sonde soll vom Coachee über das Gefühl, nicht über das Denken überprüft werden.

Die mit der Sonde angesprochenen Bedürfnisse sollten sich im Coaching weniger auf die Grundbedürfnisse wie Beachtung, Anerkennung, Liebe und Zugehörigkeit beziehen, da damit schnell Befriedigungsdefizite der Kindheit wachgerufen werden können, die eine therapeutische Bearbeitung erforderlich machen.

Beispiel: Aus den Erzählungen des Coachees erkennt der Coach, dass der Coachee darunter leidet, keine Ordnung halten zu können. Der Coach vermutet darin eine Regel (siehe Kapitel 1.1.8).

- »Bitte beachten Sie, was Sie fühlen, wenn ich sage...«
- Sonde:
  - »(Name), du darfst deine Unordnung leben.« oder
  - »(Name), du kannst dein Maß an Ordnung selbst entscheiden.«

Wichtig bei der Arbeit mit Sonden ist,

- den Coachee zu bitten, sich aufrecht hinzusetzen und die Augen zu schließen, mit der Aufmerksamkeit nach innen zu gehen und mit dem Körper zu »hören«.
- die Sonde mit dem Namen des Coachees zu beginnen und dabei den Vornamen zu verwenden. (Sofern sich Coach und Coachee siezen, kann der Coach hierzu zuvor die Erlaubnis explizit einholen, sollte aber anschließend wieder in die Sie-Ansprache wechseln.)
- eine ruhige Stimme.
- 1–2 Minuten zu warten und dann nach der inneren Reaktion (Atmung, Spannung etc.) des Coachees zu fragen.

Wenn die hinter der Sonde stehende Hypothese des Coachs und auch die Form, mit der die Sonde gesetzt wird, stimmig ist, reagiert der Coachee meist mit einem Lächeln und körperlicher Entspannung. Der Coach kann dann auf eine innere Wirkung der Sonde beim Coachee vertrauen und braucht nicht explizit daran weiterzuarbeiten. Wenn eine stimmige Reaktion nicht erkennbar ist, empfehlen wir, die Hypothese zu überprüfen und die Methode an dieser Stelle nicht weiterzuverfolgen.

4.4.2 Doppeln

Doppeln ist das Angebot, einen bewusst oder unbewusst zurückgehaltenen Gedanken und/oder ein Gefühl oder eine finale Aussage auszuprobieren, indem der Coach ihn stellvertretend für den Coachee artikuliert. Der Inhalt des Doppelns richtet sich dabei auf eine Ebene, die tiefer geht als die vom Coachee zunächst angebotene Aussage, z. B. auf innere Entscheidungen oder Bedürfnisse, die der Coach in dieser Form als Hypothese einbringt.

Beispiel:

- Der Coachee erzählt etwas mit zurückgehaltenem Ärger.
  Der Coach ergänzt:»… und darüber bin ich ärgerlich.«
- Der Coachee erzählt, wie negativ er über seinen Kollegen denkt.
  Der Coach ergänzt:»… und deshalb möchte ich Sie nicht länger um mich haben.«

Der ergänzte Satz beinhaltet nicht die Lösung des Problems. Ziel ist vielmehr durch diese Art der Zuspitzung, innere Klarheit zu fördern. Dieses Ziel ist auch dann erreicht, wenn der Coachee die Hypothese falsifiziert und reagiert mit:»Nein, ich möchte aber, dass…«

Wichtig beim Doppeln ist:

- Der Satz wird als Angebot, nicht als Richtigstellung vermittelt; z.B. indem der Coach ihn mit den Worten anbietet:»Ich möchte gern etwas ausprobieren, bitte prüfen Sie mal, ob das stimmt…«
- Der Impuls dazu stammt aus der Wahrnehmung des Coachs, nicht aus einer Theorie! Der Coach ist hierbei Medium des Coachees.
- Der Coach spricht in der 1. Person Singular, damit der Coachee den Satz als eigene Aussage hört.
- Der Coach kann dabei hinter den Coachee treten und – sofern der Kontakt zwischen Coach und Coachee es erlaubt – die Wirkung durch Hand-auf-die-Schulter-Legen unterstützen.
- Idealerweise schließt der Satz an die Aussage des Coachees an.

Wenn der Coachee der ergänzten Aussage zustimmt, verstärkt eine Wiederholung des eingedoppelten Satzes durch den Coachee die Wirkung.

4.4.3 Wertschätzende Provokation

Eine wertschätzende Provokation ist die Verbindung von verbaler Provokation mit einem nonverbalen wertschätzenden Kontakt. Diese Intervention braucht die Basis einer im bisherigen Coaching-Verlauf vom Coachee deutlich erlebten Wertschätzung des Coachs.

Beispiele:

- »Sagen Sie mal, haben Sie sich das schöngeredet oder glauben Sie das selbst?«
- »Ein Perfektions-Mensch wie Sie kommt da sicherlich an seine Grenzen!«

Wichtig bei der wertschätzenden Provokation ist:

- Die nonverbale Botschaft lautet: »Ich schätze Sie und möchte Sie dabei unterstützen, sich nicht eine schädliche Illusion aufzubauen.«
- Basis und Voraussetzung ist ein wertschätzender Kontakt zwischen Coach und Coachee.

4.4.4 Konfrontation

Konfrontation ist die strenge Variante der wertschätzenden Provokation. Die Konfrontation richtet sich nicht auf die Person des Coachees, sondern auf sein Charakter-System.

Beispiele:

- »Sagen Sie mir, ob Sie das selbst ernstlich vertreten, was Sie gerade benennen.«
- »Ich finde, Sie handeln aus einer Lebenslüge heraus, die ich nicht unterstützen werde.«
- »Sie scheinen jemanden zu brauchen, mit dem Sie sich reiben können.« (Konfrontative Hypothese)

Wichtig bei der reinen Konfrontation sind die Überzeugungskraft des Coachs und seine Bereitschaft zur Konsequenz. Eine Konfrontation erzeugt eine für den Coachee oft unangenehme Nähe zwischen Coach und Coachee, die der Coach z. B. mit einer anschließenden Geschichte als Metapher (siehe Kapitel 4.2.1) zum gleichen Thema wieder entspannen kann.

4.4.5 Paradoxe Intervention

Ein Paradoxon ist eine scheinbar widersprüchsvolle Aussage, die aber doch einen Sinn ergibt. Im Coaching erscheint die paradoxe Intervention dem Coachee zunächst ungeeignet zur Erreichung seiner Ziele. Der Coach hingegen setzt sie genau zur Erreichung dieser Ziele ein, er kennt den dahinter liegenden *Sinn*. Dieser kann sein, mit der Intervention...

... bestimmte Abwehrkräfte des Coachees auszuschalten,
... die eigenen Antriebskräfte im Coachee zu aktivieren oder
... eine eingeschränkte Sichtweise zu entlarven.

Beispiele für Arten von paradoxen Interventionen:

a) Verschreibung des Symptoms (Beispiel: Der Coachee bringt sich in Besprechungen nicht ein: »Sie dürfen in der nächsten Besprechung nicht mehr als drei Worte sagen.«)
b) Zweifel an Fähigkeiten des Coachees (Beispiel: Der Coachee glaubt, er hätte ein mangelndes mündliches Ausdrucksvermögen: »Ich wette, Sie schaffen es nicht, mir einen klaren Satz über Ihre Arbeit zu sagen.«)
c) dem Coachee ein bestimmtes Image geben (Beispiel: Der Coachee hat Sorge, andere im Gespräch zu sehr zu dominieren: »Ach, dann sind Sie so ein Partylöwe, einer, der auftritt und immer gleich alle Themen an sich reißt.«)
d) eine ungesunde Annahme/Grundmuster/Regel als absolut gültig darstellen (Beispiel: Der Coachee bemüht sich zu sehr, die Erwartungen anderer Menschen zu erfüllen: »Ich muss es immer allen recht machen.« als schriftliche Botschaft an den Coachee mit dem Auftrag, diese eine Woche neben seinen Badezimmerspiegel zu hängen.)
e) worst-case-Szenario als unvermeidbar darstellen (Beispiel: Der Coachee hat Sorge, dass er die bevorstehende Prüfung verhaut: »Na klar, Sie fallen durch. Da können Sie gar nichts machen.«)

Voraussetzungen für paradoxe Interventionen:

- Vertrauenskontrakt zwischen Coach und Coachee
- Reflexionsfähigkeit des Coachees
- Eine kritische, nicht überkritische oder unkritische Haltung des Coachees gegenüber dem Coaching
- Ressourcen zur Selbstbehauptung des Coachees
- Falls die Intervention eine Hausaufgabe ist: Vorheriges klares Committment des Coachees zur Annahme der Aufgabe
- Zeit zur Wirkung der Intervention
- Committment zur anschließenden Klärung (Der Coach muss eine Gelegenheit haben, mögliche Fehlwirkungen aufzufangen!)

Wichtig bei paradoxen Interventionen ist, dem Coachee keinesfalls das Paradoxon zu erklären!

Milton Erickson war ein Meister der paradoxen Interventionen, seine Geschichten, z. B. die über Nägelkauen (Rosen, S. [Hrsg.] [1996]. *Die Lehrgeschichten von Milton H. Erickson*), sind Lehrstücke darüber und geben einen Eindruck von Möglichkeiten der paradoxen Intervention.

4.4.6 Phantasiereisen

Phantasiereisen sind im Coaching nur eingeschränkt möglich, da

- das normale Coaching-Setting längere Phantasiereisen und deren Aufarbeitung ausschließt und
- ohne therapeutischen Kontrakt ein Berühren von Unbewusstem und tiefen Emotionen vermieden werden muss.

Ziele von Phantasiereisen im Coaching:

- Ressourcen laden durch Erinnerung an ressourcenreiche oder ressourcengebende Situationen
- Versetzung in den Zielzustand
- Perspektivenwechsel

Stufen von Phantasiereisen:
1. Atmung/Entspannung
2. Check inside/Körperwahrnehmung
   (siehe Fragen in Kapitel 1.2.3 Gegenwärtigkeit)
3. Phantasiereise selbst

Was ist beim Anleiten wichtig?

- Immer erst in die Entspannung führen über Atmung und Körperwahrnehmung.
- Ruhige Stimme
- Zeit lassen
- Reizworte und Worte mit negativen Mehrdeutigkeiten vermeiden.
- Nebengeräusche vermeiden oder einbeziehen.
- Im Hier und Jetzt beginnen und enden.
- Einschlafen kann Widerstand oder Flucht bedeuten.
- Den Coachee nie ruckartig »aufwecken«.
- Reisen in die Kindheit können sehr tief gehen. (Hierfür, wie auch z. B. für eine Trance-Induktion, sind eine therapeutische Kompetenz des Coachs erforderlich sowie ein therapeutischer Kontrakt mit dem Coachee!)

Der Inhalt von Phantasiereisen kann vom Coach selbst gestaltet und auf die Situation des Coachees zugeschnitten sein oder sich an vorhandene Phantasiereisen anlehnen (z. B. nach Masters, R. [1984]. *Phantasiereisen*).

4.4.7 Arbeit an Regeln und meanings

(Zum Hintergrundwissen über Regeln und meanings siehe Kapitel 1.1.8)

Arbeit an Regeln: Folgende Schritte können Regeln weich machen oder relativieren. Die Schritte können auch dem Coachee gegenüber gemäß der linken Spalte in Abb. 27 betitelt werden. Die Unterschiede der einzelnen Schritte können auch mit Körperhaltungen oder in Bewegung vom Coachee verstärkt werden.

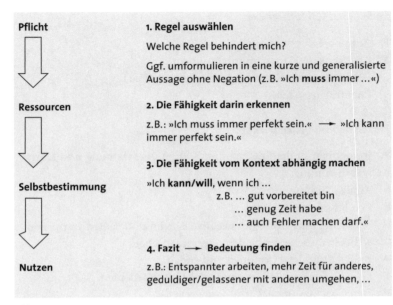

Abb. 27

Arbeit an meanings:
Hier sei noch einmal betont, dass meanings im Coaching nicht verändert, nur weicher gemacht werden können.

Fall:
meaning: »Ich werde nur geliebt, wenn ich perfekt bin.«
Regel: »Ich muss immer perfekt sein.«

Zunächst sei hier ein *Beispiel für ein therapeutisches Vorgehen* in diesem Fall gegeben, um anschließend die Coaching-Möglichkeiten davon abgrenzen zu können:

Nach Aufarbeitung der Emotionen erfolgt die Betrachtung des meanings:

- reframing: »Als Kind dachte ich, dass ich nur geliebt werde, wenn ich perfekt bin.«
- Sonde: »(Name), du bist liebenswert, auch wenn du nicht perfekt bist.« (siehe auch Kapitel 4.4.1)
- Regeländerung: »Ich kann/will perfekt sein, wenn ...«

Alternative Beispiele für Vorgehensmöglichkeiten im Coaching:
- Hypothese über Bedeutung der Perfektion im Leben des Coachees: »Könnte es sein, dass sich Perfektion oder das Streben danach durch Ihr Berufsleben zieht?«
- Sonde: »(Name), du wirst in deinem Job auch geschätzt, wenn du nicht perfekt bist.«
- Paradoxe Intervention: »Nur wenn Sie perfekt sind, sind Sie ein guter Mitarbeiter.«
- Wertschätzende Provokation: »Was machen Sie eigentlich, wenn Sie im Büro merken, dass Ihre Schuhe nicht geputzt sind?«
- Reframing: »Wofür kriege ich in meinem Job Wertschätzung – außer für Perfektion?«
- Regeländerung: »Wann *will* ich perfekt sein/wann nicht?«

Nach einer solchen Intervention ist es hilfreich und für die Veränderungsmöglichkeit am meisten förderlich, die dadurch entstandene Verwirrung des Coachees zuzulassen, nicht auf einer klaren Veränderungswirkung zu bestehen und ggf. Widerstand zu akzeptieren.

4.4.8 Stühlearbeit

Die Stühlearbeit hat ihre Wurzeln in der Gestaltarbeit und dem Psychodrama. Sie dient der Veranschaulichung von unterschiedlichen Themen, Sichtweisen, Anteilen eines Themas oder einer Person.

Dazu werden Stühle genutzt, die jeweils für einen definierten Aspekt stehen. Der Coachee setzt sich auf den Stuhl/die Stühle, nimmt dadurch den Blickwinkel des definierten Aspekts ein und kann dabei sowohl gedanklich als *auch körperlich* zusätzliche Informationen gewinnen.

Eine *Variante der Stühlearbeit* ist für die Arbeit an Regeln nutzbar: Dabei können fünf Stühle wie folgt bezeichnet werden:

Ich sollte **Ich muss** **Ich darf** **Ich kann** **Ich will**

Abb. 28

Benannt oder unbenannt stehen diese Satzanfänge für:
Ich sollte = Glaubenssatz (Pflicht)
Ich muss = Regel
Ich darf = Glaubenssatz (Erlaubnis)
Ich kann = Fähigkeit oder Möglichkeit
Ich will = Selbstbestimmung

Der Coach bittet dazu den Coachee, die Stühle nacheinander zu besetzen und pro Stuhl dabei

- zunächst zu spüren, was er sollte/muss/darf/kann/will
- die Stimmigkeit zwischen Gedanken und körperlicher Wahrnehmung zu überprüfen und dann
- die Sätze zu vervollständigen.

Der Coach achtet dabei auf den ganzheitlichen Ausdruck und spiegelt seine Wahrnehmung dem Coachee. Jede Unstimmigkeit oder auch unerwartete Aussage sowie körperliche Phänomene können einzeln weiterverfolgt werden über diese Methode hinaus.

Ziel dieser Methode ist es, in Kontakt zu kommen mit inneren – zum Teil unreflektierten – Einflussfaktoren und Ressourcen in der Problemsituation und zu einer realistischen Betrachtung der eigenen Handlungsmöglichkeiten.

4.5 Feedbackformen im Coaching

4.5.1 Feedback im Einzel-Coaching

4.5.1.1 Feedback vom Coach an den Coachee

Immer wenn der Coachee deutliche Diskrepanzen im Ausdrucksverhalten zeigt, kann Spiegeln eine sinnvolle Intervention sein.

Spiegeln bedeutet, dem Coachee seine Stimme, Mimik, Gestik und/oder Körperhaltung vorzumachen und ihn zu fragen, wie er das von außen wahrnimmt.

Beispiel:
- »Wenn Sie davon sprechen, sitzen Sie gerade so da. Wie wirkt das auf Sie?«

Wichtig:
- Spiegeln ist ein Angebot, keine Deutung!
- Spiegeln erfordert eine gute Wahrnehmung ohne Bewertung.

Feedback als *zeitnahe Rückmeldung* über ein Verhalten des Coachees in der Coaching-Sitzung kann erforderlich werden, wenn der Coachee z. B.

- bestimmten Themen ausweicht oder anderweitig ablenkt
- an bestimmten Stellen des Coachings ein deutlich auffälliges Verhalten zeigt
- immer wieder anbietet, die Beziehung zwischen Coach und Coachee in den Vordergrund zu stellen oder
- positive Verhaltensweisen oder Fähigkeiten zeigt, die er sich selbst nicht ganz zugesteht und deren Bewusstmachung den Lösungsprozess verstärken kann.

Wenn der Coachee sich selbst stark unter Leistungsdruck setzt und auch die Beziehung zum Coach als Leistungsziel definiert (»Ich muss hier als Coachee gut sein.«), kann diese Art des direkten Feedbacks im Coaching nicht verwendet werden. In diesem Fall ist höchstens eine paradoxe Variante davon anwendbar.
Siehe auch Kapitel 4.1.2 unter »IV. Abschluss/Evaluation« zur Abschlussempfehlung als gesonderte Form des Feedbacks an den Coachee.

4.5.1.2 Feedback zur Erhöhung der Selbstwahrnehmung und des Verständnisses für Dritte

Als *Identifikationsfeedback* bezeichnen wir, wenn der Coach sich

- in die Rolle eines Dritten versetzt und aus dieser spricht: »Ich als ... würde denken/fühlen ...«
- in die Rolle des Coachees versetzt und für diesen spricht: »Ich an Ihrer Stelle würde denken/fühlen ...«

Als *Rollenfeedback* bezeichnet ist das Identifikationsfeedback nach einem im Coaching durchgeführten Rollenspiel aus der eingenommenen Rolle heraus:»Als... denke/fühle ich...«

Diese beiden Feedbackformen sind natürlich auch im Gruppen/Team-Coaching möglich.

vgl. Brenner, I., Clausing, H., Kura, M., Schulz, B., Weber, H. (1996). *Das pädagogische Rollenspiel*

4.5.1.3 Üben von Feedback zur Ermächtigung des Coachees Dritten gegenüber

Der Coachee übt im Coaching Feedback an einem Dritten. Hierbei wird der Feedbacknehmer symbolisch durch einen Platz, z. B. einen Stuhl, repräsentiert. Das Feedback darf beim Üben nicht an den Coach adressiert werden, da die Wirkung des Coachs in der realen Situation fehlt. Hilfreich für den Transfer ist auch, sich den Feedbacknehmer in Haltung, Blick usw. konkret vorzustellen. Der Platz kann auch vom Coachee durch einen Rollenwechsel eingenommen werden, um die Wirkung aus der Rolle des Feedbacknehmers zu überprüfen. Zusätzliche Interventionen z. B. durch Doppeln in beide Rollen sind möglich.

4.5.2 Feedback im Gruppen/Team-Coaching

Im Gruppen/Team-Coaching kann es Situationen geben, in denen ein Einzelner mit seiner persönlichen Situation stark in den Mittelpunkt rückt. Lässt er die Betrachtung seiner persönlichen Situation durch die Gruppe zu, so schuldet die Gruppe ihm als Ausgleich ein *sharing*. Der Coach fordert dazu die Gruppe auf, individuelle Solidarisierungen und geteilte Erfahrungen mit dem Protagonisten auszusprechen mit der Satzeinleitung:»Ich teile mit dir...«

Der Coach achtet darauf, dass in dieser Runde ausschließlich persönliche Aussagen mitgeteilt werden. Die Antworten können nur freiwillig gegeben und dürfen nicht kommentiert werden. Die sharing-Runde braucht Zeit und einen Abschluss durch den Coach, der zeitgebend fragt:»Möchte noch jemand etwas teilen?« Diese Übung erhöht enorm die Ebene der Wahrhaftigkeit im Gruppen/Team-Coaching.

Als starke Intervention im gruppendynamischen Prozess verwendbar ist das *Soziogramm-Feedback,* das einige Vertrautheit und Offenheit innerhalb der Gruppe und in der Coaching-Situation voraussetzt. Die Methode fördert den gruppendynamischen Klärungsprozess und setzt voraus, dass die Gruppe bereits ausreichend Zeit für die »forming-Phase« (siehe Kapitel 1.4.3) hatte. Der erste Schritt des Coachs ist, das Einverständnis aller Gruppenmitglieder zu der folgenden Übung einzuholen. Um die Wirkung der Übung nicht durch vorherige Information über den Ablauf zu verzerren oder in eine kognitive Diskussion zu geraten, kann der Coach die Gruppe um den so genannten »Teufelspakt« bitten, bei dem alle im Vorfeld sich zum Mitmachen verpflichten und sich darauf verlassen, dass der Coach die Verantwortung für notwendige Klärungen und den Schutz jedes Einzelnen übernimmt.

Der Coach fordert dann die Gruppe auf, zu einer Frage, die eine Auswahl der Gruppenmitglieder erforderlich macht, jeweils zwei Karten zu schreiben und damit zwei Gruppenmitglieder zu dem Fragethema auszuwählen. Die Gruppe sollte mit der Kultur der Feedback-Regeln vertraut sein.

Die Fragen können sich z.B. auf folgende Beziehungsthemen beziehen:
- »Zu wem hier habe ich Vertrauen?«
- »Wer hat hier Führung?«
- »Mit wem hier habe ich eine Störung?«

Bei der Reihenfolge der Fragen spielt die Einschätzung des Coachs über die Gruppe eine wichtige Rolle: Tendiert die Gruppe eher zur Harmonisierung, so sollte die Störungsfrage vor der Vertrauensfrage kommen; tendiert die Gruppe eher zu Abwertungen, Kritik und Konflikten, so sollte die Vertrauensfrage die erste Frage sein.

Wichtig ist, dass immer nur eine Frage an die Gruppe gerichtet wird und der im Folgenden beschriebene Schritt der Übergabe stattfindet, bevor die nächste Frage gestellt wird!

Die Karten sind mit dem eigenen Namen, dem des Empfängers und einem Stichwort zu Thema und Grund der Karte zu beschriben. Der Entscheidungsprozess und das Schreiben der Karten erfolgt verdeckt, im Schweigen, solange jeder noch auf seinem Platz sitzt. Wenn jeder seine zwei Karten beschrieben hat, stehen alle auf, stellen sich in einen

Kreis, und der Coach macht vor, wie die Übergabe der Karten erfolgt: Der Einzelne geht auf den Empfänger seiner Karte zu und benennt in kurzen Worten, vor ihm stehend, sodass alle ihn hören können, warum der Empfänger von ihm die Karte erhält. Die zweite Karte kann gleich anschließend dem zweiten Empfänger übergeben werden. Der Empfänger kommentiert nicht, kann maximal eine Rückfrage zum Verstehen des Textes (nicht schon des Inhalts) stellen und bedankt sich höchstens. Bis alle Karten verteilt sind, sind keinerlei Kommentare oder Diskussionen zulässig.

Zuschauer sind insbesondere bei dieser Methode nicht erlaubt. Vorgesetzte sind an den Runden beteiligt. Bei der Runde zum Thema »Führung« kann der Coach vorgeben, dass die Karten nicht an die Führungskraft vergeben werden dürfen, sodass nur die inoffiziellen Führer deutlich werden. Vorgesetzte dürfen bei der Störungs-Runde nur passiv, nicht aktiv mitmachen, da das Kritisieren von Mitarbeitern generell nur unter vier Augen stattfinden darf.

Vor einer Karte, die negatives Feedback beinhaltet, z. B. Störung, kann es zunächst erforderlich sein, eine konstruktive Konfliktkultur anzusprechen und ein Verständnis dafür zu ermöglichen, dass es wertschätzender ist, Kritik zurückzumelden als vorzuenthalten. Zusätzlich unterstützt das Angebot der Freiwilligkeit die Selbstverantwortung des Einzelnen. Wer jedoch nicht bereit ist, Kritisches über diesen Weg direkt zu äußern, darf auch keine Karten empfangen!

Die Frage muss so weit gefasst sein, dass innerhalb der Gruppe bei jedem Beantwortungsmöglichkeiten vorliegen, z. B. »Störung« statt »Konflikt«, damit keine Alibi-Karten geschrieben werden müssen. Die Beschränkung der Kartenanzahl auf zwei reduziert die Gewichtigkeit einer einzelnen Karte und bewirkt, dass außer extremen Bildern auch alle weiteren Beziehungen auf die Frage hin überprüft werden. Die Methode eignet sich für Gruppen von 8 bis 20 Personen.

Im Anschluss an die letzte Feedback-Runde muss in jedem Fall ausreichend Zeit für individuelle Klärungsgespräche gelassen werden, zu denen der Coach im Bedarfsfall für eine Konfliktklärung zur Verfügung steht.

4.6 Konflikt-Coaching

Ziel eines Konflikt-Coachings ist es nicht, Harmonie und Einigkeit über Auffassungen herzustellen, sondern »nur« den emotionalen Teil des Konflikts aufzulösen und damit eine Eskalation zu verhindern.

Ziele von Konflikt-Coaching sind eher
- zunächst die potenziellen und/oder bereits existierenden Konfliktfelder benennen und damit gemeinsam betrachten zu können
- auf beiden Seiten für die eigenen emotionalen Wirkungen und Auswirkungen und die des anderen ein Verständnis zu entwickeln
- ein konstruktives und respektvolles Umgehen mit den Emotionen zu erarbeiten und zu vereinbaren
- inhaltlich unterschiedliche Auffassungen respektvoll zulassen zu können
- die parallel zu den Divergenzen bestehenden Kooperationsfelder erkennen und nutzen zu können.

Die Grundhaltung des Coachs ist:
- Konflikte sind normal!
- Konflikte müssen geklärt (nicht unbedingt aufgelöst) werden!
- Konflikte sind eine Chance!
- Der Coach bleibt immer neutral!
- Der Coach schützt vor Gesichtsverlust und ist Garant für »fair play«!
- Der Coach hat den Fokus auf Lösungsmöglichkeiten im Handlungsspektrum der Coachees!

Die folgenden Methoden sind alternativ nutzbar und einzubetten in einen Rahmen, der sowohl die Phasen »Einstieg/Kontakt«, »Kontrakt« als auch »Transfer« und »Abschluss« sicherstellt.

Zum Hintergrundwissen über Konflikte siehe Kapitel 1.3.

4.6.1 Klassischer Gesprächsleitfaden

Der folgende Leitfaden soll im Wesentlichen Coaches, Mediatoren oder Führungskräften als Orientierung dienen, die diese Rolle als Konfliktklärer nicht häufig einnehmen, oder für Konflikt-Coachings, die in einem Kontext stattfinden, der für eine »experimentellere« Variante (siehe Kapitel 4.6.2 bis 4.6.5) wenig geeignet ist.

Der klassische Gesprächsleitfaden zur Konfliktmoderation (für Beteiligte und Moderator)

Schritte	Was tun?	Wie?	Was ist wichtig?
Vorbereiten Einstimmen	Für sich Klarheit gewinnen – bezüglich der eigenen Rolle – bezüglich der eigenen Beteiligung – Worum geht es in diesem Gespräch? – Meine Erwartungen, Einstellungen zur Situation und zu den Beteiligten? – Was weiß ich über meine Gesprächspartner? – Wie geht es den Gesprächspartnern? – Was ist mein Ziel? – Womit fange ich an?	– Für sich die Frage stellen: »Wie soll es danach sein?« – Schwierige Sätze/Fragen »vorformulieren«, ausprobieren – Gesprächsstruktur in groben Schritten skizzieren	– Vorangegangene Wahrnehmungen und Erfahrungen überdenken – Informationen sammeln – Auf eigene Stimmungslage (Verstimmung, Ärger, ...) achten und diese für sich selbst zulassen
Kontakt aufbauen	Eröffnungsrituale einhalten – aber nicht überziehen, sondern zügig auf den Gesprächsanlass kommen		Auf gute Atmosphäre achten (v. a. Ungestörtheit)
Einstieg: Störung/Kritik/ Konflikt ansprechen	– Grund des Gesprächs offenlegen – **Ernsthaftigkeit der eigenen Störung** deutlich werden lassen – Eigenes **Ziel des Gesprächs** nennen	»Mich stört ...« »Ich ärgere mich über ...« »Mich beschäftigt ...« »Ich habe mir Gedanken gemacht zu ...« »Wir müssen mal über ... reden« »Ich möchte ...« »Mein Ziel ist ...«	Konflikt, Kritik auf den Tisch! ICH-Botschaften!

▶

Der klassische Gesprächsleitfaden zur Konfliktmoderation (für Beteiligte und Moderator)

Schritte	Was tun?	Wie?	Was ist wichtig?
Konflikt-orientierung	– Einholen der **verschiedenen Meinungen, Sichtweisen, Interessen** – Herausarbeiten von Ursachen, Hintergründen – Erfragen der **unterschiedlichen Ziele, Erwartungen, Wünsche, Bedürfnisse** etc.	»Wie sehen Sie das?« »Was möchten Sie?« »Wie sind Ihre Vorstellungen?« »Habe ich richtig verstanden: Sie meinen…?«	**Erst über das Trennende, Unterscheidende reden!** Zeit lassen! Aktiv zuhören Nachfragen Perspektivenwechsel
Konflikt-bearbeitung	– Suchen nach Lösungsansätzen, von denen beide Parteien profitieren – Kriterien für eine gute Lösung besprechen – **Vereinbarungen treffen** – konkret und detailliert – Zwischendurch immer wieder mal **zusammenfassen**	»Warum brauchen wir eine Einigung?« »Was wollen wir beide?« (Frage nach dem Nutzen für beide) »Was verstehen wir darunter?« »Welche Möglichkeiten sehen Sie/wir?« »Worauf können wir uns einigen?« »Was bedeutet das für mich/für Sie/uns?« »Ich erwarte von Ihnen…« »Wo stehen wir jetzt?«	**Dann über das Gemeinsame reden!** Erfolgskriterien festlegen Schrittweise zu Vereinbarungen kommen und kompromissfähig sein

Der klassische Gesprächsleitfaden zur Konfliktmoderation (für Beteiligte und Moderator)

Schritte	Was tun?	Wie?	Was ist wichtig?
Integration	– Ergebnis zusammenfassen, Einverständnis abholen → Einwände, Widerstände integrieren – **Mögliche Konsequenzen** bei Nichteinhaltung der Vereinbarungen besprechen, aufzeigen – Wenn **keine Lösung** gefunden werden kann: Nächsten Termin finden, wenn Weiterarbeit sinnvoll erscheint	»Das haben wir bisher geklärt …« »Warum streiten wir hierüber eigentlich so verbissen?« »Was können wir tun, um uns beide mit diesem Konflikt nicht aufzureiben?«	Ggf. noch einmal in die Konfliktbearbeitung gehen *Nicht festbeißen!* »*Es gibt Probleme, die können wir nicht lösen, aber wir können aufhören, uns von ihnen faszinieren zu lassen!*« »*Ich kann die Situation im Moment nicht ändern – wie kann ich mit ihr leben, ohne mich mehr als nötig von ihr beeinträchtigen zu lassen?*«
Handlungs-orientierung	– Die nächsten Schritte und deren Überprüfung verabreden	»Wer macht was – wie – ab/bis wann …?« »Was passiert mit den offenen Punkten?«	Nach vereinbarter Zeit überprüfen, ob die Vereinbarungen sich umsetzen ließen
Abschluss	– Ergebnis/Verlauf des Gesprächs/Stimmung würdigen, ansprechen, erfragen – Passender Abschied	»Wie zufrieden sind wir mit dem Ergebnis?« »… mit dem Verlauf des Gesprächs?«	

(Quelle: Trainerleitfaden Allianz Management Institute)

4.6.2 Schmutzige Wäsche waschen

Diese Kurzmoderation ist geeignet, wenn die Konfliktparteien die angestauten Emotionen des Konflikts noch gar nicht gegenseitig geäußert haben, aber beide die Existenz eines Konfliktes bejahen.

Bedingung ist jedoch, dass das Gespräch in einen Prozess eingebettet ist, in dem die Parteien und der Coach anschließend weiter in Kontakt sind, um ggf. weiteren Klärungsbedarf aufzufangen.

Die folgenden *Schritte des »Wasch-Verfahrens«* gibt der Konflikt-Coach den Konfliktparteien A und B strikt vor (für diese starke Form der Gesprächssteuerung sollte sich der Coach vorher die deutliche Erlaubnis beider Konfliktpartner einholen):

1. Klares Committment, dass der Konfliktcoach den Rahmen setzt
2. A: erzählt 2–4 Minuten lang, was ihm auf dem Herzen liegt (»schmutzige Wäsche waschen« heißt hier: Vorwürfe, Beschimpfungen usw. sind erlaubt)
3. A: stellt eine klare konkrete Forderung an den Konfliktpartner B
4. B: wiederholt die Forderung detailgenau (»Ich höre, dass Sie fordern…«)
5. A: prüft, ob die Forderung richtig angekommen ist; wenn nicht: formuliert die Korrektur, die B wiederholt
6. A: äußert ein Angebot, was A selbst tun wird, damit B besser auf die Forderung eingehen kann
7. B: erzählt 2–4 Minuten, was ihm auf dem Herzen liegt (»schmutzige Wäsche waschen«/Vorwürfe, Beschimpfungen usw. sind erlaubt)
8. B: stellt eine klare konkrete Forderung an den Konfliktpartner A
9. A: wiederholt die Forderung detailgenau (»Ich höre, dass Sie fordern…«)
10. B: prüft, ob die Forderung richtig angekommen ist; wenn nicht: formuliert die Korrektur, die A wiederholt
11. B: äußert ein Angebot, was B selbst tun wird, damit A besser auf die Forderung eingehen kann
12. Schluss! (Forderungen wirken lassen, keine Lösungssuche!)

Der Coach achtet darauf, dass die Forderungen einer positiven Entwicklung der Beziehung dienen und realistisch sind.

Die Methode ist nur geeignet, wenn

- die Konfliktpartner im hierarchischen Verhältnis gleichrangig sind *und*
- im verbalen Ausdrucksvermögen nahezu gleichrangig sind *und*
- im Konfliktverhalten das gleiche Muster (Satir-Typ bzw. Kontaktunterbrechungsmuster, siehe Kapitel 1.3.2 und 1.2.5) haben *und*
- ein in etwa gleich hohes Interesse daran haben, den Konflikt zu klären.

Quelle: Mündliche Überlieferungen aus diversen Schulen

4.6.3 Anwälte

Folgende Methode ist geeignet für aufkommende Konflikte innerhalb eines Gruppen/Team-Coachings.

Hierzu sucht sich jeder der Konfliktpartner einen »Anwalt« aus dem Kreis der übrigen Gruppenteilnehmer. Die Paare (Konfliktpartner mit Anwalt) setzen sich in der Gruppenmitte gegenüber.

1. Runde:
Derjenige, der den Konflikt benannt hat, beginnt, indem er seinem Anwalt den Konflikt – hörbar für alle – erklärt. Die Erläuterung sollte beinhalten:

- Titel des Konflikts
- die Konfliktgeschichte und
- die Auswirkungen des Konflikts auf ihn äußerlich und innerlich.

> Aufgabe des Anwalts ist nicht, anwaltliche Ratschläge zu erteilen, sondern durch Fragen ein transparentes Bild der Sichtweise, Gedanken und Gefühle seines Coachee hervorzuholen, ohne es zu bewerten!
>
> Die Gegenpartei ist dabei verpflichtet zuzuhören, ohne sich einzumischen.

Das Gespräch mit dem Anwalt soll enden mit einer klaren vermittelbaren Botschaft an die andere Partei (möglichst nur ein Satz), die der Konfliktpartner – nicht sein Anwalt! – ausspricht.

2. Runde:
Der Konfliktpartner berät nun mit seinem Anwalt genauso seine Sicht auf den Konflikt und seine Reaktion auf die erhaltene Botschaft. Auch bei dieser Beratung darf die Gegenseite nur zuhören. Die Runde endet wieder mit einer kurzen Botschaft an die andere Partei.

Im günstigsten Fall ist hier bereits eine tragfähige neue Ebene des Austauschs erreicht. Anderenfalls werden weitere Runden analog der Runden 1 und 2 in Besprechungen mit den Anwälten durchgeführt, um weitere Botschaften auszutauschen.

Der Coach hat neben der Regelung des Verfahrens hier insbesondere die Aufgabe einzuschätzen, ob weitere Runden für die Konfliktklärung förderlich sind. Wir empfehlen eher eine Reduzierung auf wenige Runden und Botschaften, damit diese wirken können. Mit diesem Verfahren sind drei wesentliche Voraussetzungen für eine verbesserte Kommunikation der Konfliktparteien außerhalb des Coachings gesetzt:

- Jeder kann sich konstruktive Hilfe und Verständnis holen und muss sich dadurch nicht mit eigenen Notlösungen »dem Kampf« allein stellen.
- Es gibt Sichtweisen, die für den anderen stimmig sind.
- Ich formuliere eine Botschaft, die etwas bewirken soll.

Allein die durch die Methode von den Konfliktpartnern empfangenen Hintergrundinformationen bewirken eine Humanisierung und Deeskalation des Konflikts.

Die Gruppe lernt dabei, ein Verständnis für beide Parteien zu entwickeln, zusätzlich aber auch grundsätzliches Verständnis für Konflikte, deren Vielschichtigkeit und systemischen Einflussfaktoren und Auswirkungen.

vgl. Bach, G. R. [1980]. *Halt. Mach mich nicht verrückt. Verdeckte Konflikte lösen*

4.6.4 Kerndialog

Die Aufgabe an die Konfliktparteien ist hierbei, *statt ganzen Sätzen nur einzelne Worte oder Halbsätze* zu verwenden. Diese Methode ist insbesondere bei eloquenten Konfliktpartnern wirkungsvoll, da die rhetorischen Verpackungsmöglichkeiten bei der Darstellung des Wesentlichen genommen sind. Wer sich auf ein einzelnes Wort reduzieren muss, muss klar in sich hineinspüren und verdichten, um deutlich benennen zu können, worum es ihm geht. Der Coach stellt die erforderliche Zeit zum sorgfältigen Nachspüren und Nachdenken sicher.

Die Regel heißt: Jeder darf abwechselnd nur ein einzelnes Wort, höchstens einen Halbsatz, sagen.

Die Worte können Substantive, Verben, Adjektive und Adverben sein. Manchmal ist die Erweiterung auf zwei Worte oder einen Halbsatz unumgänglich.

Dabei ist wichtig, dass beide miteinander in (Blick-)Kontakt sind. Bei hoch eskalierten Konflikten, wenn sich die Konfliktparteien »schon nicht mehr sehen können«, ist es auch möglich, die Konfliktpartner Rücken an Rücken zu setzen.

Die Praxis zeigt, dass der Kerndialog meist mit suchenden Begriffen oder Fragen beginnt.

Wenn die Worte weniger aus dem inneren Kontakt des Einzelnen kommen, sondern eher wie Assoziationen zum vorherigen Wort wirken, verlangsamt der Coach den Gesprächsprozess noch mehr.

Antworten die Parteien mit Fragen auf Fragen, fordert der Coach zu Aussagen auf. Fragen und Antworten sollten von beiden Konfliktpartnern gleichermaßen genutzt werden, damit kein Ungleichgewicht im Sinne eines Verhörs entsteht.

Wenn der Prozess keinen Fortschritt zeigt, kann der Coach auch den Dialog inhaltlich steuern, indem er Phasen vorgibt. Ein Beispiel für diese *Strukturierung in Phasen* könnte sein:

1. Situation beschreiben
2. eigene Befindlichkeiten
3. Wünsche, Bitten, Hoffnungen, Erwartungen
4. eigene Lösungsbeiträge.

Wenn die Parteien nur Schimpfworte austauschen, führt der Coach o.g. Phasen ein oder wechselt notfalls die Methode, z.B. zur Methode »Schmutzige Wäsche waschen« (siehe Kapitel 4.6.2).

Das Ende des Kerndialogs ist erreicht, wenn die ausgetauschten Worte einen Gleichklang signalisieren.

Bricht eine Konfliktpartei aus dem Kerndialogmuster aus, so kann dies auch ein geeigneter Indikator für das Hauptkonfliktthema sein. Oft reicht schon der Kerndialog als Katalysator für die Identifizierung des Hauptkonfliktthemas aus und kann bei der Besprechung der Wünsche und Lösungsansätze wieder als Methode beendet werden.

Quelle: Gustav Klötzl, bisher unveröffentlicht

4.6.5 Confrontation meeting

Diese Methode ist geeignet für die Vermittlung zwischen Kleingruppen, die zueinander ein Spannungsfeld aufgebaut haben. Gerade durch die Kommunikation innerhalb der Kleingruppen können sich individuelle Phantasien über ›die anderen‹ potenzieren. Das Confrontation meeting deckt auf einfache Weise die Selbst- und Fremdbilder auf und erlöst damit von falschen Annahmen und vom Druck, richtige Annahmen vermitteln zu müssen.

Eine andere Dimension erhält die Methode, wenn die Aufrechterhaltung eines Feindbildes einen zusätzlichen Nutzen für eine Kleingruppe hat, z. B. für die Gruppenidentität.

Jede Kleingruppe erhält eine *Strukturvorgabe als Aufgabe* für eine Gruppenarbeit mit anschließender Präsentation vor allen, z. B.:

- Wie wir uns sehen
- Wie wir die anderen sehen
- Was wir glauben, wie die anderen uns sehen

Diese Strukturvorgabe kann auf besondere Aspekte des Spannungsfelds zugeschnitten werden, z. B. bezüglich Zuverlässigkeit, Ansprüche, Kompetenzen.

Auswertungsmöglichkeit:

- Gemeinsamkeiten, Unterschiede
- Was war zu erwarten/was war überraschend?

Alternativ zur Auswertung könnte auch schon die Veröffentlichung der Ergebnisse Abschluss eines Coaching-Schrittes sein, um die Erkenntnisse in der Praxis wirken zu lassen.

Einer der interessantesten Effekte dieser Methode ist, wenn das von Gruppe A angenommene negative Fremdbild über sich selbst übereinstimmt mit dem Fremdbild, das Gruppe B über A hat. In diesem Fall führt die Erkenntnis der Übereinstimmung bei B zu der tiefer gehenden Verständnisfrage, welche bisher unerkannten Handlungsmotive A für das kritisierte Verhalten hat.

vgl. auch Doppler, K., Lauterburg, C. [1998]. *Change Management*

4.7 Gruppen/Team-Coaching

Unter Gruppen/Team-Coaching summieren wir Veranstaltungen, in denen die Mitglieder einer Arbeitsgruppe oder eines Teams zusammenkommen, um bestimmte Themen, die über die Sach-Aufgabe hinausgehen, gemeinsam zu bearbeiten mit dem Ziel, die Arbeitsfähigkeit der Gruppe zu schaffen, zu steigern, zu stabilisieren oder wiederherzustellen.

Diese Art von Veranstaltungen werden in der Praxis u. a. auch Teamentwicklung, Team-Coaching, Team-Building, Team-Workshop genannt. (Zu den Begriffen »Gruppe« und »Team« siehe Kapitel 1. 4. Sofern wir in diesem Kapitel von Gruppe sprechen, schließen wir damit auch jene Gruppen ein, die ein Team sind.)

Abgrenzung: Wir reden beim Gruppen/Team-Coaching nicht vom Coaching von Einzelfällen, die von verschiedenen Protagonisten aus unterschiedlichen Gruppen in eine Supervisionsgruppe eingebracht werden.

4.7.1 Anlass und Auftrag

Anlässe für Gruppen/Team-Coaching können unterschieden werden in:

- einen defizitorientierten Auftrag: (Wieder-)Herstellung der Leistungsfähigkeit der Gruppe.
- einen potenzialorientierten Auftrag: Erhöhung oder Optimierung der Leistungsfähigkeit der Gruppe.

Die Besonderheit der Auftragsklärung im Gruppen/Team-Coaching ist die Möglichkeit von unterschiedlichen, offenen oder verdeckten Aufträgen der Beteiligten. Selbstverständlich hat sich der Coach an den vom

Auftraggeber gewünschten Themen zu orientieren. Sofern diese Themen jedoch mit den Interessen der Gruppe nicht in Einklang gebracht werden können, kann der Coach nicht erzwingen, die mit dem Auftraggeber vereinbarten Themen zu bearbeiten (das würde nur zu Widerstand und/oder Scheinlösungen führen), sondern er muss sie in ein Einzel-Coaching mit dem Auftraggeber überführen bzw. den Auftraggeber/Vorgesetzten zu einer Positionierung gegenüber der Gruppe bringen.

Um die Interessen der Beteiligten herauszufinden, ist das Vorab-Interview ideal. Hierbei muss der Coach jedoch darauf achten, nicht die Themen und Interessen der Beteiligten als Übermittler anzunehmen, sondern die Beteiligten in ihrer Verantwortung zu fordern und zu unterstützen, wichtige Themen im Gruppen/Team-Coaching selbst einzubringen.

Häufig ist auch die Situation, dass die unterschiedlichen Interessen an Themen erst im Prozess deutlich werden und dann einer Klärung zwischen Auftraggeber und Coach bedürfen.

Die Bereitschaft der einzelnen Gruppenmitglieder zur Mitarbeit im Gruppen/Team-Coaching hängt stark von der Bereitschaft ab, Verantwortung innerhalb dieser Gruppe zu übernehmen. Um die Selbstverantwortung der Gruppenmitglieder zu fördern, kann folgende Einstiegsintervention unterstützend sein: Der Coach erläutert die drei Möglichkeiten der inneren Entscheidung eines Einzelnen, ohne diese subtil zu bewerten:

- »Ich sitze das hier aus.«
- »Ich schau mal, was hier läuft.«
- »Ich mach hier mit.«

Diese Intervention soll nicht in einer Beantwortung durch die Gruppenmitglieder enden, sondern nur in einer stillen Selbstüberprüfung. Der Coach kann, je nach eigener Haltung, erläutern, wie er mit den unterschiedlichen Bereitschaften umgehen will, oder – wie wir es vorziehen – es bei dieser Intervention und ihren stillen Nachwirkungen belassen.

4.7.2 Sonderrolle der Führungskraft im Gruppen/Team-Coaching

Der Coach leitet das Gruppen/Team-Coaching! Die Rolle der Führungskraft ist weiterhin eine exponierte Funktion mit Macht und Verantwortung für die Gruppe, nicht aber für den Prozess im Coaching.

Während des Gruppen/Team-Coachings kann es immer wieder erforderlich sein, die Führungskraft mit gesonderten Aufgabenstellungen in ihrer Funktion anders zu fordern als die Gruppenmitglieder.

Die Maxime lautet: So wenig Unterschiede in der Hierarchie wie möglich, so viel Berücksichtigung von Hierarchie wie nötig – ohne jeweils die Illusion eines hierarchiefreien Raums zu vermitteln.

Der Coach sollte sich auch offiziell erlauben, für eine Absprache mit der Führungskraft eine Auszeit zu nehmen. Damit hierbei der Coach das Vertrauen behält, ist folgende Haltung erforderlich:

Der Coach muss der Führungskraft gegenüber loyal sein, nicht aber immer mit ihr solidarisch. Der Coach achtet darauf, dass keiner einen Gesichtsverlust erleidet, schon gar nicht die Führungskraft. Die reflektierte Haltung hinter dieser Entscheidung des Coachs ist, dass die Besetzung der Führungsfunktion im Gruppen/Team-Coaching nicht Thema sein und eine Gruppe nur dann gut arbeiten kann, wenn die Führungsrolle nicht geschwächt ist. Wer im Zweifel mit seiner Entscheidung ist, tut sich leichter, wenn er professionell zwischen Person und Funktion der Führungskraft trennt.

Dem Coach begegnet oft eine Bandbreite von Erwartungen aus der Gruppe, wie sein Einfluss auf die Führungskraft sein soll: von schützend bis demaskierend. Der Coach braucht hier eine stabile Haltung der loyalen und kritischen Neutralität, die er nicht erst während des Gruppen/Team-Coaching-Prozesses erwerben kann.

Zwischen Coach und Führungskraft wird – neben der Auftragsklärung – vor dem Gruppen/Team-Coaching besprochen,
- inwieweit die Führungskraft die Gruppe an welchen Entscheidungen beteiligen will,
- (bei mehreren anwesenden Hierarchieebenen) wie die Entscheidungskompetenz zwischen den Ebenen verteilt ist,

- ob es Informationen gibt, die die Führungskraft (noch) nicht der Gruppe mitteilen kann oder will,
- wie die Abstimmungen zwischen Coach und Führungskraft während des Coachings erfolgen sollen und veröffentlicht werden,
- dass der Coach innerhalb des Auftrags und seines persönlichen Wertesystems allparteilich ist und daher genauso wenig für die Durchsetzung der Interessen der Führungskraft gegenüber der Gruppe instrumentalisiert werden kann wie umgekehrt,
- dass der Coach, nicht die Führungskraft, den Prozess leitet und
- welche Führungsaufgaben die Führungskraft vor, im und nach dem Gruppen/Team-Coaching übernehmen muss, damit die im Coaching zu bearbeitenden Inhalte das erforderliche Gerüst erhalten, statt diese Führungsaufgaben explizit oder implizit auf den Coach zu übertragen.

Die Frage der Integration oder Herausnahme der Führungskraft aus dem Coaching-Prozess steht laufend an und erfordert ein ständiges, sensibles Abwägen des Coachs. Folgende Situationen sind Beispiele, die eine Herausnahme der Führungskraft aus der Gruppenaufgabe erfordern:

Bei Gruppenarbeiten,
- wenn die Führungskraft sehr dominant ist.
- wenn die Mitarbeiter sehr hierarchiehörig sind.
- wenn die Führungskraft über noch nicht veröffentlichbare Informationen verfügt.
- wenn die Führungskraft einen großen Wissensvorsprung hat.
- wenn das Thema die Hierarchie oder die rollenbedingte Betroffenheit beinhaltet.

Bei Feedback-Prozessen,
- wenn sie Kritik beinhalten. Die Führungskraft darf nicht öffentlich Kritik an einem Mitarbeiter äußern!
- wenn zur Klärung zwischen Mitarbeitern die Verantwortung der Führungskraft nicht benötigt wird.

Bei Ängsten und Widerständen,
- wenn die Beteiligung der Einzelnen potenziell mit realen oder phantasierten Konsequenzen verbunden ist.

Die offene Bekundung der Gruppe gegenüber dem Coach, dass die Anwesenheit der Führungskraft keinen Unterschied macht, kann zu folgenden drei konträren Hypothesen führen und reicht damit allein zur Entscheidung des Coachs über die Integration oder Herausnahme der Führungskraft nicht aus:
    Hypothese A: Die Führungskraft ist kritikfähig und vertrauenswürdig.
    Hypothese B: Die Führungskraft führt nicht.
    Hypothese C: Nur diese Antwort ist vor der Führungskraft erlaubt.

4.7.3 Gruppendiagnose auf der Beziehungsebene

Genau wie beim Einzel-Coaching ist die Ist-Analyse/Diagnose eine entscheidende Aufgabe des Coachs, da hiervon die Selbsterkenntnis der Gruppe (und der daraus entstehenden Lösungsaktivitäten) und die Bearbeitung abhängen. Die Lösungsbearbeitung kann nur so gut sein wie die Diagnose. Hierbei darf der Coach nicht in die Falle der Lösungsorientierung geraten und dabei eine sorgfältige Diagnose vernachlässigen.

Das Ziel des Coachs kann

- diagnoseorientiert oder
- lösungsorientiert sein.

Beim ersten Ansatz geht der Coach davon aus, dass das Aufzeigen der sozialemotionalen Situation ausreicht, um das Potenzial/die Eigenenergie der Gruppe für die daraus notwendigen Lösungsschritte zu mobilisieren. Hier gilt der Zusammenhang zwischen Tiefe und Klarheit der aufgedeckten Wahrheit und der damit mobilisierten Lösungsenergie. Der zweite Ansatz beinhaltet die Begleitung der Gruppe durch den Coach beim Lösungsprozess.
    Der diagnoseorientierte und der lösungsorientierte Weg scheiden sich auf dem Weg in die Tiefe der Gruppenwahrheit: Der erste geht tief, bis es die Gruppe gerade noch aushält, der zweite biegt oft nach einer ersten Wahrheit in die Lösungssuche ab.

Die Entscheidung für den geeigneten Ansatz liegt

- neben dem Glaubenssatz des Coachs hierzu
- auch an dem Auftrag (Zeitdimension und Ergebnisdefinition)
- dem Reifegrad der Gruppe und natürlich
- an der Kompetenz und »Tragfähigkeit« des Coachs für die vorhandene Situation der Gruppe.

Wichtig ist, dass sich sowohl der Coach als auch der Auftraggeber über den gewählten Ansatz klar sind. Oftmals liegt in der Wahl des lösungsorientierten Ansatzes die Falle der eigenen Erfolgsdefinition des Coachs verborgen, die der Gruppe die Eigenständigkeit und das Erfolgserlebnis der genutzten eigenen Potenziale nehmen und nebenbei die Lösungskompetenz der Teilnehmer unterschätzen und damit beleidigen kann.

Der Coach hat in Gruppen grundsätzlich eine Schutzfunktion jedem Einzelnen gegenüber, um einen Gesichtsverlust zu vermeiden. Bei »Untergriffen« nimmt er die Funktion eines Schiedsrichters für faire Spielregeln ein. Das bedeutet nicht, dass er eine in der Gruppe notwendige Auseinandersetzung verhindert und damit in die Retter/Helfer-Rolle geht, sondern dem Klärungsprozess einen fairen Rahmen gibt, in dem er humane Regeln benennt und Perspektivenwechsel zur Verständnisförderung ermöglicht.

Die gruppendiagnostischen Möglichkeiten entsprechen im Coaching-Ablaufkonzept der Ist-Analyse.

Bei den folgenden Diagnoseverfahren handelt es sich um Diagnosen der Beziehungsebene. Die Geschäftsordnungsebene kann sowohl kognitiv bearbeitet als auch in der Ergebnisvereinbarung nach Bearbeitung der Beziehungsebene verändert werden. Die hier beschriebenen Diagnoseverfahren sind Ansätze für eine nichtkognitive Betrachtung der Beziehungsebene. Je nach Gruppe bedarf es jedoch ggf. vorher einer kognitiven Betrachtung (z. B. mittels Kartenabfrage), um das Bedürfnis danach zunächst aufzugreifen.

Wird ein nichtkognitives Verfahren verwendet, ist die Einleitung dessen eine Balance zwischen Orientierung-Geben und Nicht-Preisgeben von darin enthaltenen Reflektionsansätzen, die – wenn schon im Vorfeld bekannt – das IST-Bild verfälschen können, da die Gruppenteilnehmer dann überlegen können: Was wähle ich, damit ich hier gut dastehe?

4.7.3.1 Metaphorische Standbilder

Hier werden Metaphern von Gruppenkonstellationen genutzt, um die informellen Rollen und Funktionen der Einzelnen innerhalb der Gruppe aufzuzeigen. Die Metapher erlaubt Hypothesen, Zuspitzungen und auch Distanzierungen zum Ergebnis und kann somit der Bereitschaft der Gruppe für die Wahrheit angepasst werden.

Folgende Metaphern sind Beispiele für solche Standbilder:

- Schiffsmannschaft
- Theatergruppe
- Zirkus
- Schlossbewohner und -bedienstete.

Am Beispiel der Schiffsmannschaft wollen wir hier mögliche Rollen aufzeigen:

- Kapitän
- Steuermann
- Navigator
- Ausguck
- Schiffsingenieur
- Maschinist
- Koch
- Schiffsarzt
- Schiffszimmermann
- Matrose
- Erster Offizier
- Zweiter Offizier
- Passagier
- Reeder
- Lotse
- Lademeister
- Funker
- Steward
- ...

Die Auswahl der Metapher kann abhängig gemacht werden von Hypothesen, die der Coach über die Gruppe hat. So ist z. B. die Theatergruppe geeignet, wenn es deutlich einige »Zuschauer« in der Gruppe gibt, oder die Schiffsmannschaft, wenn die Frage »Wer führt hier eigentlich?« dominant erscheint.

Vorgehen:

- Kurze Einführung
- Beispiele für Rollen/Funktionen innerhalb der Metapher geben, um eine Bandbreite aufzuzeigen und die Phantasie anzuregen.
- Fragestellung für die Einzelarbeit geben: »Welche Rolle würde mir in dieser Theatergruppe/Schiffsbesatzung usw. entsprechen?«
- Jeder schreibt verdeckt seine Antwort auf eine Karte und klebt sie sich verdeckt an die Brust.
- Der Coach definiert den Raum für das Schiff/das Theater... (idealerweise mit einem Rahmen aus Seilen oder Klebestreifen) am Boden und bittet die Gruppenmitglieder, sich entsprechend ihrer Rolle/Funktion aufzustellen. Hierbei wird nicht gesprochen. Es können auch Möbel, anderes Material und symbolische Körperhaltungen dazu genommen werden.
- Wenn alle stehen, kann der Coach zunächst fragen: »In welche Richtung fährt das Schiff?« und alle gleichzeitig in die vermutete Richtung zeigen lassen. Interessant ist auch die Frage: »Wer hat hier die Führung auf dem Schiff?«, bevor die Rollen veröffentlicht werden. Auch bei dieser Frage zeigen wieder alle gleichzeitig auf die vermutete Person. Unklarheiten in der Verteilung der Führungsmacht sowie informelle Machtansprüche werden dadurch deutlich.
- Anschließend veranlasst der Coach das Aufdecken der Rollen einer nach dem anderen. Der Einzelne sagt hier auch einen Satz dazu, warum er sich in der Rolle/Funktion sieht (Selbstbild). Auch möglich ist, dass zunächst die anderen raten, welche Rolle sich der Einzelne gewählt hat (Fremdbild).
- Auch über die Position in der Gruppe kann ein Satz zum Selbstbild und zur Einschätzung der Stimmigkeit durch die anderen abgefragt werden.
- Eine mögliche zusätzliche Tiefe erzeugt die Frage: Ist die Rolle des Einzelnen aus dem Kontext der Gruppe entstanden oder ist es eine Lebensrolle von ihm, die seinem Charakter oder Wesen entspricht? Diese kann als Anregung zur Selbstreflexion gestellt werden, ohne dass der Coach dazu die Antworten der Gruppenmitglieder abholt.

- Bei der Auswertung kann der Coach insbesondere auf das Feedback der anderen zurückgreifen, das als Echo auf die Selbsteinschätzung des Einzelnen zu Tage tritt. Sind die anderen verwundert über die Selbsteinschätzung oder sehen sie es genauso?
- Interessante Betrachtungen sind auch die Fragen:
  - Welche Rollen werden von welchen ergänzt/unterstützt?
  - Welche stehen in Konkurrenz zueinander?
  - Welche Rollenverteilung bräuchte eine gut funktionierende Mannschaft: Welche Rollen fehlen, welche sind überbesetzt, welche unterbesetzt?
  - Wer hat hier Einfluss auf die Mannschaft?
  - Wo ist die offizielle Führung?

Anschließend kann der Soll-Zustand durch ein zweites Bild dargestellt werden, evtl. mit einem erhöhten Leistungsanspruch für das metaphorische Team: Welche Rolle würde mir und der Gruppe gut tun?

Die Schritte erfolgen wie bei der ersten Aufstellung mit

- Einzelarbeit zur Rollenwahl,
- erneutes Aufstellen und
- Abfragen der Rollen.

Die aufgetretenen Veränderungen können so deutlich aufgegriffen und für die Praxis der Gruppe in reale Maßnahmen transferiert werden.

Hierfür ist es hilfreich, sowohl das erste als auch das zweite Bild auf einem Plakat festzuhalten, indem jeder seine Rollenkarte an den des Standbildes entsprechenden Platz auf dem Plakat klebt.

4.7.3.2 Dynamische Verfahren

Es gibt zahlreiche Übungen für dynamische Analyseverfahren in der Literatur, daher sollen an dieser Stelle nur einige als Beispiele genannt sein: (Die Übungsbeschreibungen finden sich in der aufgeführten Quellenliteratur.)

- Turmbau (siehe Antons, K. [1998]. *Praxis der Gruppendynamik*)
- fliegende Eier/Eikarus (Sekundär-Quelle: Trainings-Ideen Simmerl)
- Satelliten (Sekundär-Quelle: Trainings-Ideen Simmerl)
- NASA (siehe Antons, K. [1998]. *Praxis der Gruppendynamik*)

- Banküberfall (für tabuisierte, unlebendige Gruppen) (siehe Obermann, C., Schiel, F. [Hrsg.] [1997]. *Trainingspraxis*)
- Entwicklungsländer/Industrieländer (für zweigeteilte Gruppen) (Sekundär-Quelle: Trainings-Ideen Simmerl)

Das Lernziel und die Methode sind abhängig von der Hypothese, die der Coach über die Gruppe hat. Generell kann gesagt werden, dass eine Methode, die konträr zu beobachteten, hinderlichen Gruppenmerkmalen steht, gut geeignet ist. So hilft z. B. bei einer sehr eloquenten Gruppe eine eher sprachreduzierte/-lose Übung.

Einleiten:
Die Einleitung der Übung sollte kurz und knapp sein. Der Coach geht dabei klar in die Führung. Bei Rückfragen ist zu prüfen, ob sie wirklich vom Coach beantwortet werden müssen zur Lösung der Aufgabe oder nicht schon Teil des Gruppenprozesses sind – in letzterem Fall wird der Coach bei Beantwortung in das System der Gruppe gezogen.

Die berechtigte Frage der Gruppe, wozu die Übung dienen soll, darf nicht zu ausführlich beantwortet werden. Hier reicht zu sagen, dass eine »andere« Form der Selbstbetrachtung genutzt werden soll.

Für die anschließende Auswertung sind Beobachter aus der Gruppe möglich.

Es ist jedoch immer fragwürdig, Einzelne aus der Gruppe herauszunehmen und zu Beobachtern zu machen. Eine Videokamera kann diese Funktion auch gut übernehmen.

Sinnvoll ist die Besetzung der Beobachterrolle, wenn die Sensibilität für Gruppenprozesse erhöht werden soll. Die Besetzung ist jedoch nicht möglich, wenn die Beziehungen geklärt werden sollen (Auftrag wegen Störung). Der Coach sollte die Beobachter bestimmen, wenn er die Gruppe kennt. Grundsätzlich geeignet für die Beobachterrolle sind Gruppenmitglieder, die

- gut wahrnehmen können und/oder
- sonst eher eine stille/ungeschätzte Rolle in der Gruppe haben und mit der Beobachtungsfunktion eine stärkere Anerkennung in der Gruppe bekommen (dies ist auch schon eine Intervention!).

Selbstverständlich beobachtet auch der Coach den Gruppenprozess und fokussiert dabei ggf. auf seine Hypothesen.

Auswerten:
Die Gruppe sollte in jedem Fall zunächst selbst ihren Prozess auswerten. Hier kann es erforderlich sein, der Gruppe zunächst eine Möglichkeit zur Reflexion des Aufgabeninhalts zu geben, damit sich die anschließende Reflexion des Prozesses nicht mit den inhaltlichen Fragen mischt. Der Coach formuliert die von ihm wahrgenommenen Merkmale eher in Frageform, damit die Gruppe sie selbst benennen kann. Die ggf. eingesetzten Beobachter ergänzen den Selbstreflexionsprozess der Gruppe, statt ihn vorwegzunehmen. Eine sinnvolle Reihenfolge ist:

- zuerst die Beteiligten,
- dann die Beobachter,
- zum Schluss der Coach.

Auswertungsaspekte können sein:

- Was waren die Merkmale unserer Zusammenarbeit?
- Wie kamen Entscheidungen zustande?
- Was war hinderlich/was war förderlich?
- Wo erkennen wir Parallelitäten zu unserer normalen Arbeit?
- Wer hat welche Rolle/Funktion übernommen?
- Wer konnte Einfluss nehmen und wie?
- Wer konnte keinen/weniger Einfluss nehmen und warum?
- Wie hätten wir den Prozess und das Ergebnis optimieren können?

Auch hier ergibt sich bereits durch die Auswertung eine Überleitung zur Soll-Analyse und Lösungserarbeitung.

4.7.3.3 Skulptur[1]

Die Gruppe stellt sich zu einer Skulptur auf, in der bewusst über Körperhaltung, Anordnung (Nähe/Distanz), Kontakt und Ausdruck entschieden wird. Der Unterschied zur Aufstellung ergibt sich aus der Vorgabe: Die Skulptur ist ein einziges verbundenes Gebilde! Die Metapher »Tonklumpen« oder Ähnliches kann dies verstärken und aufzeigen, dass alle aus dem gleichen Material sind.

---

[1] Der Begriff »Skulptur« wird vielfach auch für die Methoden der Soziogramm-Arbeit und für Aufstellungsvarianten verwendet, die wir als Aufstellung mit Gegenständen (siehe Kapitel 4.2.8), »Thema zentral« (siehe Kapitel 4.2.10), »Live-Soziogramm« (siehe

Die Einzelnen sollen sich jedoch bewusst und sorgfältig ihren Platz suchen, damit die Aussagekraft nicht durch Zuordnungen wie »hier war gerade Platz« vermindert wird.

Die Aufstellung erfolgt relativ spontan und zügig und wird dann einige Minuten zur Betrachtung gehalten. Hier wäre ein Spiegel oder ein Feedback gebendes Publikum wünschenswert.

Die Auswertung kann sich richten auf die Innenbetrachtung, z. B. mit den Fragen:

- Wie fühle ich mich in der Skulptur? (Hierfür ist ein gutes Körperempfinden der Gruppenteilnehmer nötig.)
- Welcher Teil bin ich im Gesamtgebilde?
- Was gebe ich? Wem?
- Was kriege ich? Von wem?
- Wer ist mit mir in Kontakt?
- Wer gibt mir Stabilität?
- Wem gebe ich Stabilität?
- Stelle ich zu einem anderen einen Ausgleich dar?
- Stellt jemand zu mir einen Ausgleich dar?
- Welchen Impuls spüre ich, wenn ich mich (etwas) bewegen dürfte?

Außenbetrachtung, z. B. mit den Fragen:

- Welchen Eindruck könnte jemand kriegen, der uns so wahrnimmt?
- Wer trägt in welcher Weise zum Gesamtbild bei?
- Welche Aspekte werden zuerst von außen wahrgenommen?
- Wenn es eine Fahne gäbe oder ein Schild, das zu unserer Skulptur gehört, was würde darauf stehen und an welcher Stelle hätte es seinen Platz?

Kapitel 4.7.3.4) und »Organisations-Aufstellung« (siehe Kapitel 4.7.3.6) bezeichnen. Wir bevorzugen die begriffliche Differenzierung der Methoden und bezeichnen mit »Skulptur« nur die hier beschriebene Methode, die die Analogie zu einer Ton-/Stein-/Bronze-Skulptur z. B. an einem städtischen Platz oder Brunnen zulässt.

4.7.3.4 Live-Soziogramm

Die Methode entstammt dem soziometrischen Ansatz von Jakob L.-Moreno und ist Vorläufer der Systemaufstellungen. Der entscheidende Unterschied liegt jedoch darin, dass mit den real existierenden Personen statt mit Stellvertretern aufgestellt wird.

Die Gruppe stellt sich im Raum so auf, wie sie zueinander in Beziehung steht. Je nach Vorerfahrung der Gruppe muss der Coach ggf. deutlich darauf hinweisen, dass es hier nicht um sach- oder organisationsbedingte Verbindungen geht, sondern um die zwischenmenschlichen, die sich in dem Live-Soziogramm durch Abstand/Nähe sowie Zu- und Abwendung ausdrücken sollen.

Vorgehen:

- Freiraum schaffen und räumlichen Rahmen definieren
- Teilnehmer bitten, im Raum umherzugehen
- aus dem Umhergehen das Soziogramm entwickeln mit der Frage: »Wo ist der Platz in diesem Raum, der meinem Platz in diesem sozialen Feld/dieser Gruppe heute entspricht?«
- Zeit lassen, bis jeder an seinem Platz steht und es wirklich stimmt

Veröffentlichung:

- Jeder Teilnehmer erläutert seine Position mit: »Ich stehe hier, weil...«
- eventuell zusätzlich: »Wo ich auch stehen könnte...« (um das u. g. Dilemma aufzugreifen)

Auswertung:

- in Kleingruppen: »Welche Schlussfolgerungen ziehen wir aus diesem Soziogramm?« (Der Auftrag an die Kleingruppen könnte differenziert werden nach offensichtlichen/schwierigen/verborgenen Schlussfolgerungen oder nach erwarteten/überraschenden Erkenntnissen oder nach der Priorität der Veränderungswünsche.)
- in der Gesamtgruppe:
  - »Was ist hier sichtbar und leicht zu benennen?«
  - »Was ist hier sichtbar und schwierig zu benennen?«

- Selbstverständlich unterstützt der Coach den Auswertungsprozess durch Angebote seiner Wahrnehmungen.

Eine Überleitung zur Soll-Analyse könnte ein zweites Soziogramm sein, was nach Wunsch-Position bzw. Impuls aus dem ersten Soziogramm aufgestellt wird.
(Auswertung siehe 4.7.3.5 Organigramm-Aufstellungen)

Voraussetzung und gleichzeitig Problem der Methode ist, dass das Standbild eine Momentaufnahme ist und sich von einem auf den anderen Tag schon wieder verändern kann. Das Problem ist hier weniger die kurzfristige Basis für die Ist-Diagnose als die Bedeutung, die Gruppenmitglieder dem Bild geben. Das Bild ist so einprägsam, dass es eine ungewollte Macht auf die Gruppe haben kann – selbst wenn der Coach es deutlich als Momentaufnahme bezeichnet.

Ein zusätzlicher Widerstand kann sich hier durch das mögliche Dilemma ergeben, zwischen zwei Kontaktpersonen auswählen zu müssen, die nicht zusammen stehen.

(siehe auch Brenner, I., Clausing, H., Kura, M., Schulz, B., Weber, H. [1996]. *Das pädagogische Rollenspiel*)

4.7.3.5 Organigramm-Aufstellungen

Sofern die Gruppe stark an den Strukturen der Aufbauorganisation bzw. den Aufgabenrollen hängt, ist es auch möglich, diesem Denkschema zu folgen, in dem der Coach die Gruppe im ersten Schritt als Organigramm aufstellen lässt. Ein zusätzlicher Erkenntnisgewinn kann sich hier nur ergeben, wenn die Einzelnen nach der Frage »Mit welcher Haltung stehe ich in der Position?« auch noch in Positur (siehe Kapitel 4.2.2) gehen. Im zweiten Schritt ist es interessant, die informellen Wege und Kontakte durch ein Live-Soziogramm als Vergleich aufzustellen. Auch hierbei kann wieder die Positur – die jetzt durchaus anders aussehen kann – einen zusätzlichen Erkenntnisgewinn bieten.

Die aus den zwei Standbildern resultierenden Differenzen sind Ansatzpunkte für Veränderungsbedarf. Sie könnten wie folgt aufgegriffen werden:

Bei Betrachtung des Gesamtbildes:

- »Was sind auffällige Unterschiede?«
- »Was war zu erwarten, was war überraschend?«

- »Welche Veränderungsideen sollten wir genauer betrachten, um die Ziele und Aufgaben unserer Gruppe besser zu erreichen?«

Bei Betrachtung von Einzelnen (Auffälligen):

- »Wie wirkt sich die erste Positur auf die Art und Weise aus, sich hier einzubringen?«
- »Was bräuchten Sie, um die zweite Positur in Ihrer aktuellen Organisationsstruktur einnehmen zu können, bzw. wie müsste sich diese Organisationsstruktur für Sie hierzu verändern?«

Ziel ist es, die objektiven und subjektiven Faktoren der Gruppe/Organisationseinheit in Einklang zu bringen.

4.7.3.6 Organisations-Aufstellung

Die folgenden Ausführungen über Aufstellungsarbeit ersetzen in keinster Weise eine erforderliche fundierte Ausbildung für diese Art der Arbeit. Der inflationäre Gebrauch (Missbrauch) der Aufstellungsarbeit veranlasst uns, hier deutlich darauf hinzuweisen, dass für die Anwendung der in diesem Kapitel dargestellten Coaching-Variante eine systemische Ausbildung erforderlich ist. Aufstellungsarbeit ist über Bücher grundsätzlich nicht erlernbar. Wir wollen im Folgenden nur einige strukturierende Hinweise zu dieser Arbeitsweise geben, die in unserer Darstellung von Möglichkeiten im Gruppen/Team-Coaching nicht fehlen sollte.

Die hier dargestellte Methode eignet sich insbesondere für Problemsituationen einer Gruppe, die deutlich im Gesamtkontext des Gruppenumfeldes zu betrachten sind – in Abgrenzung zu Themen, die durch Beziehungsklärung innerhalb der Gruppe bearbeitbar sind.

Bei der hier vorgestellten Form von Organisationsaufstellungen werden Organisationseinheiten aufgestellt und durch Personen repräsentiert. Die andere Form von Organisationsaufstellungen, bei der die agierenden Einzelpersonen durch Stellvertreter dargestellt werden, kann nicht im Gruppen/Team-Coaching erfolgen, sondern nur in Supervisionsarbeit mit Einzelnen außerhalb der betroffenen Organisationseinheit.

Beispiele für aufstellbare Organisationseinheiten:

- Eigene Gruppe
- Eigene Abteilung
- Personalabteilung
- Vertrieb
- Kunden
- Produktion
- Betriebsrat
- Lenkungsausschuss

Zusätzlich könnten relevante Themen durch Personen repräsentiert und in die Aufstellung der Organisationseinheiten integriert werden, z. B.:

- Aufgabenziel
- Produkt
- Fusion
- Personalabbau
- Reform

Bei der Frage, wer aufstellt, gibt es folgende Möglichkeiten:

- Ein Mitglied der Gruppe, der das Gesamtsystem kennt, stellt auf.
- Jeder Repräsentant sucht seinen Platz selbst oder
- zwei Teilnehmer stellen nacheinander ihre Variante auf.

Bei letzteren beiden Möglichkeiten ist der Diskussionsprozess über unterschiedliche Sichtweisen bereits das Ziel der Methode.

In der Aufstellung können die Repräsentanten – wie bei anderen Systemaufstellungen auch – nach ihrer Befindlichkeit, ihren Impulsen und Eindrücken zu den Themen befragt werden.

Bei dieser Art von Aufstellungsarbeit geht es nicht darum, innerhalb der Aufstellung Veränderungen herauszuarbeiten, sondern eher die Dynamik des Gruppenumfelds zu verstehen und in der späteren Erarbeitung von eigenen Handlungsmöglichkeiten zu berücksichtigen.

Die Aufstellung könnte auf visuelle Medien übertragen werden, um bei den Folgeschritten im Coaching zur Verfügung zu stehen.

4.7.3.7 Kunsttherapeutische Verfahren
Der Kunsttherapie entlehnt und auch ohne kunsttherapeutische Kenntnisse verwendbar sind folgende Methoden:

Bäume malen
Bei dieser Methode dienen Bäume als Metapher für jedes Gruppenmitglied. Die Einleitung kann mittels einer Phantasiereise erfolgen, bei der die Gruppenteilnehmer im Raum mit Abstand zueinander stehen.

Beispiel für eine solche Phantasiereise:
Achten Sie auf Ihren Atem, schauen Sie ganz einfach nur zu, wie Sie ein- und ausatmen, ohne etwas dafür zu tun, ohne ihn zu verändern... Spüren Sie, wie der Atem von ganz alleine geht, ein und aus... Schauen Sie einfach nur zu...
Achten Sie nun auf das Ausatmen, lösen Sie mit jedem Ausatmen noch etwas von Ihrer Spannung und kommen Sie so mit jedem Ausatmen noch etwas tiefer in die Entspannung..., immer weiter..., immer tiefer in die Entspannung... so weit, wie es für Sie angenehm ist, so weit, wie Sie mögen.
Stellen Sie sich nun einen Baum vor, ...irgendeinen Baum, der in Ihrer Vorstellung erscheint und Ihnen gefällt...
Stellen Sie sich vor, Sie sind dieser Baum...

Kurze Pause

Was für ein Baum sind Sie?...
Wie groß sind Sie?...
Wie sehen Sie als Baum aus?...
Wie sieht die Umgebung aus, in der Sie stehen?...
Betrachten Sie Ihre Äste, ...Ihre Blätter, ...Ihre Rinde...
Schauen Sie den Stamm an...
Stellen Sie sich Ihre Wurzeln vor, ...wie sie in die Erde ragen, ...sich verzweigen und Halt finden.
Spüren Sie den Halt, den die Wurzeln dem Baum geben...
Spüren Sie, wie Sie fest in der Erde verwurzelt sind... Stellen Sie sich vor, wie Sie mit diesen Wurzeln das Wasser aus dem Boden aufnehmen und es in eine Nährflüssigkeit umwandeln... Spüren Sie die Kraft, die durch diese Flüssigkeit im Baum aufsteigt...

Wie sie durch die Wurzeln strömt,... durch den Stamm,... durch die Äste, ...bis hin zu den Blättern...

Stellen Sie sich nun vor, es ist Frühling...
Erleben Sie als Baum den Frühling, wie die Sonne etwas wärmer wird,... der letzte Schnee schmilzt,... die Knospen sprießen,... das Leben um den Baum herum erwacht,... die Vögel zwitschern,... die Landschaft... Stellen Sie sich den Baum im Frühling vor: Ihren Stamm,... die Äste,... die frischen Blätter,... die knospenden Blüten,... die Farben, den Duft... Sagen Sie nun dem Frühling »Ade« und gehen Sie weiter durch die Jahreszeit.

Stellen Sie sich den Sommer vor... Die Wärme wird stärker, die Sonne steht hoch am Himmel... Es ist ein heißer Tag, schauen Sie sich um...
Wie sieht die Landschaft ringsherum aus?...
Wie sieht der Himmel aus?...
Wie sieht der Baum aus?...
Stellen Sie sich den Baum im Sommer vor, seinen Stamm,... die Äste,... die Blätter..., vielleicht mit Früchten?
Spüren Sie die Wärme der Sonne auf sich...
Sagen Sie nun langsam dem Sommer »Ade«.

Stellen Sie sich den Herbst vor...
Es wird etwas kälter... und Winde ziehen auf...
Ihre Blätter wiegen im Wind, und Sie spüren Ihre festen Wurzeln, die Ihnen sicheren Halt geben... Die Blätter fangen an, sich zu verfärben, sie werden langsam gelb und dann braun...
Der Wind weht vereinzelt Blätter ab... und Sie schauen zu, wie sie vom Baum herunterfallen...
und um den Baum herum auf dem Boden liegen...
Sie sehen, wie Sie jetzt als Baum aussehen... Sie betrachten den Stamm, ...die Äste,... die Blätter...und schauen in die Landschaft ringsherum...
Sagen Sie nun langsam dem Herbst »Ade«.

Stellen Sie sich nun den Winter vor...
Sie stehen als Baum im Schnee,... spüren die Kälte,...
Ihren Stamm,... die Rinde,... die Äste,...
Sie betrachten den Himmel und atmen die frische Luft...

Sie schauen in die Landschaft ringsherum...
Sagen Sie nun langsam dem Winter »Ade«.

Spüren Sie noch einmal Ihre Wurzeln, Ihren Stamm, Ihre Äste und das Potenzial der Farben, der Blätter und Blüten darin...
Spüren Sie Ihren Atem...
Atmen Sie einige Male tief ein...
Nehmen Sie den Raum hier in Ihrer Vorstellung wahr...
Sie können die Augen weiterhin geschlossen lassen...
Bewegen Sie sich,... strecken Sie die Beine,... strecken Sie die Arme, ...räkeln und strecken Sie sich...
Kommen Sie jetzt hier in den Raum zurück und öffnen Sie langsam die Augen.

(vgl. Maaß, E., Ritschl, K. [2004]. *Phantasiereisen praktisch anwenden*, frei nach einer Idee von Stevens, 1980)

Im Anschluss an diese Phantasiereise oder eine andere Vermittlung der Metapher erhält die Gruppe den Auftrag, eine vorgegebene Grundfläche Papier zu nutzen, auf die jeder seinen Baum malt. Hier wird nur *ein* Papierbogen für die ganze Gruppe zur Verfügung gestellt, nicht ein Bogen pro Gruppenmitglied!

Die Anweisung kann in folgenden Alternativen erfolgen:

- Jeder malt nacheinander oder alle malen gleichzeitig.
- Es darf dabei gesprochen oder nicht gesprochen werden.

Beim gleichzeitigen Malen ergibt sich eine zusätzliche Auswertungsmöglichkeit des Mal-Prozesses analog den dynamischen Verfahren (siehe 4.7.3.2). Ideal ist hier, eine Videokamera zu nutzen. Beim Malen nacheinander kann jedoch auch die Reihenfolge zur Auswertung thematisiert werden.

Das Nonverbale ermöglicht eine Fokussierung auf den visualisierten Ausdruck. So wird zum Beispiel beim gleichzeitigen Malen eine Abgrenzung gemalt statt ausgesprochen und kann später bei der Analyse besser genutzt werden.

Das Bild steht für das Zusammenspiel der Gruppenmitglieder, d.h. für die Ebene der Regeln (Geschäftsordnung) und für die Beziehungsebene (siehe Kapitel 1.4, Betrachtungsebenen einer Gruppe). Die Auswertung der individuellen Bäume sollte nur unter dem Fokus der Beziehungen betrachtet werden und nicht zur Analyse des Individuums missbraucht werden.

Die folgenden Beispiele für Fragen zur Auswertung können sehr kreativ verändert und ergänzt werden:

- »Was für ein Wald sind wir?«
- »Was sagen die einzelnen Bäume über uns als Gruppe aus?«
- »Sind wir eher homogen oder heterogen?«
- »Was bedeutet die Unterschiedlichkeit?«
- »Welche Qualitäten sehen wir in den einzelnen Bäumen?«
  Z. B. Verwurzelung: »Wie geerdet ist der Baum?«
  Stamm: »Wie stabil, biegsam etc. ist der Baum?«
  Blätter: »Wie beweglich und kommunikationsfreudig ist der Baum, wie atmet der Baum?«
  Blüten: »Was haben sie mit Hingabe und Mehrung zu tun?«
  »Wie ist die Bereitschaft abzugeben?«
- »Was sagt die Anordnung aus?«
- »Was sagt es aus, wenn zwei Bäume sich berühren/überschneiden/ weit voneinander entfernt stehen?«
- »Was sagen die Größenverhältnisse aus?«
- »In welcher Umgebung befinden sich die Bäume, wie ist die Atmosphäre, das Klima?«
- »Was sagt es über uns, dass wir innerhalb des Rahmens geblieben sind bzw. dass wir/er/sie über den Rahmen hinausgegangen sind/ist?«
- »Was sagt das Bild über unsere Zusammenarbeit aus?«
- »Welche Regeln gibt es bei uns, die sich beim Malen oder im Bild zeigen?«
- »Was fehlt auf dem Bild?«

Der Coach achtet darauf, dass die Fragen nicht zu plakativ beantwortet werden, indem er dann z. B. nachfragt: »Und was heißt das im übertragenen Sinn für Sie als Gruppe?« oder auch, dass das Bild nicht überinterpretiert wird.

Wichtige Aspekte für die Durchführung sind:

- Die Grundfläche des Blatts entspricht im Größenverhältnis max. einem Flipchartbogen für drei Teilnehmer.
- Auf dem Blatt vorgegeben wird ein Rand, der mindestens eine Hand breit vom Blattrand entfernt ist.
- Das zu bemalende Papier hängt an einer Wand, da auf dem Boden schwer in der Blattmitte gearbeitet werden kann.
- Es stehen vielfältige Farben zur Verfügung, idealerweise Wachsmalkreiden, Fingerfarben und/oder Acrylfarben.
- Auch wenn zu einem bestimmten Zeitpunkt alle aufgehört haben zu malen, muss Zeit zum Überprüfen, Nacharbeiten und für Korrekturen gegeben werden.

Damit negative Interpretationen über Einzelne nicht verstärkt werden, sollte der Coach nach der Analyse-Phase mit der Gruppe darauf hinweisen, dass das Bild eine Momentaufnahme ist, die von vielen Faktoren abhängt und das bereits am nächsten Tag anders aussehen könnte.

Das Bild kann neben der Ist-Analyse nach der Themenbearbeitung auch wieder zur Transfersicherung genutzt werden, indem die erarbeiteten Veränderungen in die Metapher umgesetzt und auf das Bild gemalt werden.

Dialoge zeichnen

Die Situation und Kommunikation zwischen zwei Menschen oder zwei Subgruppen kann auch mit Malen oder Zeichnen in einem dynamischen Prozess abgebildet werden. Dabei sitzen sich die Partner oder Parteien gegenüber und malen/zeichnen auf einem gemeinsamen Papier. Es darf dabei nicht gesprochen werden! Die Farben stehen beiden zur Verfügung.

Hierbei ist es wichtig, dass beidhändig gearbeitet wird, damit das vorstellende Arbeiten weitestgehend ausgeschaltet wird und das »Funktionieren« nach den eigenen Handlungsmustern deutlicher herausgearbeitet werden kann.

Bereits beim Prozess, spätestens im Anschluss bei der Auswertung, ist z. B. interessant,

- wer mit seinen Aktionen was bewirkt
- wie auf den/die anderen reagiert wird

- wer nach welchen Verhaltensmustern und Normen gearbeitet hat und welche Reaktionen es beim Gegenüber auslöst/vermutlich ausgelöst hat
- wie deutliches Agieren auf den/die anderen wirkt
- wie Zurückhaltung wirkt
- wie »Reviere« respektiert oder nicht respektiert werden
- wer wie viel Raum beansprucht
- wie »Themen« (Farben, Formen) des Gegenübers aufgegriffen werden
- wer auf die Gestaltung des Gesamtbildes achtet, wer nur auf seinen Beitrag
- was das Gesamtbild über Gemeinsamkeiten, Unterschiede, Bereitschaften aussagt
- welchen Anspruch wer an das Gesamtbild hat.

Die Übung kann gezielt durch bestimmte Rahmenvorgaben und »Forderungen« variiert werden, z. B.: Zwei der Teilnehmer treffen sich am Flughafen und sind von ihren Firmen beauftragt, via Konferenz (= die Dialogübung; zeichnend, malend) eine Fusion vorzubereiten. Dies ist gelungen, wenn die Teilnehmer nonverbal, innerhalb eines eng definierten Zeitrahmens, ein für alle sichtbares Motiv herausarbeiten. Dabei ist sehr gut zu beobachten, mit welchen Strategien und Manövern wer, wie unter Zeitdruck arbeitet.

Der Prozess selbst kann bereits eine Verbesserung der Kommunikation und des Umgangs miteinander bewirken. Er kann jedoch von den Parteien auch als Forum genutzt werden, im Rahmen eines bestehenden oder sich anbahnenden Konflikts die eigene Position zu verdeutlichen. Die Auswertung ist dann eine Überleitung zum Konflikt-Coaching.

4.7.4 Metaebene im Gruppen/Team-Coaching

Folgende Situationen können Anlass zum Wechsel auf die Metaebene sein:

- Die Gruppe braucht einen Blick auf erreichte Erfolge im Coaching-Prozess.
- Der Coach braucht eine Rückmeldung zur Entscheidung über den weiteren Prozess.

- Die Gruppe verliert sich in Details.
- Die Sach-, Prozess- oder individuelle Ebene ist zu dominant.
- Der Prozess wird destruktiv.
- Es ist eine Störung spürbar.
- Es sind Widerstände spürbar.
- Eine Blockade tritt auf.

Für einfache Anlässe gibt es die üblichen Moderationsverfahren (Ein-Punkt-Abfrage u. Ä.) oder die eher pädagogische Vermittlung des TZI-Dreiecks (nach Ruth Cohns themenzentrierter Interaktion).

Für unklare und schwierige Situationen gilt – wie schon unter Kapitel 2.4 beschrieben – die Aikido-Haltung. So könnte die Störung/der Widerstand/die Blockade selbst zum Betrachtungsgegenstand im Gruppen/Team-Coaching gemacht werden.

Methodische Beispiele hierfür sind:

- Eine Gruppenarbeit mit direkter Fragestellung, z.B. »Was hält uns gerade an/auf? Wie wollen wir das bei unseren weiteren Schritten berücksichtigen?«, oder mit paradoxer Fragestellung, z.B. »Was müssten wir jetzt tun, um völlig arbeitsunfähig zu werden?«
- Ein leerer Stuhl als physische Metapher für die Störung/den Widerstand/die Blockade, verbunden mit dem Angebot an die Gruppenteilnehmer, abwechselnd darauf Platz zu nehmen und mit dem Satz »Ich als Störung/Widerstand/Blockade sage euch...« die Situation in der Gruppe (zum Teil stellvertretend für Einzelne) zu beschreiben.
- Eine Skulptur über die aktuelle Gruppensituation, in die z.B. eine Pinnwand als Störung/Widerstand/Blockade einzuarbeiten ist.
- Eine Kleingruppenarbeit mit dem Auftrag, die akute Situation in einer Analogie, einem Märchen, einem Film o. Ä. zu beschreiben.

Oft verliert ein Thema bereits dadurch, dass es benannt und akzeptiert wird, blockierende Kraft.

Der Wechsel auf die Metaebene bedeutet immer ein individuelles Abwägen durch den Coach zwischen Gefahren von potenziellen zusätzlichen »Baustellen« und dem potenziellen Nutzen für die Weiterarbeit am Wesentlichen.

4.7.5 Schwierige Situationen in Gruppen

Durch die Diagnosemethoden können schwierige Situationen aufkommen und damit zur Bearbeitung anstehen. Sie können der Gruppe an anderer Stelle nicht einfach »aufgedrängt« werden. Die folgenden Situationen treten nach unserer Erfahrung häufiger auf:

1. Machtlose Führung

Sobald dieses Thema sich herauskristallisiert, sollte es separat von anderen Themen betrachtet werden. Die Betrachtung des Führungsthemas darf nur mit Erlaubnis der Führungskraft erfolgen. Voraussetzung ist natürlich auch eine Kultur, in der die kritische Betrachtung von Führung nicht tabu ist.

Das wichtigste Handlungskriterium ist hier, die Führungskraft nicht noch zu schwächen vor der Gruppe und klar zu unterscheiden, was vor und was ohne die Gruppe zu bearbeiten ist. Auch ist zu prüfen, ob Teilaspekte ohne Anwesenheit der machtlosen Führungskraft besser bearbeitet werden können, damit keine Feedbacksituation für die Führungskraft entsteht, die absehbar negativ ausfallen würde.

Mit der Gruppe und der Führungskraft ist betrachtbar:
Die präzise Beschreibung des Ist-Zustandes, z. B.:

- »Wie geht die Gruppe mit der derzeitigen Machtverteilung um?«
- »Wie viel Führung fehlt der Gruppe und wünscht die Gruppe?«
- »Welche Wünsche haben wir an die Führungskraft?«

Die Bezeichnung des Themas und der Problematik darf hier jedoch nur so formuliert werden, dass sie der Führungskraft, nicht schadet.

Vor der Gruppe darf der Coach nicht auf die Lösungserarbeitung überleiten, da diese im Verantwortungsbereich der Führungskraft liegt und eine Bearbeitung mit der Gruppe die Führungskraft zusätzlich entmachten würde!

Mit der Gruppe, ohne die Führungskraft, ist betrachtbar:

- »Welche Führungsdefizite nehmen wir wahr?«
- »Welche Auswirkungen sehen wir bezüglich
  - Entscheidungen?«
  - Informationen?«

- Konflikten?«
- Nachhaltigkeit?«
- Grenzen?«
- Außenwirkung?«
- ...

Hier ist eine Orientierung durch Vorgabe bestimmter Aspekte sinnvoll, um die Aufmerksamkeit von allzu dominanten Auswirkungen wegzulenken.

- »Welche Auswirkungen führen zu Wünschen an die Führungskraft, mit welchen müssen wir selbst aktiv umgehen?«

Der Coach achtet darauf, dass Abwertungen vermieden werden und die Ergebnisse eine konstruktive Basis für die daraufhin von der Führungskraft zu treffenden Entscheidungen sind.

Die Betrachtungsergebnisse sind selbstverständlich offiziell der Führungskraft zur Verfügung zu stellen. Die Gruppe entscheidet selbst über Umfang und Form dieser Übermittlung. Der Coach betätigt sich hier jedoch nicht als »Briefträger«!

Mit der Führungskraft, ohne die Gruppen, ist betrachtbar:

Die erste Frage betrifft die Unterscheidung, ob es an äußerer oder innerer Autorität mangelt. Probleme, die auf der Ebene der Amtsautorität entstehen, sind immer Sekundärthema zu Problemen, die auf persönlichen Autoritätsdefiziten beruhen. Ein Mangel an äußerer Autorität tritt somit nicht als dominantes Problem in einer Gruppendiagnose auf.

Bei Mangel an innerer Autorität sind folgende Fragen denkbar:

- »Was würde Ihr kritischster Mitarbeiter über Ihre Art zu führen sagen? Welche Situationen würde er benennen?«
- »Was glauben Sie, bei welchen Führungsthemen sind Sie Meister/Geselle/Lehrling?«
- »Wie könnten Sie durch Verhalten und Haltung Ihre Führungsrolle stärker ausfüllen?«
- »Welches bekannte/historische Vorbild könnte Ihnen entsprechen und welches Verhalten würde diesem Vorbild entsprechen? Was davon gestatten Sie sich und was nicht in Ihrer bisherigen Realität?«
- »Was hindert Sie? Wie hindern Sie sich?«

- »Was glauben Sie, was Ihre Mitarbeiter von Ihnen erwarten, was erwarten Sie selbst von sich? Welche Erwartungen kennen Sie definitiv? Welche erfüllen Sie hauptsächlich? Welche wollen Sie zurückweisen?«

Bei zusätzlichem Mangel an äußerer Autorität:
- »Wer könnte die äußere Autorität erhöhen/geben?«
- »Wie könnten Sie diese angemessen einfordern?«
- »Wie müsste eine Veränderung kommuniziert werden?«

Zusätzlich müssen natürlich auch hier die Gruppenergebnisse mit der Führungskraft besprochen und Handlungsmöglichkeiten daraus entwickelt werden.

2. Erkennbarer Außenseiter

Ursachen für die Entstehung von Außenseiterrollen sind:
- Das bewusste oder unbewusste Anstreben der Rolle vom Außenseiter selbst
- Ein Verstoß gegen eine wichtige Gruppenregel
- Projektion
- Unerledigte Themen/Konflikte im System.

Die Aufrechterhaltung des Außenseiterstatus benötigt sowohl von der Gruppe als auch vom Außenseiter immer einen zusätzlichen Energieaufwand.

Die Außenseitersituation belastet die Gruppe. Sie bewirkt ein schlechtes Gewissen, und der Außenseiter zieht damit zusätzlich Ärger und Ablehnung auf sich. Andererseits bewirkt der Fokus auf den Außenseiter ein stärkeres Zusammengehörigkeitsgefühl der anderen Gruppenmitglieder.

Nicht jeder, der als Außenseiter wirkt, muss jedoch auch wirklich einer – im negativen Sinn – sein. Die Außenseiterrolle ist nicht per se ein Drama, sondern erst, wenn der Außenseiter unter der Situation leidet und diese nicht verändern kann. Manchmal wählt sich ein Gruppenmitglied die Außenseiterrolle, weil er im Gruppenkontext nicht den Platz einnehmen kann, der ihm vom Wesen her gebührt. So kann er mit der

Außenseiterrolle zeigen, dass da »etwas Wichtiges mit ihm ist«, was er in der niedrigeren Rangposition innen nicht zeigen könnte. Der Außenseiter selbst kann die Integration nicht fordern, da dieses Fordern wieder die Verdeutlichung seiner Außenseiterrolle bewirkt. Hier sind sowohl die Gruppe als auch die Führungskraft gefordert. Die Integrationsmaßnahmen müssen durch anerkannte Gruppenmitglieder erfolgen. Sie wirken nicht wirklich integrierend, wenn sie durch den, der am zweitweitesten von dem Gruppenmittelpunkt entfernt steht, ausgeführt werden. Beide fallen dann eher aus dem Gruppenkontakt heraus. Die Ranghöchsten haben den stärksten Einfluss auf die Integration bzw. den Ausschluss des Außenseiters.

Explizites Vorgehen:
Ein explizites Vorgehen macht die Außenseitersituation zum Themenmittelpunkt und ist nur dann zu empfehlen, wenn

- der Außenseiter einer öffentlichen Bearbeitung zugestimmt hat und
- die Gruppe über ein Reflexionsniveau verfügt, das dem Erkennen von Eigenanteilen zugänglich ist. Die Bearbeitung darf nicht auf der Ebene erfolgen: »Komisch, wie es so weit kommen konnte ... Natürlich nehmen wir dich dazu.« In diesem Fall würde das explizite Vorgehen die bereits vorhandene Ausgrenzung – selbst bei Integrationsvereinbarung – eher verstärken, sodass der Außenseiter durch die bewusste »Behandlung zum Innenseiter« im Rahmen einer gemeinsamen »Sozialarbeit« in einer Sonderrolle bleibt.

Das explizite Vorgehen führt die Gruppe mit dem Außenseiter in einen gesteuerten Dialog z. B. über:

- »Wie ist die Rolle entstanden (bestimmter Anlass oder Prozess)?«
- »Sagt die Entstehung etwas über eine Gruppenregel aus? Welche?«
- »In welchem Maß wird die Außenseiterrolle von jedem Einzelnen wahrgenommen (evtl. Skalafrage)?«
- »Könnten Projektionen damit zusammenhängen? Wenn ja, welche?«

Wenn über die Außenseiterthematik eine Betroffenheit in der Gruppe entstanden ist, bedarf es keiner äußeren Maßnahmen zur Integration.

Hier kann der Coach auf den anschließenden sozialen Prozess der Gruppe vertrauen.

Implizites Vorgehen:
Beim impliziten Vorgehen erhält die Gruppe Aufgaben, z. B. zur Bearbeitung von weiteren Themen, deren Aufgabenstellung eine Außenseiterrolle unmöglich macht; z. B.: »Welche Ressource kann jeder Einzelne hier am stärksten einbringen?« Der Coach achtet auf die Beiträge des Außenseiters und unterstützt sie ggf., um ein Gemeinschaftserlebnis zu schaffen.

Der wesentlichere Schritt in Richtung Integration ist jedoch, mit dem Außenseiter und mit der Führungskraft, soweit der Außenseiter dem 6-Augen-Gespräch zustimmt, ein 4- bzw. 6-Augen-Gespräch zu führen, das Integrationsmaßnahmen der Führungskraft zum Ziel hat. Das o. g. Reflexionsniveau gilt natürlich auch für die Führungskraft.

3. Historischer Schock

Die Gruppe kann traumatisiert sein z. B. durch den Selbstmord eines Kollegen, Verrat, Kündigungen oder wenn die/der »Falsche« Führungskraft wurde.

Zur Bearbeitung des Schocks sind folgende Fragen möglich:
- »Wo gehört das Thema hin?«
- »Wem gehört die Emotion (Angst, Ärger, Wut, Trauer, ...)?«
- »Wie kann die Energie daraus in die richtige Richtung und in eine angemessene Form gebracht werden?«

Wenn das Trauma von Mächtigen ausgelöst wurde, entsteht dadurch eine Regel, die ggf. auch noch bearbeitet werden muss.

Die Regel für die Bearbeitung des Schocks heißt: Die Energie gehört zum Verursacher! Dieser kann jedoch manchmal als Adressat unerreichbar sein. So achtet der Coach darauf, dass die Energie zumindest symbolisch in die richtige Richtung fließt und nicht destruktive Umleitungen nimmt. Bei einer reifen Gruppe könnte dies zum Beispiel durch ein Sprechen zu einem leeren Stuhl, der für den Adressaten steht, erreicht werden.

4. Bestehende oder ehemalige Liebesbeziehungen zwischen Gruppenmitgliedern

Die Existenz einer stabilen Zweierbeziehung und damit eines informellen Subsystems hat immer eine starke und störende Wirkung auf die Gruppe. Jede Interaktion und Intervention, die sich auf einen der beiden richtet, richtet sich informell auf beide. Dies ist insbesondere bei Problemen und Konflikten ein relevanter Faktor, da die Reaktion – geplant oder ungeplant – von beiden ausgeht. Umgekehrt wirken sich Krisen in dieser Zweierbeziehung mittelbar oder unmittelbar auf die Gruppe aus.

Ziel ist somit immer eine organisatorische Trennung, die bewirkt, dass nur einer von beiden Teil der Gruppe ist.

Die Gruppe hat bei der Entscheidungsfindung jedoch kein Mitspracherecht. Der Coach kann hier öffentlich bzw. gegenüber der Führungskraft und dem Paar dieses Ziel benennen. Seine Position darf selbstverständlich nicht als eine negative Beurteilung der Situation ausgelegt werden – menschlich ist dies durchaus in Ordnung. Der Gruppe gegenüber reicht die Veröffentlichung aus, damit Aktionen und Reaktionen auf beide abgestimmt werden können.

5. Sexuelle Übergriffe

Stufen von sexuellen Übergriffen sind:
- Indirekte verbale Grenzverletzung (Witze/anzügliche Bemerkungen)
- Direkte verbale Grenzverletzung
- Körperliche Grenzverletzung

Zur Bearbeitung sind Männer und Frauen getrennt in Gruppenarbeit zu schicken. Folgende Fragen können den Gruppenarbeitsauftrag darstellen:
- »Welche Übergriffe gibt es bei uns?«
- »Wie geht's mir, wenn ich Zeuge/Adressat davon bin?«
- »Welche Möglichkeiten zur Grenzsetzung sehen wir bei den 3 Stufen?«

Gegebenenfalls muss der Coach die Reaktions- und Abgrenzungsbereitschaft und die Legitimation der darin liegenden »Gewalt« erhöhen, indem er die »Gewalt« im Übergriff verdeutlicht. (Siehe auch Kapitel 1.3.1.2 Grenzen).

6. Mobbing

Mobbing ist nicht immer dann Mobbing, wenn es von jemandem so bezeichnet wird. Der Coach muss hier offenes Kritikverhalten von Mobbing differenzieren. Echtes Mobbing ist ein auf die Beschädigung oder Ausgrenzung einer Person gerichtetes Gruppenverhalten.

Mobbing ist auf den Konflikteskalationsstufen von Fritz Glasl im letzten Drittel einzusortieren, indem die Angriffe auf den »Feind« keine menschliche Qualität mehr besitzen und einem Vernichtungsfeldzug gleichkommen.

Zu unterscheiden ist, ob das Mobbing von Gruppenmitgliedern oder von der Führungskraft ausgeht. Im letzteren Fall darf der Coach die Konfrontation mit der Führungskraft nicht scheuen und ggf. auch nicht das Ziehen persönlicher ethischer Grenzen.

Geht das Mobbing von Gruppenmitgliedern aus, so muss die Führungskraft dem Mobbing durch eine deutliche, öffentliche Kritik mit Androhung von deutlichen Konsequenzen, die das Arbeitsverhältnis insgesamt betreffen, ein Ende setzen. Hier ist gemäß den Konflikteskalationsstufen eine Lösung nur durch Einsatz von Macht möglich. Hierzu muß der Coach auf die Führungskraft entsprechend einwirken.

7. Suchtproblematiken

Auch hier muss die Führungskraft, um nicht in die so genannte Co-Abhängigkeit zu kommen, eine deutliche Grenze setzen, die dem Süchtigen eine leidvolle Notwendigkeit bereitet, die Sucht zu bekämpfen. Jede Toleranz – seitens der Führungskraft und der Gruppe – unterstützt die Sucht. Die Suchtbekämpfung bewältigt der Süchtige selten allein. Hier ist auf professionelle Hilfe zu verweisen.

Der Coach sollte insbesondere die Funktion und Wirkung von Co-Abhängigkeit deutlich machen.

(Weitergehende Informationen über die öffentlichen psychosozialen Beratungsstellen, siehe z. B. auch die Informationsschrift »Alkohol im Betrieb geht jeden an« des Bayerischen Staatsministeriums für Arbeit und Sozialordnung, Familie, Frauen und Gesundheit)

8. Wutausbruch

Auch wenn der authentische Ausdruck von Emotionen grundsätzlich ein Ziel im Coaching ist, so kann durch einen Wutausbruch eine Grenze erreicht werden, in der der Coach mehr kanalisierend als fördernd intervenieren muss. In der Gruppensituation kommt hinzu, dass das Ausbruchsverhalten demjenigen zusätzlich schaden kann. Hier ist es angemessen, dem emotionalen Gehalt eine Daseinsberechtigung zu geben mit dem Ziel, es der Gruppe gegenüber zu legitimieren und in Kontakt mit demjenigen zu bleiben.

Kanalisieren bedeutet in diesem Fall, die emotionale Ladung mit dem Anlass, der Sache oder einer Person in Verbindung zu bringen und, um konstruktiv zu enden, mit einem Wunsch zu verbinden. Das Adressieren an eine anwesende Person darf natürlich nicht in körperlicher Form erfolgen. Der Coach muss hier in engem Kontakt (Verstand und physische Nähe) mit demjenigen bleiben, indem er während des Ausbruchs Satzanfänge oder Fragen oder Selbstausdruck durch Doppeln (siehe auch Kapitel 4.4.2 Doppeln) anbietet, die sich auf denjenigen selbst, weniger auf den Auslöser beziehen, z. B. mit Fragen oder Satzanfängen wie:

- »Am liebsten würde ich...«
- »Ich bin wütend, weil...«
- »Ich bin verletzt, weil...« (Hiermit bietet der Coach an, von der Wut in die Verletzung/Trauer zu gehen.)
- »In meinem Körper spüre ich meine Wut als...«
- »Wer hier in der Gruppe soll Ihre Wut verstehen?«
- »Wenn ich nicht mehr wütend bin...«
- »Ein Ausgleich wäre für mich...«
- »Das Lustige an der Sache ist...«
- »Hilfreich wäre für mich...«
- »Ich möchte nicht mehr...«

9. Veröffentlichung von Schmerz/Trauer (Weinen)

Tränen können Schläge als moralische Anklage oder Abwehr zur Blockierung von Angriffen sein. Die Frage für den Coach lautet: Ist das Weinen adäquat oder dient das Weinen dazu, eine Klärung zu verhindern?

Schmerz und Trauer auszudrücken ist legitim, weil es in der Arbeitswelt – wie auch im sonstigen Leben – Anlässe dafür gibt. Nach unserer Auffassung ist es genauso unangemessen, Schmerz und Trauer aus dem Berufsleben in das Privatleben zu tragen wie aus dem Privatleben in das Berufsleben. Der Coach muss hier gegebenenfalls die Legitimation der Emotion verstärken (siehe auch Kapitel 3.7 Umgang mit Emotionen).

10. Berührung von Tabu-Themen

Wenn der Coach vermutet, dass ein Tabu berührt wurde und die Gruppe deswegen in einer energetischen Lähmung steckt, ist es empfehlenswert, dieser Energie einen geschützten Rahmen zu bieten, z.B. in Zweier-Kleingruppen zu der Frage: »Was ist es, was ich momentan in die Gruppe nicht einbringen möchte?« Dieses Vorgehen bietet einerseits Schutz für das Tabu, andererseits Raum zum »Abarbeiten« der Blockade und sogar die Chance, dass das Tabu von einem Gruppenmitglied gebrochen wird, das die Veröffentlichung in der Zweier-Gruppe ermutigt, das Thema im Plenum einzubringen. Der Coach selbst jedoch fragt nicht nach der Veröffentlichung der Kleingruppen-Ergebnisse!

Alle diese Themen können Ursache für Widerstand sein (siehe Kapitel 2.4 Widerstand).

5 Anhang

5.1 Ziele und Interventionen im Einzel-Coaching

Die folgende Übersicht soll als Hilfestellung dienen, um – je nach eigener Kompetenz, Situation und Bereitschaft des Coachee – die Interventionstiefe gezielt dosieren zu können. Die den Spalten zugeordneten Methoden sollen als alternative Rahmenanregungen dienen, innerhalb der gewünschten Interventionstiefe einen Inhalt dafür zu definieren. Die Methoden können z.T. auch den anderen Spalten zugeordnet werden, wenn die Methode durch das Gewicht des Inhalts verstärkt oder abgeschwächt wird. Auch die Art, wie der Coach die Methode anwendet, sowie der Zeitpunkt kann eine Wirkung verstärken oder abschwächen. Je nach individueller Situation des Coachees können die hier pauschal vorgeschlagenen Methoden auch unpassend sein. Auch diese Tabelle erhebt keinen Anspruch auf Vollständigkeit der methodischen Möglichkeiten.

Ziel	Interventionen auf der kognitiven Ebene	Interventionen, die Emotionales oder Vorbewusstes berühren können	Tiefe Interventionen an der Grenze zur Therapie
Gesprächssteuerung	Ablaufkonzept	Hypothesenbildung	Wechsel ins Nonverbale
Strukturierung der Themen, Differenzierung der Problemlage, Aufräumen, Baustellen identifizieren	– Visualisierung – Einordnung in Modelle/Übersichten – Skalafrage	Wunderfrage	
Wahrnehmung – Diagnose/Muster erkennen/ verstehen	– hypothetische Frage – potenzialorientierte Frage – zirkuläre Frage – dritte Position – Rollenwechsel	– paradoxe Frage – Analogie – wertschätzende Provokation	– Phantasiereise – Sonde
– Umfeldanalyse/ Systemanalyse	– Rollenwechsel – Soziogramm-Visualisierung – Organisations-Landschaft – Kraftfeldanalyse	– Thema zentral – Aufstellung mit Figuren etc.	– Live-Soziogramm
– Selbstwahrnehmung erhöhen	– Spiegeln – Identifikationsfeedback	– Check inside – Positur – Inner Team – Doppeln	– Check inside mit Visualisierung des Szenarios
– Selbstausdruck fördern	– Rollenspiel – Dritte-Person-Frage	– Positur – Regeländerung	

Ziel	Interventionen auf der kognitiven Ebene	Interventionen, die Emotionales oder Vorbewusstes berühren können	Tiefe Interventionen an der Grenze zur Therapie
– Außenwahrnehmung erhöhen/Beteiligte verstehen	– Rollenwechsel, -tausch – zirkuläre Frage – Identifikationsfeedback – Metapher – Dritte Position	– wertschätzende Provokation – Doppeln	– Konfrontation – Sonde
– Hereinholen von Unberücksichtigtem	– Kraftfeldanalyse – Seilearbeit – Organisations-Landschaft – Aufstellung mit Figuren etc. – zirkuläre Frage – potenzialorientierte Frage	– Wunderfrage – hypothetische Frage – Check inside – wertschätzende Provokation	– Phantasiereise – Stühlearbeit – Projektionsauflösung
– Vertiefen oder Erleichtern	– reframing – Humor – Identifikationsfeedback – potenzialorientierte Frage	– Regeländerung – Doppeln	
– Nähe/Betroffenheit – Distanz/Thema »Grenzen«	– Dritte Position – Metapher – reframing – Rollenwechsel – Identifikationsfeedback – zirkuläre Fragen – Thema zentral	– Positur/Skulptur – wertschätzende Provokation – Doppeln – Regeländerung	– Sonde – Konfrontation

Ziel	Interventionen auf der kognitiven Ebene	Interventionen, die Emotionales oder Vorbewusstes berühren können	Tiefe Interventionen an der Grenze zur Therapie
Sortieren			
– neue Betrachtungswinkel gewinnen	– alle Perspektivenwechsel – potenzialorientierte Frage – Dritte-Person-Frage	– TA: Ich-Zustände – Inner Team	
– eigene Bewertungsmuster reflektieren/ergänzen/ verändern	– alle Perspektivenwechsel – Dritte-Person-Frage	– Check inside – paradoxe Intervention (z. B. Symptomverschreibung) – wertschätzende Provokation – TA: Ich-Zustände – Inner Team – time line	– Phantasiereise – Konfrontation
Entscheiden			
– Wahlmöglichkeiten erhöhen	– alle Perspektivenwechsel – hypothetische Frage	– Phantasiereise – Regeländerung – Stühlearbeit	
– Entscheidungsblockaden auflösen/Widerstände umgehen/Entscheidung fördern	– Metapher/Analogie – hypothetische Frage – Dritte Position – Tetra-Lemma	– Inner Team – Doppeln – Regeländerung	– Sonde
– Folgen abschätzen	– hypothetische Frage – zirkuläre Frage – Skalafrage – Aufstellung mit Figuren etc.	– time line	

Ziel	Interventionen auf der kognitiven Ebene	Interventionen, die Emotionales oder Vorbewusstes berühren können	Tiefe Interventionen an der Grenze zur Therapie
Handeln – Ressourcen fokussieren/ fördern/Energiezufuhr	– potenzialorientierte Frage – hypothetische Frage – Dritte-Person-Frage – Dritte Position – Kraftfeldanalyse	– Phantasiereise – wertschätzende Provokation – Doppeln	– Sonde
– Verantwortung im rechten Maß übernehmen	– Dritte-Person-Frage – Dritte Position	– TA: Ich-Zustände – Stühlearbeit – Regeländerung – Doppeln – wertschätzende Provokation	– Konfrontation
– Handlungsfähigkeit erhöhen/Handlungsblockaden auflösen	– Metapher – Wunderfrage	– Regeländerung – Inner Team – Doppeln – paradoxe Intervention	– Sonde
– Handlungsschritte konkretisieren und stabilisieren	– Rollenspiel	– paradoxe Intervention – wertschätzende Provokation	
Lähmung/Impass im Coaching-Prozess auflösen	(– Raumwechsel) (– Bewegung) (– Methodenwechsel) – Benennen der Stockung – Dritte Position	– Check inside – Positur – wertschätzende Provokation – paradoxe Intervention – Wunderfrage	(– Zeitraum aushalten)

5.2 Literatur

* Inhalte dieser Kapitel basieren auf Seminaren und Gesprächen mit Wolf E. Büntig sowie von Wolf E. Büntig verfassten Broschüren. (Veröffentlichungen des Zist e.V.), dessen Primärquellen unter anderem führen zu

- Graf von Dürckheim
- Abraham Maslow
- Wilhelm Reich
- Arno Grün
- Ali Hameed Almaas, Diamond Approach®.

zu Charakter:

- Corsini, R. J. (Hrsg.) (1983). *Handbuch der Psychotherapie*. Weinheim, Basel: Beltz

zu Identifikation:

- Beattie, M. (1990). *Die Sucht gebraucht zu werden*. München: Heyne (hier: Drama-Dreieck nach Stephen Karpman)

zu Kontakt:

- Brown, B. (2004). *Befreiung vom inneren Richter*. Bielefeld: J. Kamphausen
- Riemann, F. (1999). *Grundformen der Angst*. München, Basel: Ernst Reinhardt
- Stevens, J. O. (1976). *Die Kunst der Wahrnehmung*. München: Chr. Kaiser
- Thomann, C., Schulz von Thun, F. (1995). *Klärungshilfe: Handbuch für Therapeuten, Gesprächshelfer und Moderatoren in schwierigen Gesprächen; Theorien, Methoden, Beispiele*. Reinbek bei Hamburg: Rowohlt.

zu Gestalt allgemein:
- Büntig, W. *Die Gestalttherapie Fritz Perls'*. Penzberg: Zist
- Perls, F. (2002). *Gestalt-Therapie in Aktion*. Stuttgart: Klett-Cotta
- Perls, F., Hefferline, R., Goodman, P. (1951/1997). *Gestalttherapie. Grundlagen*. München: DTB.
- Staemmler, F.-M. (1987). *Neuentwurf der Gestalttherapie*. München: Pfeiffer.

zu Kontaktunterbrechungsmuster:
- Polster, E. und M. (1975). *Gestalttherapie – Theorie und Praxis der integrativen Gestalttherapie*. München: Kindler

zu Ebenen-Modell der Persönlichkeit:
- Blickhan, D. (2001). *Persönlichkeits-Panorama*. Paderborn: Junfermann
- Dilts, R. B. (1998). *Von der Vision zur Aktion – Visionäre Führungskunst*. Paderborn: Junfermann

zu Typologien:
- Belbin, R. M., Bergander, W. (Übersetzer) (1996). *Managementteams, Erfolg und Misserfolg*. Rita Bergander
- Bolton, R., Bolton, D. G. (1996). *People Styles at Work*. Middlebury, USA: Soundview Executive Book Summaries
- Czichos, R. (1997). *Change-Management*. München, Basel: Ernst Reinhardt
- Dietrich, R. (Hrsg.) (1990). *Analytische Bioenergetik*. Salzburg: Reinhold Dietrich
- Frank, R. (1978). *Zur Rolle des Körpers in der bioenergetischen Analyse*, in: Petzold, H. (Hrsg.). *Die neuen Körpertherapien*. Paderborn: Junfermann
- Gay, F. (2004). *DISG-Persönlichkeitsprofil*. Remchingen: Gabal, persolog
- Hasselmann, V., Schmolke, F. (1993). *Archetypen der Seele*. München: Goldmann
- Hugo-Becker, A., Becker, H. (2000). *Psychologisches Konfliktmanagement*. München: dtv

- Kurtz, R. (1994). *Hakomi – Eine körperorientierte Psychotherapie.* München: Kösel
- Lowen, A. (1979). *Bioenergetik.* Hamburg: Reinbek bei Hamburg: Rowohlt
- Maitri, S. (2001). *Neun Portraits der Seele. Die spirituelle Dimension des Enneagramms.* Bielefeld: J. Kamphausen
- Moore, R. Gillette, D. (1992). *König, Krieger, Magier, Liebhaber.* München: Kösel
- Riemann, F. (1999). *Grundformen der Angst.* München, Basel: Ernst Reinhardt
- Riemann, F. (2003). *Lebenshilfe Astrologie.* Stuttgart: Pfeiffer bei Klett-Cotta
- Rohr, R., Ebert, A. (2004). *Das Enneagramm – Die 9 Gesichter der Seele.* München: Claudius
- Satir, V. (2002). *Selbstwert und Kommunikation.* Stuttgart: Pfeiffer bei Klett-Cotta
- Schein, E. (1998). *Karriereanker.* Wolfgang Looss
- Stöger, G. (2000). *Besser im Team.* Weinheim, Basel: Beltz

zu Transaktionsanalyse:

- Berne, E. (1990). *Was sagen Sie, nachdem Sie »Guten Tag« gesagt haben?* Frankfurt: Fischer
- Berne, E. (1993). *Spiele der Erwachsenen.* Reinbek bei Hamburg: Rowohlt
- Hagehülsmann, U. und H., (1998). *Der Mensch im Spannungsfeld seiner Organisation.* Paderborn: Junfermann
- Rogoll, R. (2002). *Nimm dich, wie du bist.* Freiburg: Herder spektrum

zu Konflikt:

- Bach, G. R. (1980). *Halt. Mach mich nicht verrückt. Verdeckte Konflikte lösen.* München: Diederichs
- Höglinger, A. (2002). *Grenzen setzen bei Erwachsenen.* Linz: Höglinger
- Minuchin, S. (1983). *Familie und Familientherapie. Theorie und Praxis struktureller Familientherapie.* Freiburg: Lambertus

- Wardetzki, B. (2000). *Ohrfeige für die Seele – Wie wir mit Kränkung und Zurückweisung besser umgehen können.* München: Kösel
- Watzlawick, P. (1991). *Die Möglichkeit des Andersseins.* Bern: Huber

zu Gruppen:

- Antons, K. (1998). *Praxis der Gruppendynamik.* Göttingen: Hogrefe
- Brocher, T. (1999). *Gruppenberatung und Gruppendynamik.* Leonberg: Rosenberger
- Schindler, R., (1968). *Das Verhältnis von Soziometrie und Rangordnungsdynamik.* Zeitschrift Gruppenpsychotherapie und Gruppendynamik 2, 9–20
- Informationsschrift *Alkohol im Betrieb geht jeden an* des Bayerischen Staatsministeriums für Arbeit und Sozialordnung, Familie, Frauen und Gesundheit, www.lzg-bayern.de

zu Systemik:

- Palazzoli, M. Selvini und L. Boscolo, G. Cecchin, G. Prata (1978). *Paradoxon und Gegenparadoxon. Ein neues Therapiemodell für die Familie mit schizophrener Störung.* Stuttgart: Klett-Cotta
- von Schlippe, A., Schweitzer, J. (1998). *Lehrbuch der systemischen Therapie und Beratung.* Göttingen: Vandenhoeck & Ruprecht

zu Coachee und Coach:

- Perls, F. S. (1991). *Gestalttherapie.* München: dtv/Klett-Cotta
- Perls, F., (1991). *Gestalt-Therapie in Aktion.* Stuttgart: Klett-Cotta
- Yalom, I. D. (1996). *Theorie und Praxis der Gruppenpsychotherapie.* München: Pfeiffer

zu Coaching-Techniken:

- Brenner, I., Clausing, H., Kura, M., Schulz, B., Weber, H. (1996). *Das pädagogische Rollenspiel.* Hamburg: Windmühle
- Buer, F. (Hrsg.) (1999). *Morenos therapeutische Philosophie. Die Grundideen von Psychodrama und Soziometrie.* Opladen: Leske + Budrich
- Cohn, R. C. (2004). *Von der Psychoanalyse zur themenzentrierten Interaktion.* Stuttgart: Klett-Cotta / J. G. Cotta'sche Buchhandlung Nachfolger

- Doppler, K., Lauterburg, C. (1998). *Change Management.* Frankfurt: Campus
- Farrelly, F., Brandsma, J. M. (1974). *Provokative Therapie.* Berlin: Springer
- Fischer-Epe, M. (2002). *Coaching: Miteinander Ziele erreichen.* Reinbek bei Hamburg: Rowohlt
- King, A. (2004). *Abenteuer Timeline.* Norderstedt: Books on Demand
- Looss, W. (1993). *Coaching für Manager.* Landsberg/Lech: Moderne Industrie
- Maaß, E., Ritschl, K. (2004). *Phantasiereisen praktisch anwenden.* Paderborn: Junfermann
- Masters, R. (1984). *Phantasiereisen.* München: Kösel
- Müller, G., Hoffman, K. (2002). *Systemisches Coaching.* Heidelberg: Carl-Auer-Systeme
- Obermann, C., Schiel, F. (Hrsg.) (1997). *Trainingspraxis.* Köln: Wirtschaftsverlag Bachem
- Rosen, S. (Hrsg.) (1996). *Die Lehrgeschichten von Milton H. Erickson.* Salzhausen: iskopress
- Schulz von Thun, F. (1998). *Miteinander reden 3. Das »Innere Team« und situationsgerechte Kommunikation.* Reinbek bei Hamburg: Rowohlt
- Stone, H. und S. (1997). *Du bist viele – Das 100fache Selbst und seine Entdeckung durch die Voice-Dialogue-Methode.* München: Wilhelm Heyne
- Trainings-Ideen Simmerl. *Übungs-Börse, Datenbank für Trainer.* www.simmerl.de
- Varga von Kibéd, M., Sparrer, I. (2000). *Ganz im Gegenteil: Tetralemmaarbeit und andere Grundformen Systemischer Strukturaufstellungen.* Heidelberg: Carl-Auer-Systeme
- Vogelauer, W. (2000). *Die fünf Phasen des Entwicklungsprozesses.* Artikel in management & training 4/2000

5.3 Stichwortverzeichnis

A
Ablaufkonzept 4.1.2
Ablehnungsmöglichkeit 4.1.5
Ablenken 1.3.2
Abschluss 4.1.2
Abschlussempfehlung 4.1.2
Abwertung 1.4.4
Aikido-Prinzip 2.4
Aktuelles 4.1.2
Analogie 4.2.1
Anerkennung 1.2.1, 1.4.4
Angst 1.1.10, 1.2.5, **2.4**, **3.7**
Anklagen 1.3.2
Anknüpfen 4.1.2
Anlass 2.1
Anlass (Gruppen/Team-Coaching) 4.7.1
Anmaßung **1.5.3**, 3.6
Anpassung 1.1.3
Antipathie 1.3.1.1
Anwälte 4.6.3
Archetyp 1.1.9
Aufregung 2.4
Aufstellung **4.2.8**, **4.2.10**, 4.7.3.6
Auftrag, Auftragsklärung, Auftrags-
 situation **2.2**, **4.1.3**, **4.1.3.1**, 4.7.1
Auftraggeber 4.1.2
Ausdrucksverhalten 1.1.10, **2.5**
Ausgangssituation 4.1.2
Außenseiter 1.4.2, 4.7.5
Ausweichen 2.4
Authentizität 1.1.2, 1.5.1
Autonomie, Autonomie-Verlust 1.1.5
Autorität 1.5, **1.5.2**, 4.7.5
Autoritätskrise 1.4.3

B
Balz **1.3.1**, 1.4.4
Bäume malen 4.7.3.7.1
Beachtung 1.2.1
Beachtungsdefizit 1.2.1
Beschützer-Rolle 1.4.2
Beschwichtigen 1.3.2

Bestätigung 1.3.1.1
Betrachtungsebenen (Gruppen/Team-
 Coaching) 1.4
Bewertungsimpuls 1.2.3
Bewunderung 1.3.1.1
Beziehungsthemen **1.4.4**, **4.7.3**
Bilder 4.2.1
black out 3.5

C
Charakter, Charakterhaltung **1.1.1**, **1.1.7**, 1.1.9
Charakterstrategien 1.1.9
Charakterkundliche Grundmodelle 1.1.9
Charakterstruktur, bioenergetische 1.1.9
check inside **1.2.3**, **4.3.6**, **4.4.6**
Coach 3
Coachee 2
Coaching Einl. 1
Confrontation Meeting 4.6.5

D
Daseinsberechtigung **1.1.3**, **1.1.8**
Dauer 1.2.7
Deflektor 1.2.5
Dialoge zeichnen 4.7.3.7.2
DISG-Modell 1.1.9
Distanz 1.2.7
Drama-Dreieck 1.1.3
Dritte-Person-Frage 4.1.4
Dritte Position 4.3, **4.3.3**
Doppeln 4.4.2
double-bind-Auftrag 2.2
Dynamische Verfahren (Gruppen-Diagnose) 4.7.3.2

E
Einstieg 4.1.2
Einstiegsintervention (Gruppen/Team-
 Coaching) 4.7.1
Einzigartigkeit **1.2.1**, **4.1.4**
Emotionen 1.1.10, 1.4.4, **3.6**, **3.7**

Entscheidungen 1.4.4, 1.5, **1.5.4**
Entscheidungsfähigkeit 4.1.4
Ergänzung 1.3.1.1
Erotik 1.4.4
Ersatz-Identifikation, Ersatz-Image 1.1.5
Etappen 4.1.2
Ethik 3.2
Evaluation 4.1.2

F
Fähigkeiten 1.1.7
Fallen **3.4**, 4.1.5
Feedback **4.5**, 4.7.2
Fragetechniken 4.1.4
Führung 1.5
Führung, machtlose 4.7.5
Führungskraft (Sonderrolle im Gruppen/Team-Coaching) 4.7.2

G
Gegenwärtigkeit 1.2.2, **1.2.3**
Gerechtigkeit 1.4.4
Geschäftsordnung **1.4**, 1.4.3, 1.4.4
Geschichten 4.2.1
Gesprächsleitfaden, klassischer (Konflikt-Coaching) 4.6.1
Gestalt 1.1.10
Glaubenssätze 1.1.8
Grenze zur Therapie 1.1.8, 1.1.10, 1.2.1, 1.2.7, 1.4.1, 1.4.4, 2.4, **3.6**, 4.2.3, 4.4.1, 4.4.6, 4.4.7, 5.1
Grenzen, Grenzverletzung **1.3.1, 1.3.1.2**, 1.4.4
Grundbedürfnisse 1.1.10, 1.2.1
Gruppe **1.4, 4.7**
Gruppendiagnose 4.7.3
Gruppendynamik, Gruppenbildungsprozess 1.4.3
Gruppenthemen 1.4.4

H
Haben 1.1.3
Haltung (Coachee) 2.3
Haltung (Coach) **3.2**, 4.1.4
Handlungsorientierung 4.1.1
Hausaufgabe 1.1.7, **4.1.2**
Heikles Thema 1.4.4
Hindernisse 4.1.2
Historische Figur 4.2.1

Historischer Schock 4.7.5
Humor 4.1.5
Hypothesen 4.1.5
Hypothetische Frage **1.1.4, 4.4.7**

I
Ich-Zustände 1.1.9, **1.2.6, 4.2.4**
Identität **1.1.3**, 1.1.7
Identifikation 1.1.3, 1.1.6, 1.1.7, 1.2.6
Identifikationsfeedback 4.5.1.2
Identifikationstechniken 4.3
Image, Image-Fixierung 1.1.2, **1.1.4**, 1.1.6
Impass 1.5.4
Innere Wahrheit, innere Natur 1.1.5, 1.1.6, **1.2.4**
Inner Team 4.2.3, 4.3
Integration 1.1.2
Introjektor 1.2.5
Ist-Analyse 4.1.2, **4.2, 4.7.3**

K
Karriere **1.4.4, 4.2.10**
Karriereanker 1.1.9
Kerndialog 4.6.4
Kernkompetenzen (Führung) 1.5
Können 1.1.3
Körper 1.1.3, 1.1.4, 4.2.2
Konfluenz 1.2.5
Konflikt 1.2.5, **1.3**, 1.5.5, 4.2.10, 4.6
Konflikttypen (V. Satir) 1.1.9, 1.2.5, **1.3.2**
Konfliktursachen 1.3.1
Konfluent 1.2.5
Konfrontation 4.4.4
Kongruent 1.3.2
Konkurrenz **1.3.1.1**, 1.4.4
Konsequenz 1.4.4
Kontakt 1.2.1, 1.2.4, 4.1.2
Kontaktunterbrechungsmuster 1.2.5, 1.3.2
Kontrakt 4.1.2
Kränkung 1.1.6, **1.3.1**
Kraftfeldanalyse 4.2.5
Kritik 1.4.4
Kultur, Führungs-, Informations-, Fehler 1.4.5
Kunsttherapeutische Verfahren 4.7.3.7

L
Liebesbeziehungen 4.7.5
Live-Soziogramm 4.2.10, 4.7.3.4
Lösungen 4.1.2
Lustlosigkeit 2.4

M
Machen 1.1.3
Macht 1.1.3, 1.4.4, 1.5, 1.5.2, 1.5.3, 4.1.4, 4.2.10
Machtlose Führung 4.7.5
Malen 4.2.1, 4.7.3.7
meaning 1.1.3, 1.1.8, 4.4.7
Mediator 4.6.1
Metaebene 7.4
Metapher 4.2.1
Metaphorische Standbilder 4.7.3.1
Metaprogramme 1.1.10
Missbrauch 1.5.3
Mobbing 4.7.5
Motivation 1.1.5
Myers-Briggs-Typenindikator 1.1.9

N
Nähe 1.2.7
Narzissmus 3.2
Neid 1.3.1.1, 1.4.4

O
Organigramm-Aufstellung 4.7.3.5
Organisations-Aufstellung 4.7.3.6
Organisations-Landschaft 4.2.9

P
Paradoxe Frage 4.1.4
Paradoxe Intervention 4.4.5, 4.4.7
Person 1.1.2
Persönlichkeit 1.1.2
Persönlichkeitsprofil 1.1.2
Persönlichkeitsebenen 1.1.7
Persönlichkeitsanteile 1.1.10
Perspektivenwechsel 4.1.1, 4.3
Pflicht 4.4.7
Phasen 4.1.2
Phantasiereisen 4.4.6, 4.7.3.7.1
Polaritätenkonzept 1.1.10
Positur 4.2.2
Potenzial Einl. 1
Potenzialorientierte Fragen 4.1.4

Präsenz 1.2.3, 1.2.4, 3.5
Problembeschreibung 4.1.2
Projektion 1.3.1, 1.3.1.1
Projektor 1.2.5
Prozess 3.5, 4.1

R
Rang, ranking 1.3.1, 1.4.2, 1.4.4
Rationalisieren 1.3.2
Rebellion 1.1.3
reframing 4.1.4, 4.3, 4.3.5, 4.4.7
Regeln (Einzelperson) 1.1.8, 4.4.7
Regeln (Gruppen) 1.4.5
Retroflektor 1.2.5
Revier 1.3.1, 1.4.4
Riemann-Thomann-Modell 1.1.9, 1.2.7
Rolle des Coachees 1.1.3
Rollenfeedback 4.5.1.2
Rollenmodelle/Rollen in Gruppen 1.4.2
Rollentausch 4.3, 4.3.2
Rollenverständnis 4.1.2
Rollenwechsel 4.3, 4.3.1
Round robin 4.2.10

S
Schiffsmannschaft 4.7.3.1
Schmerz 4.7.5
Schmutzige Wäsche waschen 4.6.2
Schräge Aufträge 4.1.3.2
Schwierige Situationen (Gruppen/Team-Coaching) 4.7.5
Seilearbeit 4.2.6
Selbstachtung, Selbstliebe 1.1.3
Selbstaufwertung, Selbstherabsetzung 1.1.4
Selbstbestimmung 1.1.5
Selbstbewusstsein 1.2.4
Selbstbild, Selbstimage 1.1.3, 1.1.5, 1.1.6, 1.2.4
Selbstkritik 1.3.1.1
Selbstreflexion (Coachee) 2.3
Selbstreflexion (Coach) 3.1
Selbstverantwortung 2.3
Selbstverwirklichung 1.2.1
Sexuelle Übergriffe 4.7.5
Sharing 4.5.2
Sicherheit 4.4.4
Skalafrage 4.1.4
Skulptur 4.7.3.3, 4.7.4

Soll-Analyse 4.1.2
Sonde **4.4.1**, 4.4.7
Sonderrolle Führungskraft (Gruppen/Team-Coaching) 4.7.2
Sozialstile 1.1.9
Soziogramm-Feedback 4.5.2
Soziogramm-Visualisierung 4.2.7
Spiegeln 4.5.1.1
Stellvertreter-Konflikt 1.4.1
Strukturierung 4.1.1
Stühlearbeit 4.2.4, **4.4.8**
Subsysteme 1.4.1
Suchtproblematiken 4.7.5
Sündenbock 1.4.2
Symbole 4.2.1
Systemik 1.4.1
Szenario, unbewusstes 1.4.4

T
Tabu **1.4.4**, 4.7.5
Team **1.4**, 1.4.3
Team-Coaching, Team-Building, Team-Workshop 4.7
Teamrollen 1.1.9, 1.4.2
Tetra-Lemma 4.3.6
Thema zentral 4.2.10
Therapie (Abgrenzung) 1.1.8, 1.1.10, 1.2.1, 1.2.7, 1.4.1, 1.4.4, 2.4, **3.6**, 4.2.3, 4.4.1, 4.4.6, 4.4.7, 5.1
time line 4.3.7
Transaktionsanalyse 1.1.9, **1.2.6**, 4.2.4
Transfer 4.1.2
Trauer 4.7.5
Typologie 1.1.9

U
Übertragung 1.3.1.1
Überzeugungen 1.1.7
Umwelt 1.1.7

V
Verantwortung (Führung) 1.5.3
Verbindlichkeit **1.4.4**, 1.5.4
Vereinbarung 4.1.2
Vergangenheit 1.2.1, 1.2.2, **3.6**
Verhalten **1.1.1**, 1.1.7, 1.1.9
Vermeidung 2.4
Verstoß gegen eine Gruppenregel 1.4.4
Vertretung von Interessen Dritter 1.4.4
Vorhaben 4.1.2

W
Wahrnehmung 1.2.2
Wechsel 1.2.7
Weinen 4.7.5
Wenn-wäre-Spiel 4.2.1
Werte 1.1.7, **3.2**
Werteorientierung 1.5, 1.5.1
Wertschätzende Provokation **4.4.3**, 4.4.7
Wesen **1.1.1**, 1.1.6, 1.1.7, 1.1.9
Widerstand **2.4**, 4.1.5, 4.7.2, 4.7.5
Widerspruch 2.4
Willkür 1.5.3
winner/loser 1.4.4
Wissen 1.1.3
Würdigung 1.4.1
Wunderfrage 4.1.4
Wutausbruch 4.7.5

Z
Ziel 3.3
Zielformulierung 4.1.3
Zielorientierung 4.1.2
Zirkulär(e) Frage(n) 4.1.4, 4.3, **4.3.4**
Zugehörigkeit **1.1.3**, 1.1.7, 1.4.1
Zuständigkeit 1.3.1.2

Beate West-Leuer / Claudia Sies:
Coaching –
Ein Kursbuch für die Psychodynamische Beratung
240 Seiten, broschiert, ISBN 3-608-89725-9
Leben Lernen 165

Anders als betriebswirtschaftlich orientierte Berater bringen psychoanalytisch geschulte Coachs Wissen um die Beziehungsdynamik zwischen Mitarbeitern, aber auch zwischen Organisation und Mitarbeitern ein, können Übertragungsphänomene leichter erkennen und mit Psychodynamik umgehen.

Das praxisorientierte Buch zeigt, was Coaching mit einer psychodynamischen Arbeitsausrichtung leisten kann, in welchen Kundenkreisen sich der psychologische Organisationsberater bewegt, welche Probleme häufiger Beratungsanlass sind und mit welchen gruppendynamischen Konstellationen zu rechnen ist.

Gisela Schmeer:
Die Resonanzbildmethode – Visuelles Lernen in der Gruppe
Selbsterfahrung – Team – Organisation
296 Seiten, broschiert, 10 farbige Abbildungen, 18 s/w-Grafiken und Schaubilder, 541 s/w Klientenbilder, ISBN 3-608-89009-2
Leben Lernen 190

Resonanzbilder sind spontane, zeichnerische Reaktionen auf den jeweils aktuellen Gruppenprozess: reduzierte, oft symbolisch verkürzte Botschaften in Schwarzweiss. Jeder Gruppenteilnehmer reagiert mit seiner Skizze auf ein Bild eines anderen Gruppenmitglieds. Entstanden in wenigen Minuten, liefern die Resonanzbilder wesentliche Erkenntnisse zur Gruppendynamik, zu »schlafenden« Themen in der Gruppe und zur Persönlichkeitsstruktur der Zeichner. Zahlreiche Bildsequenzen illustrieren die vielen Möglichkeiten, mit dem Resonanzbild zu arbeiten. Das Buch erklärt die Vorgehensweise detailliert und richtet sich damit an psychologische Berater, Trainer, Coaches und Supervisoren, die eine originelle und frische Methode in der Gruppenarbeit einsetzen wollen.

Leben Lernen
Klett-Cotta